GRAHAM MELVILLE-MASON

OLOMOUC 1995

Pavel Bořkovec

VOTOBIA

PAVEL BOŘKOVEC

ALENA BUREŠOVÁ

VYDÁNO K 100. VÝROČÍ NAROZENÍ PAVLA BOŘKOVCE
OLOMOUC 1994

*Tato kniha vychází za laskavé podpory
Nadace Českého hudebního fondu v Praze
a firmy Josef Lačňák, Krnov*

ISBN 80-85885-36-0

Mým rodičům,
jejichž láska mi vždy znovu dává odvahu

Pro vzpomínku na setkání
v Olomouci [illegible]

Alena Burešová

„Tvůrčí osobnost Pavla Bořkovce, jak ji známe z jeho zralých děl, je osobnost harmonická, všestranně vyvážená a pevně stojící na své vlastní půdě. Goethovského souladu mezi tvůrcem-osobností a jeho dílem je v případě Bořkovcově dosaženo v míře, jež je v naší soudobé tvorbě úkazem zcela jedinečným.“

(Karel Janeček: Umělecká osobnost Pavla Bořkovce. Tvorba a tvůrci, 1968, s.162.)

„Bořkovcova neagresivní, vysoce noblesní osobnost zůstala v posledních čtyřiceti letech nesmlouvavým ručitelem české moderní hudby; jeho vytříbená, za všech okolností konstantní estetika přežila dobová hesla a módy ve svém neochvějném zacílení k problémům hudebního formování, ve svém úsilí o bohatost, krásu a logiku hudebního tvaru.“

(Vladimír Lébl: Rozvoj hudební avantgardy. Československá vlastivěda, díl IX, Umění, svazek 3, Hudba. Praha, Horizont 1971, s. 278.)

ÚVODEM

Posluchači, k nimž se v mládí obracel Pavel Bořkovec, jsou dnes nejméně osmdesátiletí. Díla tehdy nová a provokující se nám nyní zdají přirozená a tradiční. Časový interval jednoho století posunul mnohá z dobových kritérií. Proto každý, kdo posuzuje to, co nového přineslo dílo Pavla Bořkovce v době svého vzniku, do jaké míry vycházel vstříc požadavkům moderny, jak nová je jeho hudební struktura v kontextu hudby dvacátého století, musí si klást staré otázky znovu v zakřivené ose času. Dále můžeme, zvlášť v případě Pavla Bořkovce, hodnotit také jeho myšlenkový svět, jeho tvůrčí osobnost jako nedílnou jednotu života i tvorby.

Pedagogická práce a jeho tvůrčí odkaz jsou svědectvím o houževnatosti i umělecké ryzosti jeho lidského profilu.

Bořkovec nerad mluvil o svém osobním životě. Tvrdil, že jeho zážitky nebyly důležité ani směrodatné pro jeho tvorbu. Nepotřeboval svou hudbou podávat svědectví o vlastním nitru, o svých citech a vášních. Bližší mu byl pohled na umění jako materii pro tvarování, pro naplnění určitého záměru. Krásu a smysl hudby spatřoval v zachycení těžko postižitelných momentů vztahů lidského a absolutního času.

Dosavadní literatura o Bořkovcovi není příliš četná. Většinou jde o monografické práce, zaměřené na některou oblast jeho tvorby. Širší orientací se vyznačuje sborník *Pavel Bořkovec, osobnost a dílo*, který v redakci Jaroslava Kasana vyšel ještě za života skladatele v roce 1964. Sborník obsahuje stručný životopis a přehled díla od Jaroslava Kasana, dále byla do něho přejata precizní studie Karla Janečka o Bořkovcově stylu.[1] O některých tematických souvislostech Bořkovcovy hudební řeči psal v kapitole o jeho orchestrální tvorbě Václav Holzknecht, operní dílo charakterizoval Karel Šrom. Vokální sloh analyzoval Petr Eben, komorní Jiří Fukač. Esejisticky laděnou studii o baletu *Krysař* napsal Jan Klusák. Součástí sborníku byly i vzpomínky přátel (Iši Krejčího, Františka Bartoše) a žáků (Jaromíra Hrušky, Vladimíra Sommera, Jiřího Pauera, Petra Ebena, Luboše Sluky, Pavla Blatného, Jana Ducháně).

Většina studií představuje spíš uvedení do problematiky sledovaných žánrů s převahou obecných charakteristik. Z těchto důvodů se mnohé údaje překrývají a do pozadí ustupuje zřetel ke kontinuitě principů ve skladatelově tvorbě. Také hloubka analytických sond je velmi různorodá. Sborník je opatřen i prvním soupisem díla a jeho nahrávek – oba přehledy jsou neúplné. Velmi nespolehlivý je tam výběr článků a recenzí o díle P. Bořkovce.

Pohled na Bořkovce je rovněž v knize Václava Holzknechta *Hudební skupina Mánesa*. Jeho kniha je zajímavá především proto, že z pozice kultivovaného pamětníka osvětluje mnohé tvůrčí podněty v dobovém kontextu třicátých let. Václav Holzknecht je rovněž autorem analytické studie o Bořkovcově II. symfonii, která vyšla v Hudebních rozhledech. Ve své době to byla cenná apologetická práce s řadou bystrých postřehů. Z dnešního časového odstupu a v souvislosti s dalšími komparacemi skladatelova díla se jeví některé jeho analytické soudy jako nepřesné.

Pavel Blatný se ve své diplomové práci orientoval na scénickou tvorbu P. Bořkovce a zabýval se přitom pojmoslovnými otázkami, estetickými soudy o opeře a baletu ve 20. století.

Velkou teoretickou erudicí a rozhledem se vyznačuje již zmíněná studie K. Janečka a další samostatné specializované studie Emila Hradeckého a Jaroslava Jiránka, kteří se zaměřují na dílčí analytické sondy. (Detailnější komparace s těmito pracemi i dalšími články jsou zařazeny v příslušných analytických úsecích práce). Bořkovcův styl je mimoto charakterizován v několika kapitolách akademických Dějin české hudební kultury, které jsou časově dovedeny do roku 1945.

Ve své práci jsem se snažila přiblížit čtenáři Bořkovcův vnitřní tvůrčí vývoj, který lze sledovat ve formování skladeb, najít jakési pomyslné „uzlové body", které utvářejí kontinuitu jeho tvůrčí cesty, postihnout, oč mu šlo v jednotlivých opusech, v určitých svazcích děl, která se vázala zpravidla k nějakému základnímu okruhu témat. Monografie podává první souvislý přehled jeho života a díla. Ukončenost tvorby vedla k zpřesnění periodizačního členění (je uvedeno v poslední kapitole).

Cílem práce bylo dokázat a připomenout kvality Bořkovcovy hudby a upozornit na dluh české hudební kultury vůči jeho osobnosti. Vždyť jeho dílo dosud není adekvátně propagováno v zahraničí ani doma.

Zároveň jsem se pokusila oživit portrét Pavla Bořkovce, který byl originální osobností uměleckou i lidskou. Vzhledem k tomu, že jsem přitom čerpala z autorských záznamů, korespondence, dobových dokladů z tisku i úřadů, jakož i ze vzpomínek členů rodiny, přátel a žáků, mohla jsem upřesnit mnohé z životopisných údajů.

V práci uvádím biografické události, pokud mají vztah k osudům díla, nebo osvětlují pohled na autorskou osobnost. Kritické ohlasy na dílo jsem zařadila tam, kde odhalují víc než jen bezprostřední hodnocení díla.

V analýzách jsem sledovala tvarování hudební látky z hlediska formy a tektoniky, zabývala jsem se také aspekty hudební morfologie ve vztahu k postižení kompozičního vývoje. Vzhledem ke shrnujícímu pohledu jsem mohla v průběhu práce uvést a konfrontovat předchozí studie s některými svými závěry.

K analýzám jsem shromáždila veškeré dílo skladatele, až na sbírku *Stadion*, z níž existuje fragment bez klavírního partu.

Bořkovcova hudební pozůstalost je uložena v Muzeu české hudby v Praze. Jsou v ní autografy jeho skladeb a některé opisy, pořízené Českým hudebním fondem. K dokumentaci zde uložené patří dále tři knihy skicářů, samostatné knihy s ohlasy na *Krysaře* a *Palečka*, dílčí výstřižkový archiv zpravidla s nepřesným a neúplným označením novinových článků, část korespondence a několik konspektů k vlastním příspěvkům. Operní autografy a klavírní výtahy jsou v archivu Národního divadla.

V práci nesleduji genezi děl na základě skicářů, neboť by se monografie neúměrně rozrostla a pro její koncepci to nebylo nezbytné. Náčrty ve skicářích jsou většinou vícehlasé, značně proškrtané; obsahují spíš určitá místa (několikataktové úryvky), jež působí dojmem, že si v nich autor ověřoval dílčí zvuková a harmonická řešení.

Převážná část osobní korespondence a dokladů je dosud v majetku rodiny, je spravována synem Pavla Bořkovce, ing. arch. Alešem Bořkovcem.

Názvy kapitol jsou symbolické. Postihují alespoň některé z osových problémů tvůrčích period.

Součástí monografie jsou přílohy s definitivním soupisem díla, nahrávek v rozhlase i na gramofonových deskách, s přehledem Bořkovcových žáků na AMU i soukromých, s nástinem genealogie rodu, dílčí fotografickou a jinou dokumentací.

Je mou milou povinností poděkovat zejména Bořkovcovým dětem – paní Haně Proškové a ing. arch. Aleši Bořkovcovi i jeho paní Haně Bořkovcové – za neocenitelnou pomoc při shromažďování materiálů i za ochotné poskytnutí skladatelovy korespondence. Velkou vděčností jsem zavázána i pracovnicím v knihovnách a archivech v Praze, zvlášť v Muzeu české hudby a v archivu Národního divadla, ale také v Olomouci, Brně, Plzni a Čs. rozhlasu i v půjčovně not Českého hudebního fondu, které mi s pochopením vycházely vstříc při občas svízelném získávání notových a dalších dokumentů.

Za pečlivé přečtení práce děkuji jejím recenzentům – doc. PhDr. Miroslavu Karlovi Černému, CSc., PhDr. Jaromíru Havlíkovi, CSc., prof. PhDr. Jaroslavu Smolkovi, DrSc., prof. PhDr. Karlu Risingerovi, DrSc.

KOŘENY

Zvědavost spolu se snahou zjistit, z jakýchto nitek tkaly sudičky příští osud, jsou snad tak staré, jako lidstvo samo. Kořeny rodových pospolitostí sahají až daleko do hlubin naší historie národní i osobnostní.

Věčnou otázkou dosud zůstává to zvláštní rodové pouto předpokladů, které v podivuhodné, ničím neovlivnitelné vyvřelině dostává do vínku nový člověk, na němž pak záleží, zda svou hřivnu rozpozná a bude mít dosti vůle i možností ji v životě uplatnit.

Snad právě proto se v drtivé většině monografií o tvůrčích osobnostech věnuje pozornost těmto předpokladům. Jako by právě přítomnost jistých dispozic byla zárukou pozdějších úspěchů, nebo alespoň těch charakterových vlastností, které k nim vedly. A přesto, že na výsledku díla se podílejí už velmi zprostředkovaně, míváme pocit, že nám přece jen dají nahlédnout někam do vnitřního světa člověka, který se později osvědčil v mnohých životních zkouškách a zanechal svědectví o své době.

Při hledání hudebních vloh v minulosti Bořkovcova rodu se dotkneme i novodobé kulturní historie, jež se odvíjela v pražském centru. Do větve z matčina rodu patřila obchodnická rodina Ignáce Haušilda.[2] V jeho rodině se velmi dbalo na všestranné vzdělání dětí. Na klavír tam vyučoval tehdy ještě nepříliš známý Bedřich Smetana. Jedna ze sester, Františka, se provdala za účetního Václava Grunda, který vystudoval u piaristů jako vokalista. Z tohoto manželství pocházela babička Pavla Bořkovce, Růžena Grundová, která se provdala za stavitele Františka Hozáka. Jedním z jejích sedmi sourozenců byl herec Arnošt Grund, který vstoupil do historie jako první Jíra ve Smetanově opeře Braniboři v Čechách.

Bořkovcova matka Růžena Hozáková se provdala za stavebního inženýra Bohumila Bořkovce. Byla zdatnou pianistkou, což se projevilo později při komorní hře s dětmi. Její sestřenice absolvovala pražskou konzervatoř a se svým mužem, houslistou Josefem Karbulkou, působila až do konce první světové války v ruském Nikolajevě. Rod Bořkovců měl v 16. století predikát rytířů ze Křtěnovic.[3] V rodinné kronice, kterou napsala Bořkovcova maminka, jsou uvedeny mnohé osudy členů rodiny a různé události, jež se jim přihodily, avšak o uměleckých sklonech této větve rodu není psáno nic.

Pavel Bořkovec vzpomínal na své rodiče později takto: *„Narodil jsem se v Praze, ale můj otec pocházel z venkova, z jižních Čech, ze starého selského rodu. On i jeho bratři byli vesměs lidé vážní a přísní, vysokých postav a tmavé pleti. Moje matka, která byla z rodiny v Praze již dlouho usedlé, byla menší postavy, světlovlasá a povahy živé a vznětlivé. Její rodina a celé, vesměs v Praze usedlé příbuzenstvo, mělo velmi vřelý vztah k divadlu i hudbě."*[4]

Pavel Bořkovec se narodil 10. 6. 1894 jako druhorozený syn; jeho starší bratr Jan, pozdější stavitel, se narodil v roce 1892, zemřel v roce 1963; mladší sestra Ilka žila krátce, od roku 1898 do roku 1920.

Erb Bořkovců ze Křtěnovic

Bořkovcovi rodiče

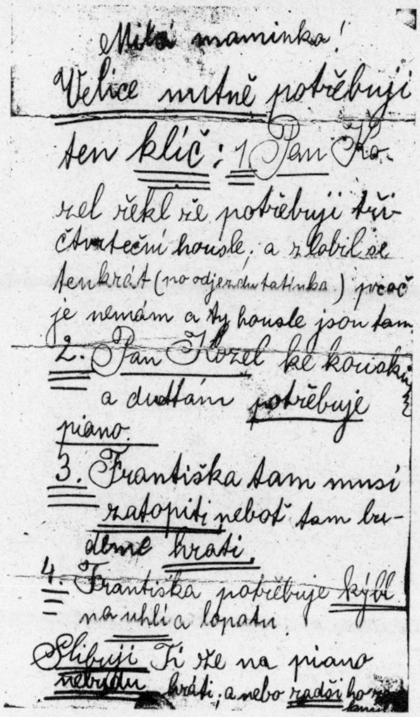

Milá maminka!
Velice nutně potřebuji
ten klíč: 1 Pan Ko-
zel řekl že potřebuji tři-
čtvrteční housle, a zlobil se
tenkrát (po odjezdu tatínka) proč
je nemám a ty housle jsou tam.
2. Pan Kozel ke [illegible]
a duttám potřebuje
piano.
3. Františka tam musí
zatopiti neboť tam bu-
deme hráti.
4. Františka potřebuje kýbl
na uhlí a lopatu.
Slibuji Ti že na piano
nebudu hráti, a nebo radši ho…

Dopis malého Pavla mamince do Rakovníka v roce 1904–1905

Pavel Bořkovec se sourozenci (zleva Jan, Helena, Pavel)

Bořkovcův otec stavěl především silnice a železnice. Byl tzv. „generálním plnomocníkem" při sdruženém plánu regulace Vltavy na Maninách. Po rozsáhlém zemětřesení v Lublani roku 1895 získal několik zakázek pro obnovu města i komunikací, takže se tam v roce 1896 přestěhoval na čas i s rodinou. Rodina s ním v prvních letech pobývala střídavě podle jeho práce v různých městech Rakouska, Čech včetně Prahy. Teprve od roku 1903 začala bydlet matka s dětmi trvale v Praze. Od roku 1913, kdy byl Bořkovcův otec zvolen prezidentem inženýrské komory pro Čechy, bydlela celá rodina již trvale v Praze v Bubenči. V době studia na gymnáziu matka zajistila pro oba syny předplatné do divadla. Péči o zdraví a tělesnou zdatnost nasvědčuje i to, že oba bratři uměli plavat, bruslit, hrát tenis, šermovat. Ještě na gymnáziu k těmto činnostem přibylo lyžování a skauting. Rodiče jim také umožnili jízdy na koních, což patřilo k šťastným a silným zážitkům obou. Pavlovi to později usnadnilo přežití v první světové válce, kde byl u vozatajstva, jak se tehdy říkalo „u trénu".

Lze soudit, že to byla především matka Pavla Bořkovce, která vytvářela hřejivé pouto domova. Bořkovcovi se při vzpomínkách na dětství vybavovaly následující obrazy: *„Moje nejstarší vzpomínky z dětství jsou písničky a pohádky před spaním a potom loutkové divadlo, kde se hrálo všechno možné, i Smetanova Prodaná nevěsta, při níž maminka hrála na klavír a zpívala..."* Bořkovcovu vlastní povahu i tvůrčí dispozice výstižně odhaluje jiná vzpomínka: *„Moje maminka říkala, že jsem si nedovedl hrát. Že jsem se obvykle (a pokud možno v nejnevhodnější dobu) uklidil někam do kouta, tam jsem si rozložil hračky, ale nehrál jsem si, jen jsem se na ně díval a vše ostatní jsem si vymýšlel. Později mne často napadlo, že v tomhle vymýšlení byl zdroj mých pozdějších svízelů a obav z toho, co si přeji, co očekávám, čeho se obávám a tyhle představy byly někdy daleko silnější a výraznější než ony události samy. Ocital jsem se ve světě neskutečném, abstraktním a bizarním. Dodnes nevím, bylo-li to v souvislosti s tím, co se dělo v době mého dospívání kolem mne, nebo ve mně."*

V prostředí měšťanských vrstev patřilo k dobrému tónu, aby děti získaly co nejširší všeobecné vzdělání. Také Bořkovcovi chlapci „chodili do houslí" podle toho, kde rodina právě bydlela. Jedna z nejstarších vzpomínek se vryla Pavlovi na nějakého bývalého vojenského kapelníka, který, jsa po úrazu, nemohl zvednout housle pod bradu a tak, aby mohl hrát, držel je mezi koleny na způsob violoncella.

Přesto však Pavel Bořkovec projevoval od dětství zájem o hudbu. Podle rodinné tradice jako chlapec několikrát prohlásil při poslechu hudby: *„Tohle se mi líbí, to chci dělat."* V rodině se dodnes uchovává dopis malého Pavla, v němž prosí maminku, aby mu poslala klíč od klavíru, který před ním ze strachu o svůj stařičký nástroj zamkla.

U Bořkovců se často hrála komorní hudba, při níž Pavel hrál na housle, violu zvládal starší bratr Jan, ke klavíru usedla maminka. V době studia na gymnáziu se oba bratři učili hrát na své nástroje – Pavel na housle a klavír, a zaujala jej i nauka o harmonii. Mocně ho poutalo i výtvarné umění a literatura. Se svými hudebními ambicemi se bál komukoli svěřit. Dobře věděl, že v rodině panuje nedůvěra vůči uměleckým povoláním.

Pavel Bořkovec v roce 1913

Pavel Bořkovec v době 1. světové války

Po maturitě[5] šel studovat filozofii. V prvním ročníku si zapsal přednášky z filozofie u profesorů F. Drtiny, F. Krejčího, V. Čády, docenta Foustky a teoretickou dramaturgii u O. Zicha. Ve druhém ročníku se zaměřil na studium literatury. Zapsal si dějiny české literatury 19. století u A. Nováka, dějiny francouzské literatury u profesora Tilleho. Systematické přednášky z germanistiky vyvolala patrně volba tohoto oboru jako vedlejšího předmětu. Bořkovec navštěvoval přednášky z dějin německé literatury u profesora Krause, o soudobém německém dramatu přednášel profesor Fischer, o dvorské lyrice a střední horní němčině dr. Janko. K těmto oborům se řadí ještě dějiny pedagogiky u J. Kádnera a logika u profesora Čády.

Do celkem bezstarostného studentského života těžce zasáhla válka, kterou Bořkovec prožil od roku 1915 až do konce u jízdního pluku v jižním Tyrolsku. U cestovního harmonia, které mu tehdy půjčil jakýsi italský učitel, vznikaly jeho první skladby. Ty se však nedochovaly. Zároveň se snažil vzdělávat také teoreticky, zabýval se i pracemi Arnolda Schönberga.

Po návratu domů se v roce 1918 nakazil při epidemii tzv. španělské chřipky, která tehdy řádila v Praze i v dalších místech země. Obětí této nemoci byla i Bořkovcova nepříliš zdravá sestra Ilka. Do tohoto období spadá i rozchod s jeho dlouholetou láskou, půvabnou a svéráznou konzervatoristkou Miladou Wachsmannovou.[6] Bořkovec se poměrně dlouho vzpamatovával z fyzického i nervového otřesu. Později se v poválečných letech snažil pokračovat v přerušeném studiu na filozofické fakultě. Po těžkých životních zkušenostech v něm zvítězila touha věnovat se hudbě.

Matčiným prostřednictvím se dostal k J. B. Foerstrovi, jemuž ukázal některé ze svých skladeb. Několik měsíců byl potom Foerstrovým soukromým žákem, když však na Foerstra začala těžce doléhat tragická nemoc jediného syna, pokračoval ve studiu u Jaroslava Křičky.

Zážitky z války poznamenaly skladatele na celý život. Později se o těch čtyřech letech vyjádřil, že vojenský život patřil k nejnesmyslnější činnosti, jakou si lze představit, a že tato doba byla pro něj skutečnou hrází mezi minulým a přítomným.[7]

První světová válka znamenala ohromující rozčarování. Říká se o ní, že zrušila monogramy, že v ní se Evropané poprvé zděsili poznáním, jak málo ve válečné mašinerii znamenal jedinec. Spolu s tím byla ohrožena i víra v moc kultury a lidskost. Otřesená Evropa se roztříštila ve svém středu na malé státy, jejichž nová územní celistvost jim dala aspoň na čas opět křídla. Velké národy se snažily rozvrat rychle překlenout zvýšenou aktivitou. Na Východě budila značný zájem nově uskutečněná ideologie dělnické moci. K pocitu opojení ze svobody přispívaly i nové, speciální vynálezy, které probouzely naději v pokrok a víru v poučení ze strašné krize.

Skladatel, který vstupoval svým dílem do této doby, se přiklonil k tradičním postupům pozdního romantismu z několika důvodů. Jednak tento vyjadřovací sloh mu poskytoval jasnou orientaci, v níž si osvojil základní prostředky kompoziční techniky, jednak svou rozeklaností mu umožnil sáhnout po námětu, který obsahoval mnohé z náladových pocitů, s nimiž se potřeboval lidsky vyrovnat. Zároveň lze v této motivaci spatřovat i pocitové klima z přelomu století, které mělo blízko k symbolismu a dekadenci.[8] Výsledkem je symfonická báseň *STMÍVÁNÍ* z roku 1920. Její náplň je meditativní, slovní komentář uvádí tuto metaforickou vizi:

„Soumrak se vnáší do duše osamělého člověka, který dumá v tmící světnici a ukolébán jejím tichem, usne. – Zdá se mu, že slyší pod okny vtíravý popěvek, kterým ho lákají veselí soudruzi k nočnímu hýření. Leč člověk, jehož ani ve snu neopustil smutek soumraku, váhá, a teprve jakmile uslyší taneční hudbu z blízké krčmy, spěchá za nimi. Tam stupňuje se konečně rej znenáhla v bezuzdné veselí. Když již ve vzduchu temno prachem i kouřem a v duši hrozné pusto, – otvírá kdosi okno. Člověk vidí venku panenskou přírodu v ranním slunci. Náhle jako by pochopil, zoufale vykřikne a probouzí se v setmělém pokoji, se smutkem soumraku, který stírá hloubku předletní noci, plné touhy.“

Námět umožňuje v hrubých rysech třídílné členění i užití charakterizačních intonací (např. polka). V úvodu autor osvědčil svou technickou znalost imitací v pětihlasu smyčců. V dalších fázích se občas dostává do blízkosti s postupy francouzských impresionistů, místy se zvuková sytost blíží až k expresionismu. Celek ovšem představuje koncizní dílo, psané se značnou sluchovou představivostí i citem pro výrazové odstíny námětu. Premiéra, k níž došlo v březnu 1921, měla velmi příznivý ohlas u kritiky i obecenstva. Dílo provedla Šakova filharmonie s dirigentem V. V. Šakem.

Podnět k harmonizacím lidových písní přibližně z téže doby byl poněkud romantický. Smíšené sborové úpravy chtěl Bořkovec nabídnout skautům, aby se tak mohl seznámit s bratrem Olgy Zárubové-Pfeffermannové, o niž se chtěl zcela vážně ucházet. Ve skautském oddílu tyto sbory skutečně byly zpívány a záměr se zdařil.

Bořkovec poslal obě osobité harmonizace *Ja keď sa Janoško, Kdo má počernú galanku* (dílčí dělení melodie do hlasů) pod značkou Jaro v roce 1922 do soutěže, vypsané pro pěvecký sbor Hlahol. Píseň Ja keď sa Janoško byla později zařazena do Ruppeldtova sborníku lidových písní.

Olga Zárubová pocházela z osmi dětí zámožného stavitelského rodu. Její otec patřil v době první světové války k tzv. Mafii, která organizovala národní odboj pod vedením T. G. Masaryka. V době, kdy se seznámila s Pavlem Bořkovcem, byla absolventkou umělecké průmyslovky, náruživou skautkou, s malířskými vlohami. Bořkovcův zájem opětovala a ten záhy začal docházet do rodiny Zárubových, neboť se ukázalo, že tam měli pro jeho umělecké ambice větší pochopení než doma.

Olga Zárubová-Bořkovcová a Pavel Bořkovec (fotografie ze svatebního roku 1922)

Rodinná pohoda na Cholíně se synem Alešem v roce 1924

Pro Bořkovce to byla doba všestranné nejistoty, neboť otec jej nemínil v jeho hudebním studiu podporovat. A tak byl 27letý muž stále bez pevné existenční perspektivy. Jako balzám na něj působila důvěra v jeho schopnosti. Z vděčnosti věnoval paní Zárubové melodram *JEN JEDENKRÁT*, neboť věděl, že u Zárubů byl Petr Bezruč velmi ctěn.

Symbolický příběh osobní deziluze Jen jedenkrát patří k okruhu lyrických zpovědí básníka Slezských písní. Má několik prvků, které velmi vyhovovaly skladateli. Paralelismus v kompozici básně, která klade vedle sebe dvě situace pro lapidární vyjádření ztraceného blaha, o něž lidé přišli pro přílišný strach z nového, v druhé části se subjektivním prolnutím básníka, vytváří emoční gradaci celé stavby. Pro zhudebnění dává epičnost i prvotní odstup od látky možnost žánrové charakteristiky.

Klavírní faktura je prokomponovaná, velmi účinně využívá střídání akordických částí s chopinovskou sazbou s pohybem dvaatřicetinových akordických rozkladů proti osminám a čtvrtkám akordické melodie v pravé ruce. Harmonie pro verše, popisující národ, který žije ve tmě a věčném mrazu, užívá obratů frygické tóniny s výrazným sukovským prozářením frygického akordu do durové tóniny. Nápadité je i dělení dvaatřicetinových akordických postupů do obou rukou, s harmonickým zahuštěním tak, aby spolu s pentatonikou ilustrovaly neklid a strach. Odlišným postupem vytváří akordiku, analogickou s harmonií Janáčkovou.

Ukázka č. 1: Jen jedenkrát. Kutná Hora 1928, s. 7.

Působivý a efektní je závěr, v němž je pevnost tóniky znejasněna střídáním frygické a lydické funkce.

Ukázka č. 2: Tamtéž, s. 12.

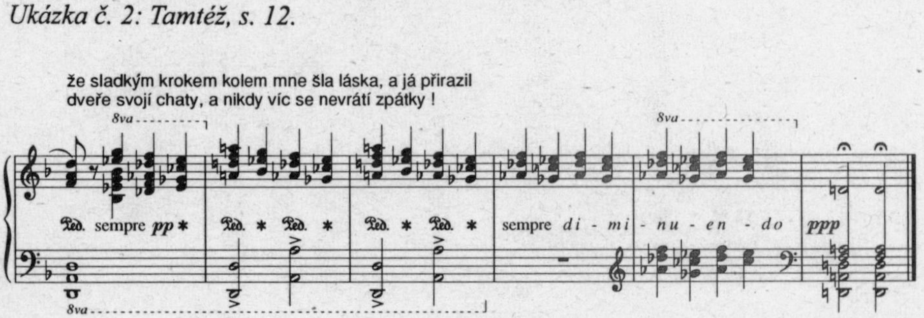

Charakteristický postup střídavých akordických paralelismů se zdůrazněným půltónem vůči tónice se v průzračném zvuku obratů septakordu sedmého stupně uplatní vícekrát i v pozdější sbírce dětských sborů.

Ukázka č. 3: Šest písní. Ukolébavka. Praha 1949, s. 13.

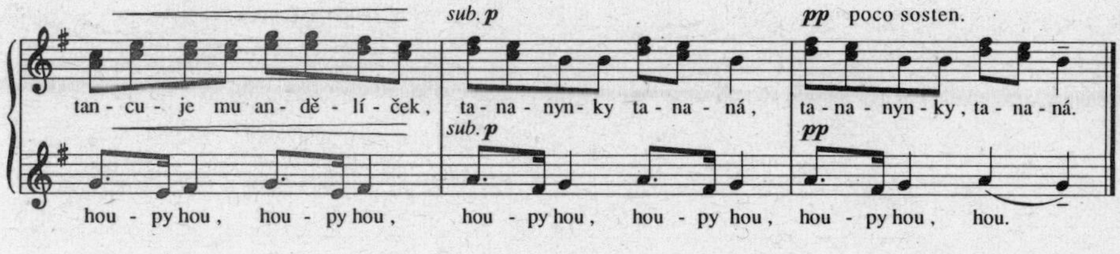

Ze svatebního roku 1922[9] je *KVARTET PRO KLAVÍR, HOUSLE, VIOLU A VIOLONCELLO.* V červenci 1923 napsal drobnou *UKOLÉBAVKU* pro housle a klavír, kterou věnoval svému prvorozenému synku Aleškovi. Z téhož roku jsou ještě *DVA TANCE PRO KLAVÍR,* z nichž menuet je věnován otci.

Bořkovcův objektivní a vyvážený postoj ke světu je zřejmý i v tomto období, kdy svůj vlastní styl teprve hledal.

Oslava nového života byla pro něj jistě vzpruhou k další práci, avšak svůj osobní život nechtěl ani nepotřeboval reflektovat bezprostředně v tvorbě. Při narození syna učinil výjimku, a to velmi plaše a skromně, jen jako jakési hudební pohlazení.[10]

Mladé manžele zpočátku podporovali obojí rodiče, Bořkovec sám se pokusil uchytit jako hudební referent. Napsal několik příspěvků do Národního osvobození, Lidových novin, Národní politiky, ale tato práce tlumočníka hudby mu nevyhovovala, ač měl k ní literární způsobilost. Teprve úřednické místo u tchána, které jej přes míru nezatěžovalo, přineslo částečné vyřešení situace. K úplnému finančnímu zajištění formou pravidelného příjmu došlo až později. V listopadu roku 1924 se narodila dcera Hana, pozdější básnířka Bořkovcových skladeb ve zralém období[11]. Druhá dcera Dana se narodila v dubnu 1926.

V březnu roku 1924 byl proveden *KVARTET PRO KLAVÍR, HOUSLE, VIOLU, VIOLONCELLO* s příznivým ohlasem, který se zakrátko projevil i vyznamenáním díla Spolkem pro komorní hudbu v Praze. I toto ocenění je svědectvím, jak dobře se Bořkovcovo dílo včlenilo do tradičního proudu české hudby dvacátých let.

V témže roce začal psát svůj *I. SMYČCOVÝ KVARTET.* Tento kvartet byl také jednou ze závažných prací, které vytvořil v mistrovské škole na pražské konzervatoři pod vedením Josefa Suka v letech 1925–1927. Bořkovcovi se splnilo dlouhodobé přání, neboť Suka velmi obdivoval, byl mu blízký svou neokázalou senzibilitou i vytříbeností kompoziční práce.

I. smyčcový kvartet dokončil autor v dubnu 1925. K jeho provedení došlo v únoru 1927 Ondříčkovým kvartetem[12]. Bořkovec tu přejímá sukovskou jednovětou sonátovou formu se zřetelnými částmi sonátového cyklu. Symetrii stavby podporuje i pomalý úvod, který se ozve opět v závěru s přidanou kódou. Ve způsobu individualizace jednotlivých hlasů je leccos blízké Josefu Sukovi, v melodice a harmonii lze rozpoznat i některé z idiomů Leoše Janáčka, R. Strausse, G. Mahlera, V. Nováka.

Avšak je to právě metrorytmika, jejímž prostřednictvím Bořkovec vytváří své vlastní pocitové klima i v této bytostně romantické meditaci. K jejím charakteristickým znakům patří tempové kontrasty, na jejichž pozadí se velmi účinně pracuje s tečkovaným rytmem (𝅘𝅥𝅯 ♩. ♫ ♩). Bořkovec i zde osvědčil svou schopnost budovat působivé gradace, byť v tomto kvartetu s převahou horní polohy smyčcových nástrojů. K charakteristickým postupům patří například sestupná intervalika s naráženými triolami lydické modality.

Ukázka č. 4: I. smyčcový kvartet. Partitura. Praha 1962, s. 21.

Bořkovec se v této době ocitl na nové životní cestě. Byl plný energie a optimismu ve vztahu ke své budoucnosti, avšak poznamenán prožitky z války. Teprve v této situaci se zřejmě cítil dost silný, aby se mohl s válečnými zkušenostmi vyrovnat také umělecky, a to co nejvýrazněji.

Rozhodl se proto pro vokální kompozici. Zhudebnil tři mužské sbory ZE STARÉ ČÍNSKÉ POEZIE na tehdy objevné verše Bohumila Mathesia.[13] Ve dvacátých a třicátých letech inspirovala tato sbírka více českých skladatelů.

Tematika sborů byla blízká člověku, kterému válka změnila přirozený vývoj a zrání. Na Bořkovce nemohly tehdy nezapůsobit verše nesené duchem Konfuciovým, verše hlubokého klidu, životní vyrovnanosti a pohrdání pozemskou lidskou zlobou. Pavel Bořkovec, pro jehož formující se osobnost začínal být příznačným právě smysl pro nadčasové hodnoty a uměřenost citů, byl zaujat neotřelým obrazným viděním čínských básníků a technickou dokonalostí jejich veršů.

Báseň „Na hrob válečníkův" je vlastně meditací o ceně lidského bytí, jež končí nesmlouvavým závěrem:

„Co z hrdinství?
Pahoreček sedlý
a na něm jak oheň kvete rudý mák".

Mezi starými čínskými básněmi našel i velmi dramatickou obžalobu války v nářku mrtvého vojska. Zde už nevystačil s běžným kompozičním materiálem pozdních romantiků. Melodie v písni je lomená a dělená na textové úryvky do úseků, logičnost vazeb vyplyne až při poslechu všech hlasů a celé skladby. Tímto způsobem je psána Janáčkova Maryčka Magdonova.

Drsnost zvuků a celý hudební výraz sboru je silně expresivní.

Ukázka č. 5: Ze staré čínské poezie. Praha 1927. Nářek gardy, s. 4.

Kontrast ke dvěma předchozím textům tvoří rozmarná báseň o víně s názvem *Tři kumpáni*. V této pijácké písni mohl Bořkovec plně rozehrát svůj smysl pro zvukovou barevnost i pro hravý bezstarostný humor. Snad právě pro své poetické kouzlo má píseň blízko k impresionistickému líčení nálady. Skladatel zde také nejvíc využívá přirozené lahodnosti některých poloh mužských hlasů:

Ukázka č. 6: Tři kumpáni. Tamtéž, s. 11.

Zhudebnění textu v těchto acappelových sborech nehledá cesty ideového splynutí hudby a slova, ani vyznání vnitřních subjektivních pocitů, usiluje spíš o hudební výklad textu tím, že dbá především o jeho pojmovou srozumitelnost. Odtud tedy péče o slovo, verš, jako jednu ze složek výstavby, která svou zvukovostí může posílit vyznění skladby.

Péče o deklamaci provází Bořkovce od prvních vokálních skladeb a mistrovské působivosti dosahuje v posledních cyklech, kde se stává amalgámem citově zvrásněné melodiky.

Je paradoxní, že ze tří prací, které Bořkovec napsal pod Sukovým vedením, je to právě vokální sbírka, v níž se nové cítění projevilo nejvýrazněji, ačkoli skutečný stylový obrat se odehrál později v markantní podobě v žánrech instrumentální hudby, která svým formováním hudební řeči byla skladateli nepochybně bližší.

V době vzniku těchto písní nebylo u nás mnoho mužských sborů, které je mohly zařadit do svého repertoáru. Je však trochu škoda, že tento opus je dnes téměř neznámý.

V okruhu pozdního romantismu zůstala také absolventská práce v mistrovské škole – *I. SYMFONIE DES DUR* z roku 1927. Bořkovec se v ní nejvíc přiblížil Josefu Sukovi, jehož si celý život nesmírně vážil. Právě zde se ukázalo, co Bořkovce na Sukovi přitahovalo. Především to byla schopnost odhlédnutí od bezprostředních dojmů a životních zážitků při inspiraci. Stejně silným podnětem bylo i Sukovo utváření složitě vrstvené struktury s tonální víceznačností, v níž se propojuje složitá akordika s funkčně užitou imitační polyfonií, přesně odměřené temporytmické změny, autonomní témbrová dramaturgie.

Bořkovec ve své symfonii projevil skutečný tvůrčí talent, přesto však je z dnešního pohledu na tomto díle nejvíce pozoruhodné to, jak dovedl všechny inspirační zdroje, které jej zaujaly a jichž nebylo málo, sladit v logicky budovaný tvar se zvládnutím symfonické formy na vysoké úrovni.

Nejzajímavější je osobité, klasicistně vzdušné, poněkud prokofjevovské, leč barevně měkčí scherzo, působivou gradaci má finální věta.

Pozornější poslech odhalí i některé prvky, které patří k úhelným kamenům Bořkovcova hudebního jazyka. V mikrostruktuře jsou zde některé melodickorytmické figury, vzestupně i široce rozevřené, zejména při gradačních vlnách, s neumdlévajícím evolučním pohybem. V makrostruktuře je to především rozmístění hudebních myšlenek v symfonickém proudu, takže vytvářejí spolu se smyčcovými nástroji potřebnou atmosféru pro žánr symfonie, i když v ní práce s tématy nemá tu pravou soustředěnost a sevřenost.

Symfonie Des dur byla provedena Českou filharmonií za řízení Františka Stupky na březnovém abonentním koncertu ve Smetanově síni v roce 1928. Kritika – jen s nostalgickým povzdechem lze registrovat okolo 15 recenzí do tří dnů po koncertě téměř ve všech kulturních rubrikách našich tehdejších deníků – ocenila kompoziční dovednost i talent mladého autora;[14] někomu se zdálo dílo méně hluboké, někomu příliš uměřené, méně samostatné, nicméně všichni se shodují v chvále scherzové věty. Zajímavý postřeh projevil ve své kritice Josef Hutter: „...Bývají případy, že mladý skladatel se musí nejprve oprostit od technické hotovosti, jíž se naučil, ale k níž se vlastními problémy nedopracoval, aby mohl napsat své osobité a nové dílo. A to by mohl být případ právě Pavla Bořkovce!“[15]

Josef Suk charakterizoval ve svém závěrečném hodnocení Bořkovce takto: *„P. Bořkovec jest obdařen velkým nadáním a v dílech jeho projevuje se bohatě tvůrčí fantazie. Nadání jest zároveň podporováno velkou pílí a stálou snahou po zdokonalení a po samostatném výrazu, který již zjevně se projevuje zejména ve větách symfonie. Citově bohatě zakotvená, po technické stránce vyspělá jeho díla jsou nám velkým slibem pro budoucnost.“*

Vše bylo rozhodnuto. Bořkovec se prosadil jako skladatel. Společenským uznáním byl získán k víře v synův talent i nedůvěřivý Bořkovcův otec a teprve tehdy se smířil s jinou náplní jeho života. Velkorysou podporou mu umožnil, aby se mohl nadále věnovat pouze hudbě.

A přece došlo k překvapení. Pavel Bořkovec náhle ještě koncem dvacátých let opustil vše, čeho dosud dosáhl, a rozhodl se pro radikální obrat v tvorbě, o jehož nutnosti byl přesvědčen, avšak nové vyjádření teprve hledal.

Romantická metoda mu prostě přestala vyhovovat. V bouřlivém kulturním životě dvacátých let nebyl takový pocit ojedinělý. S obdobným názorem přicházeli básníci, spisovatelé, výtvarníci, a tedy i skladatelé. V našem kulturním dění se prosazovala snaha navazovat na soudobé evropské umělecké proudy, především z Francie,

Pavel Bořkovec a Josef Suk s Bořkovcovým tchánem ing. J. Zárubou na Cholíně v roce 1925

poněvadž právě z této země vycházelo nejvíce podnětů pro novou dobu, obrácenou k budoucnosti. Tehdy se objevovala tendence zachytit i v umění stále se zrychlující rytmus života, umělci navíc podvědomě pociťovali také změnu století, která poznamenala společnost v její vnitřní struktuře.

Vpád nových rytmů amerického ragtimu, kult sportu, nové podnikavosti, amerických filmů, americké módy smetl „evropskou romantickou idylu", kterou mladá nastupující generace považovala za překonanou. Tuto tendenci podpořily též nové vynálezy, které nebývalým způsobem zrychlily předávání informací, umožnily přesuny z jednoho místa na druhé, snížily lidskou dřinu při práci. Víra v technický pokrok byla optimistická, neboť v počátcích nebyl tak zřejmý i rub technických vymožeností, které právě svým tempem, výkonem i postupem práce spoutávají člověka, takže je nucen mnohdy měnit životní návyky, které zachovával po staletí své existence. Na možnost zneužití moderní techniky proti lidstvu upozornil ve svých utopiích Karel Čapek a jiní,[16] přesto však v době svého vzniku tato varovná tendence byla chápána jako působivá hyperbola možných, avšak těžko uvěřitelných ztrát.

Masové sdělovací prostředky ovlivnily sféru lidského myšlení a citů také tím, že na jedné straně usnadnily přístup hudby k uším zájemců, zároveň však v pozdějších desetiletích přemírou podnětů snížily do jisté míry posluchačskou vnímavost.

Pro evropskou hudbu 20. století je příznačná mnohovrstevnatost zdrojů a forem hudby, od uměle vykonstruovaných zvuků elektronické hudby až po melodická klišé „masových hitů". Od počátku století platilo v hodnotící praxi kritérium novosti ve všech žánrech umění. Tehdy vystoupila celá řada avantgardních skupin, které věřily, že právě jejich ztvárnění světa odpovídá nejvíce nové myšlenkové orientaci umělecké a sociální. Umění se velmi rozvrstvilo až do té míry, že některé vrstvy spolu přestaly komunikovat.

Setkání s novou hudbou prostředkoval koncertní život, zvláště v rámci československé sekce Mezinárodní společnosti pro soudobou hudbu (ISCM), kterou původně tvořily společně Spolek pro moderní hudbu, Klub moravských skladatelů a Verein für musikalische Privataufführungen. Vrcholnou akcí v tomto okruhu byl II. světový festival ISCM, jehož orchestrální část byla v jubilejním Smetanově roce svěřena Praze a po zdařilém průběhu se festival pořádal v Praze ještě v následujícím roce 1925. Informovanost o soudobé tvorbě byla tehdy uspokojivá, neboť ve dvacátých letech vycházelo v průměru okolo dvaceti hudebních časopisů. Jejich počet stoupl ve třicátých letech až na čtyřicet, které pravidelně informovaly o hudebních událostech v zahraničí a předkládaly články o soudobých autorech. Od poloviny dvacátých let, kdy se v kritické praxi začala prosazovat mladá generace, nacházíme v časopisech mnohé úvahy o stylu nové hudby, o jeho komponentách, o tvůrčím úsilí předních protagonistů nové, jak se tehdy říkalo, moderní hudby. V nepoměrně větším měřítku než dnes bylo tehdy možné získat partitury soudobých skladeb, které známé hudebně nakladatelské firmy posílaly do celého světa.[17]

Když se dnes s odstupem díváme na Bořkovcovo rozhodnutí hledat svůj adekvátní nový výraz světa, zpravidla budí obdiv jasnozřivost jeho cítění, které jej přimělo k tomuto kroku. Avšak neméně obdivu vzbuzuje skutečnost, že se pro nový způsob kompozice rozhodl nikoli jako mladý člověk, teprve se formující, ale jako dosud úspěšný třicátník, nadto lidsky nevýbojného charakteru. Znamenalo to pro něj rozejít se s příslušníky své generace i s milovaným učitelem. Obdobný proces přestupu do jiného výrazového ovzduší řešil Bohuslav Martinů v roce 1923 odchodem do Paříže. V polovině dvacátých let se Bořkovec odhodlává dojít „k novým břehům" sám, bez vnější pomoci. To ukazuje na značnou vytrvalost a lidskou houževnatost tohoto křehkého snílka. A byla to jen šťastná shoda okolností, že jeho nová tvorba imponovala nejmladší nastupující generaci, která jej zakrátko přijala jako sobě rovného člena.

Bořkovec procitl z nostalgie romantismu a snažil se zachytit tep nového věku. Studoval cizí partitury a začal nosit Sukovi, jehož si nepřestal hluboce vážit, skladby odlišné od dosavadního stylu i cítění Sukova. O učitelské i umělecké prozíravosti J. Suka svědčí jeho velká tolerance vůči novým snahám. I když jej jistě nenadchly, neodklonil se od něho, ani jej nezakřikl. V. Holzknecht píše, že Suk Bořkovcovu partituru z tohoto údobí komentoval slovy: *„Ano, ale je vidět, že nepiješ víno."*[18] Sám autor pokládal za rozhodující podnět k vykročení novým směrem seznámení se skladbami dnes již téměř zapomenutého skladatele Ernsta Tocha[19].

Pavla Bořkovce patrně upoutala tonální uvolněnost jeho hudby, která uplatňuje alterovaně chromatickou tonalitu durovou a mollovou. Z akordů je frekventovaný septakord měkce malý, tvrdě velký s případným nonovým rozšířením, melodika je trvale součástí celkové faktury. Pro E. Tocha ve dvacátých letech je typická neustálá motoričnost, výrazová odlehčenost, smysl pro hudební vtip – např. Burlesky pro klavír op. 41, 1924; Egon und Emilie, scénický skeč, 1928; Capricelli, 1925 atd. Dozajista méně inspiroval Bořkovce metrorytmickou stránkou, která u něho vychází převážně z pravidelného dělení času. Zato má smysl pro ornamentiku svých partů.

Ovšem těch podnětů bylo nepochybně více, jak je vidět z dosavadního přehledu tvorby. Ve *II. SMYČCOVÉM KVARTETU* chtěl Bořkovec nejdříve vyzkoušet nové postupy na formě menšího rozsahu, jak učinil během svého života ještě vícekrát. Ale mohla ho přímo inspirovat i linie Hindemithova, k níž má v tomto díle blízko svým důsledným linearismem s orientací na barokní formy.

První věta *Fuga* – je psána v mírném tempu Moderato. Její téma je dvanáctitónové, ale je členěno tak, že při poslechové tonální neurčitosti neztrácí tonální pozadí. Hlasy nastupují v pořadí: alt, tenor, soprán, bas bez mezivět, tonální rozvrh expozice je značně uvolněn. Odpověď je reální, což zajišťuje orientaci v průběhu expozice. Rozsah provedení je poměrně značný (poměr taktů uvnitř věty je 13 : 60 : 30), s velmi rozmanitým vedením hlasů v horizontále i vertikále. Forma fugy není sice důsledná, nicméně kontrapunktická práce neustává a vynalézavým způsobem vytváří stále hybnou fakturu, v níž zůstává v platnosti samostatnost jednotlivých hlasů. Následuje *Scherzo*, které má zřetelnější tonální základ; vyrůstá z variačního principu rozložených akordických obratů s převahou kvartsekundových spojů. Větší vzájemná korespondence mezi nástroji je ve třetí větě s názvem *Ária*. Její kantabilita je zpočátku dána kontrastem dvou hlasů (housle a violoncello), přičemž v rytmické stavbě melodie se rovněž objevuje charakteristický způsob evolučního rozvoje. Spočívá v tom, že po usazení pravidelného rytmu se ozve prodloužení těžké doby s následnými dvaatřicetinami. K příznačným krokům patří také zdvih melodie, označený svorkou.

Ukázka č. 7: II. smyčcový kvartet. Partitura. Praha 1932. Ária.

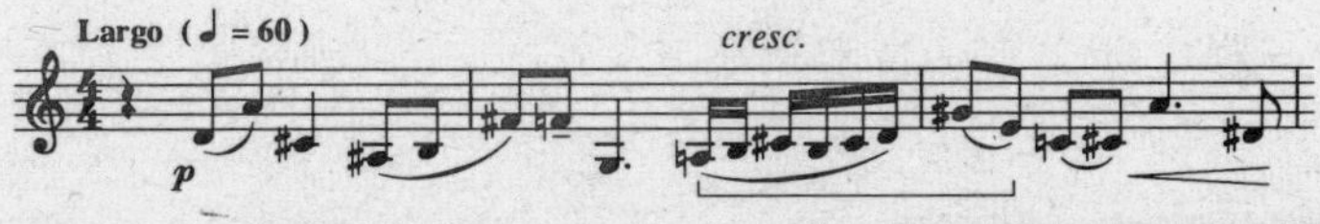

Poslední větou je rychlé *Rondo* nižšího typu s návraty (a b a b a). Zde se v rámci imitační techniky uplatňuje vertikální dělení hlasů do dvou souběžných linií. Tónální povědomí odhalí vázanost určitých akordických spojů, což pěkně ukáže i hudebně vtipný závěr kvartetu. Jeho překvapivost spočívá v pozdržení alternace k dominantě, která se ozve jen letmo, takže připravená tónina působí dojmem nečekaného, jakoby méně plného závěru.

Ukázka č. 8: II. smyčcový kvartet. Tamtéž. Rondo.

Civilizační opojení, nesené obdivem vůči nové technice, tempu, novému životnímu stylu, se promítlo ve všech druzích umění dvacátých let. V hudbě to podnítilo mimo jiné i žánr kratších samostatných hybných symfonických vět s programními náměty z oblasti techniky a sportu.

Za zakladatelské dílo bývá označován Pacific 231 z roku 1923, v němž A. Honegger chtěl hudebně zachytit pocit rytmické akcelerace. Proměny zápasu sleduje především v metrorytmickém půdorysu další jeho symfonická věta Rugby (1928). Naturalistickou verzi avantgardních idejí (futurismus, konstruktivismus) představuje např. Mosolovova Slévárna (1926).

Z našich skladatelů na tento proud reagoval ještě B. Martinů (La Bagarre, 1926;Half-Time, 1924) a Pavel Bořkovec svým symfonickým allegrem *START*

(1929). Oba se ve svém řešení připojili k tendenci zachycení civilizačních námětů ryze hudebními prostředky. Bořkovec to kdysi vyjádřil slovy, že se ve *Startu* zaměřil na pohyb, *„na povznášející pocit, který vždy znovu probouzí jeho počátek, napjatost, očekávání i vznět; krátce: start".*[20]

K. B. Jirák ve své recenzi[21] charakterizoval *Start* jako „prudkou větu dobře uvážené konstrukce znamenitého orchestrálního zvuku". Bořkovec přes všechny změny „morfologie" nepřestal být víc hudebníkem než zručným konstruktérem. Osvědčil i zde stavebný důmysl, s nímž koncipoval volnou sonátovou formu s vnitřními tempovými kontrasty, aniž by ztratila celkový tah. Ačkoliv rezignoval na orchestrální barevnost romantických kontur, zůstaly smyčcové nástroje jádrem nového orchestrálního zvuku. Ostatních nástrojů užívá jako součástí jednolitého symfonického proudu, v němž násobí předivo symfonické látky.

Teprve bližší pohled odhalí v tomto svěžím a bezprostředně plynoucím díle spoustu minuciózní práce, spočívající v opatrném, leč pestrém uplatnění dechových nástrojů a ve výrazné roli nástrojů bicích. Je zde několik autorských konstant[22] harmonických, k nimž patří tvrdě malý nebo zvětšeně velký septakord v rozšíření do pěti a šestizvuků. Sekunda ve středních hlasech, která postupuje nahoru nebo dolů, spolu s výraznou rytmizací tvoří nepřehlédnutelný znak ve skladatelově hudební řeči.

Ukázka č. 9: Start. Rukopis 1929. Z partu smyčcových nástrojů a horen.

Konciznost díla zajišťuje nemalou měrou metrorytmika. Bořkovcův smysl pro dělení času se zde projevil takřka v nejodkrytější podobě. Formuje skladbu tak, že základní pravidelný rytmus osmin atonálního tématu ve smyčcích je od počátku posilován dílčími úseky tématu v jiných nástrojích, jichž zvolna přibývá. Dělením tématu dochází v dechových nástrojích k augmentaci, zatímco ve smyčcích drobením přejde k dvaatřicetinám, z nichž vyroste výrazný, ostře rytmizovaný motiv, poté dále rozvíjený, ale vzápětí je vystřídán melodií řady z úvodu skladby. Rytmická figura se objeví znovu a přebírá ji celý orchestr.

Přibližně do dvou třetin skladby Bořkovec pracuje se sudým rytmickým dělením. Po melodickém sólu smyčcových nástrojů (Poco piu tranquillo) se ozve razantní sólo žesťů, v němž již známá rytmická figura přechází na triolové dělení. V další části přebírá liché dělení průběžně celý orchestr, je ovšem kombinováno se sudým. Partitura se zahušťuje větším počtem nástrojů, přitom tektonicky zůstává její stavba přehledná. Pročištěné unisonové údery uzavírají skladbu pro Bořkovce typickým způsobem.

Start provedla v úspěchem Česká filharmonie s dirigentem H. W. Steinbergem v březnu 1930 a v září zazněla tato skladba s příznivým ohlasem na festivalu v Liège, kde ji dirigoval K. B. Jirák. V říjnu ji provedl s Varšavskou filharmonií G. Fitelberg.

Teprve v šedesátých letech se Bořkovec dozvěděl od K. B. Jiráka komickou historku, která se váže k uvedení *Startu* v Liège. Problém nastal, když měli pořadatelé přeložit název, neboť pro tento pojem není v jejich jazyce vhodný ekvivalent. A tak se uvažovalo o rozběhu a podobných slovech.

Avšak dílo bylo provázeno i jiným nedorozuměním, které vzniklo při překladu ve Varšavě. Tam zase dirigent Fitelberg, aby se vyhnul potížím s překladem, uvedl do programu, že hudba byla inspirována Karolem Wierzyňským, jehož verše Bořkovec tehdy rovněž zhudebnil. A tak se tento omyl přenesl i do některých dalších prací o Bořkovcovi.

Kontaminace *Startu* a vokální sbírky *STADION* nebyla tak docela nelogická, neboť v ní jsou písně s názvy: „*100 metrů*", „*Start žen*", „*Dech*". Básnická sbírka Karola Wierzyňského Laur Olimpijski byla vydána tiskem v roce 1927. Autor za ni obdržel zlatou medaili v literární soutěži 9. olympiády (1928). Překlad J. Fialy je bohužel méně poetický než originál, přesto však klasicizující verše, plné patosu, obdivu k heroismu a kráse sportovního boje, byly vzdáleny intimní a kontemplativní lyrice novákovské písně natolik, že se mohly právě svým moderním cítěním, neosobností a přesností ve tvaru i výrazu zamlouvat ke zhudebnění.

V písních se uplatňuje charakteristická allegrovost v původním smyslu, melodika je deklamační s velkými příkrostmi a nezpěvnými skoky, takřka atonální. Hlasy v partituře pro sedm dechových nástrojů, klavír a soprán jsou koncipovány rovněž lineárně. Hudební řeč užívá dvanáctitónové chromatiky převážně se vztažnými centry dvojkvartových akordů s průchodnými sekundami, zejména k tónům v horní kvartě. Postupem hlasů vznikají i nehierarchické akordy. Závěry písní jsou tonálně jasně zakotveny.

V roce 1929 vznikla také *KLAVÍRNÍ SUITA*, v níž je nové tvůrčí směřování dovedeno až na hranici zvukově formové únosnosti. Bořkovec zvolil pro jednotlivé části suity archaizující názvy, jimiž se chtěl maximálně odpoutat jak od romantických vazeb, tak i od barokních tanečních forem. A tak pouze *Preludium* a *Toccata* zde připomínají barokní hybné formy pro klávesové nástroje. K nim se blíží rytmicky ostřejší *Capriccio.* Naproti tomu *Corale* se svým homofonním akordickým čtyřhlasem evokuje někdejší chorálovou fakturu. Emil Hradecký mimoto upozornil na skutečný chorální podklad v mešní písni „Hospodine, všech věcí Pane".[23]

Ukázka č. 10: Hospodine, všech věcí Pane – incipit.

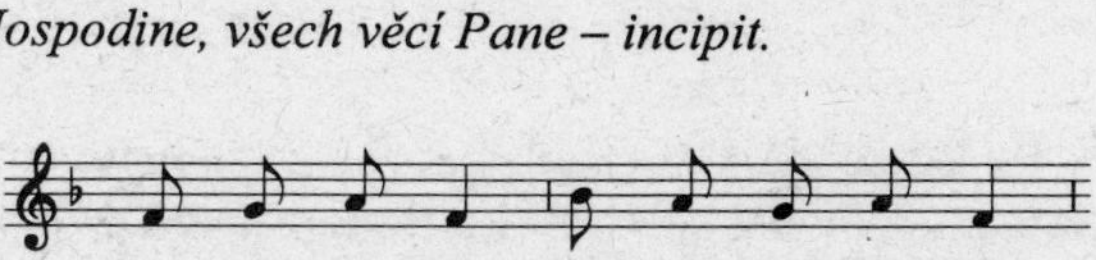

Detailní analýzou akordické části *Corale* prokázal, že Bořkovec ani v této nejkonstruktivněji koncipované skladbě nešel při hledání nového zvuku cestou deformace zvukového materiálu, ale vytvářením akordických jader, která jsou tvořena z neopakovaných tónů tak, aby mohla vhodnými kombinacemi vyvolat dojem určité základní tóniny. Bořkovcův harmonický materiál je při vší disonantnosti a zdánlivé libovůli opřen o základ konsonantního trojzvuku durového i mollového, jež mají díky půltónovému střetnutí[24] potřebnou zvukovou tvrdost, avšak zároveň menší napětí, které by mohlo připomínat klasické charakteristické disonance.

Funkci akordických disonancí tvoří nejčastěji takové čtyřzvuky, které vedle půltónového střetnutí obsahují ještě zvětšený trojzvuk. Přitom však nejčastějším trojzvukem bývá rodově obojetný a relativně samostatný akord se sekundou. Pro *Corale* E. Hradecký označil motivické jádro akordy c–d–g, gis–cis–e–a, f–dis–fis–h.

Bořkovec si vytvořil svůj nový nezaměnitelný materiál, z něhož mohl napříště formovat své myšlenky a transformovat své pocitové klima do hudebního výrazu.

Emil Hradecký se ve své studii vyjádřil, že Bořkovec vytvářel díla výjimečné slohové jednoty, avšak přesto lze jeho hudební jazyk dobře postihnout právě rozborem jeho harmonické stránky. Ta plní „normativní funkci gramatiky tonálně založeného hudebního jazyka“.

Ukázka č. 11: Klavírní suita. Corale.

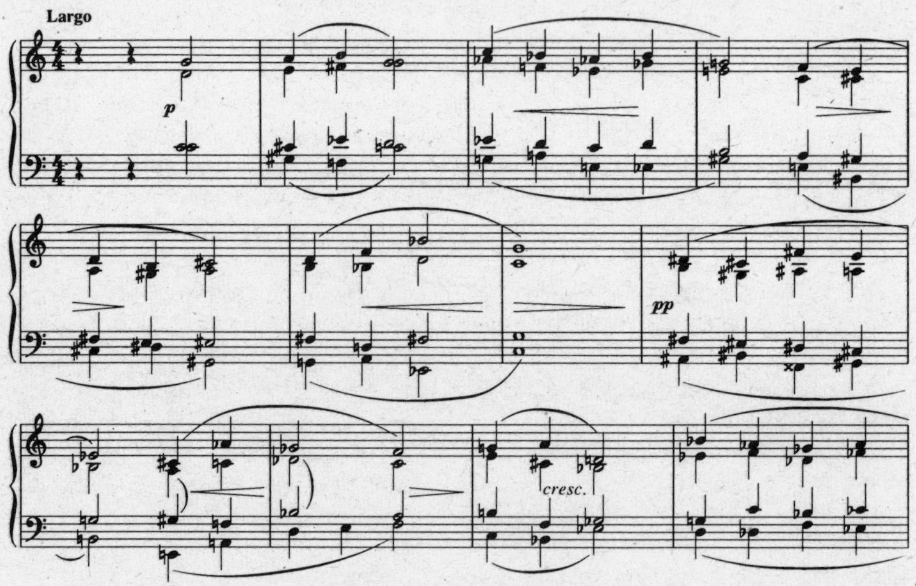

V české hudbě byl od počátku dvacátého století zcela markantní odklon mladé generace od romantismu.[25] Podle Hradeckého Bořkovec úsilím o věcný a nesentimentální projev patří do společenství se skladateli evropské moderny dvacátých a třicátých let, jako byli např. Igor Stravinskij, Darius Milhaud, Paul Hindemith, Sergej Prokofjev. Zdůrazňuje přitom, že Bořkovcův historický význam pro českou hudbu je v tom, že tento slohový obrat učinil souběžně se světovým vývojem, se samostatností, která je zřetelná v autorském odklonu od Schönbergovy dodekafonie.[26]

Lze soudit, že v pozadí volby sólové *SONÁTY PRO VIOLU* byla obdobná díla Paula Hindemitha. Bořkovec v ní uplatňuje svébytnou lineární melodiku, využívaje charakteru nástroje. Proud hudby je tvarován tak, aby v náznaku připomněl kontrapunktickou prací tematické kontrasty.

Neúprosný tok široce rozložené melodiky vážné meditace obsahuje již v prvních osmi taktech melodicko-harmonická konstrukční jádra této vpodstatě monotématické sonáty. (Výrazné postupy jsou označeny svorkou.)

Ukázka č. 12: Sonáta pro violu. Praha 1933. 1. věta.

Sonátový půdorys 1. věty (*Moderato*) je stručný; (počet taktů 34–20–38). Již z ukázky je zřejmé, že její metrorytmická i harmonická složka je rozvolněna, přitom však plyne s vnitřním napětím, neboť její kroky tvoří plynulou návaznost a tematické vztahy jsou v obrysech platné. Mimoto se v celé sonátě účinně projektují vazby alterovaných akordů terciové příbuznosti, kvartseptimové obraty s četnými enharmonickými záměnami. Značnou závažnost má v první i ve třetí větě akordika frygické funkce. V první větě je na frygickém akordu založeno druhé téma, které v expozici obsahuje v melodice frygický akord v D dur. Po krátkém provedení téma nastoupí v repríze v Dis dur.

Druhá věta (*Adagio*) má lyrickou, barokně zdobenou a vyklenutou melodii (10 taktů). Její písňová forma je stálou polyfonní technikou blízká bachovské invenci. Třetí věta (*Allegro vivace*) má obrysově formu malého ronda. V závěru se z akcentovaného synkopovaného tématu, jež v průběhu věty bylo přibroušeno sekundovým intervalem v pravidelných šestnáctinách, vyvine doprovod velmi připomínající praxi hudecké kapely[27] (doprovod kvintového kvaterna s lydickou kvartou), který se stále více tonálně vyhraňuje, až v samotné kódě vyústí k prodlevě na tónu d s obraty frygického akordu (es–g(ges)–b–d), jenž je v posledních taktech enharmonicky převeden do Dis dur (dis–ais–dis).

Bořkovec zde pracuje s velikou melodickou vynalézavostí, přesto neztrácí ze zřetele konstrukční pregnantnost. Výsledkem je bezprostřední působivost a jednolitost zvuku, s níž poutá pozornost a vtáhne posluchače do svého světa.

V roce 1930 byl proveden *II. smyčcový kvartet*, symfonické allegro *Start*, vokální cyklus *Stadion* a *Klavírní suita*. Bylo tedy zřejmé, že skladatel píše jinou hudbu než zkraje dvacátých let. Pro hudební veřejnost to bylo po předchozích dílech tak nečekané, že udivená kritika označila Bořkovce za konstruktivistu. Bořkovec nesl tuto nálepku dosti dlouho a s hořkostí. A přesto, že se z něj pokusil toto někdy hanlivé přízvisko sejmout Karel Janeček v již zmíněné studii, není dosud v teoretických pracích o Bořkovcovi jednoznačné mínění. Povšimněme si proto této otázky blíže.

Pojem konstruktivismus má více významových odstínů. Jeho chápání je odlišné v různých uměleckých druzích a v průřezu času. Původně se vázal na moderní architekturu, aby se tím zdůraznil zájem o konstruktivní plán, v němž je fantazie podřízena výpočtu.[28] Ve dvacátých letech se chápal jako umělecký směr, který zdůrazňuje jasnost a přehlednost stavby, krásu hmoty, technickou dokonalost, profesionální mistrovství. Mezi propagátory tohoto směru se tehdy řadila skupina Devětsil a architektonická revue Stavba, Horizont.[29] Ve třicátých letech už byl konstruktivismus pojímán spíš jako umělecké hnutí, které řeší umělecké dílo především ze stránky technické, objevuje se i pojetí konstruktivismu jako formalistického směru v umění.[30]

Je příznačné, že ve skladbách takto koncipovaných nacházíme i ostré disonance, malý zřetel k plynulosti melodiky, neboť nade vším vládne funkcionalistické uplatnění stavby.

Lze říci, že Bořkovcova hudba ani v nejpříkřejší klavírní suitě není chladnou konstrukcí bez vztahu k znějícímu zvuku; nebo bez vztahu k nosnosti samotných hudebních myšlenek. Je pochopitelné, že ve skladbě, která ověřuje nové možnosti, mají konstrukční zřetele větší roli, avšak právě proto pro výrazovou odlišnost jednotlivých vět i barevné odstínění a proměny témat v nich nelze klasifikovat Bořkovce jako konstruktivistu.

Karel Janeček to vyjádřil ještě lapidárněji, když v roce 1948 napsal: *„Intelekt formovací ve smyslu konstruktivistickém u Bořkovce nenacházíme. Forma Bořkovcových děl vyrůstá jinak. Východiskem je mu vždy konkrétní hudební myšlenka, konkrétní nápad, zvukový detail. Z takových prvků pak staví dále, a to tak, že se snaží postihnout jejich nosnost, jejich puls ne analýzou, nýbrž bezprostředním smyslovým odhadem. Vede tu tedy ne skladatelův intelekt, ne chladná rozvaha, nýbrž celá osobnost. Skladatel tu vystupuje jako experimentátor, který se snaží na sobě vyzkoušet účin svého projevu. Ježto v případě Bořkovcově jde o umělce při tomto experimentování neobyčejně citlivě reagujícího, mají i jeho skladby, pokud jsou interpretem dobře uchopeny, účin neselhávající.“*[31]

Užití tohoto pojmu, jak je zřejmé, bude záviset na výchozích kritériích. Obecně zůstává, myslím, v platnosti, že konstruktivismus se vyznačoval vždy asentimentalitou projevu a byl vázán především na technickou a zvukovou stránku hudební stavby. Další změny obsahu tohoto pojmu nastaly v poválečných letech, např. při formování Nové hudby.

Zdá se, že právě pro rozptýlenost výkladu může znovu v roce 1981 Jaroslav Jiránek[32] nazvat Bořkovcův *Start* a *Stadion* díly se silným vlivem dobového konstruktivismu a *Suitu pro klavír* „laboratoří konstruktivistického experimentování“ a „manifestační proklamací nového zvukového ideálu tzv. moderní věcnosti“. Jeho soud je ovšem poněkud v zajetí romantických ideálů obsahovosti a své postuláty formuluje s jistou časovou podmíněností.[33]

Bořkovec vstoupil na veřejnost jako hudební novátor – „modernista“ a svými díly vzbudil překvapení i rozpaky, zda je jeho cesta správná. Dobová neujasněnost se ukazuje např. v kritice Karla Hoffmeistra, který v úvaze o jeho suitě píše, že „nese všechny znaky atonálního neoklasicismu, i nejvzdálenějšího styku s domácí, rodnou půdou ovšem zcela oproštěného, a též v nejmenším osobitějších rysů neprojevujícího“.[34]

Bořkovcovy skladby ovšem velmi imponovaly mladé nastupující generaci, která přirozeně inklinovala k neoklasicismu. Prostřednictvím Iši Krejčího se Bořkovec seznámil i s jeho přáteli Jaroslavem Ježkem, Františkem Bartošem a Václavem Holzknechtem. Když v roce 1933 přerušil svou činnost Spolek pro moderní hudbu,[35] hledali mladí skladatelé jiné možnosti prezentace své tvorby. Šťastnou shodou okolností našli tehdy přístřeší i koncertní pódium v budově výtvarného spolku Mánes.[36]

Hudební skupina Mánesa v roce 1937
(zleva František Bartoš, Václav Holzknecht, Iša Krejčí, Pavel Bořkovec, Jaroslav Ježek)

V HUDEBNÍ SKUPINĚ MÁNESA

Mladá skladatelská generace reagovala na kulturní ovzduší dvacátých let inklinací k moderním výrazovým prvkům od džezu počínaje až k expresionistickým atonálním výbojům. Čtyři skladatele (s pátým dopisujícím členem B. Martinů), kteří se sešli v hudební skupině Mánesa, spojovala názorová blízkost s hudební proveniencí neoklasicistní[37] a poetistickou.

Dva póly Pavla Bořkovce (fotografie z roku 1931)

Prvním podnikem, na němž se podílela hudební skupina Mánesa spolu s literáty a výtvarníky, byl *Večer Vítězslava Nezvala* dne 16. 12. 1932. Takové večery se občas konaly v Mánesu již dříve. Novinkou nyní však bylo to, že se na nezvalovském večeru představili mladí čeští skladatelé a interpreti se svými vokálními skladbami.

Úvodní slovo na téma Pět minut o hudbě pronesl přímo Vítězslav Nezval. Zhudebněné Nezvalovy písně Pavla Bořkovce (Jitro ve velkoměstě, Šílený ministrant), E. F. Buriana (Coctaily), I. Krejčího (Pět písní), J. Ježka (Benátská gondoliéra, Blues, Chanson, Morava), J. Svobody (Blues), V. Nezvala (Jediná, Petrklíče) zpívala Jelena Holečková s klavírním doprovodem Václava Holzknechta, melodram Almaida z Malého baletu Iši Krejčího recitoval Eduard Kohout. Několik básní recitoval autor svým osobitým melodizujícím způsobem. Večer působil atraktivně i tehdy neobvyklým prostředím hudby a slova mezi moderními obrazy a sochami z dílny E. Filly, V. Špály, Fr. Muziky, A. Laudy, O. Gutfreunda.

Volba Nezvalovy poezie měla své hlubší opodstatnění. Nezval se během dvacátých let stal vůdčí osobností básnické generace a mimořádnost jeho talentu poutala k němu i umělce z jiných oborů. Zpočátku se připojil k uměleckému sdružení Devětsil.[38] V roce 1922 měl již vydány časopisecky mnohé verše, které později zařadil do sbírek. Knižně vyšla sbírka Most.

Poetismus žádal nastolení poezie pro pět smyslů, zdůrazňoval, že hlavním cílem poezie je být hrou obraznosti. Všeobecná vlna přecenění rychlosti v nové době velkoměstské civilizace se nevyhnula ani tomuto směru. Revolučnost poetismu byla spatřována v tom, že jeho zakladatelé zdůrazňovali myšlenku o umění, zobrazujícím společnost v budoucnosti s osvobozeným člověkem v beztřídní společnosti.[39]

Poetismus novým zaostřením reality vnášel poezii do všedního dne, předkládal lidem vidění krásy v každodenních skutečnostech, nabízel jim radostné opojení ze života, lyriku nikoli v sentimentální úvaze, ale v přímém citovém prožitku. Proto má blízko k filmům, zvlášť typům chaplinovské grotesky, obdivuje lunaparky, cirkusy, varieté a sportovní exhibice, periferní žánry umění, což vše v neobvyklém nasvícení má přinášet novou radost a životní vzpruhu. Příměr „vidět svět dětskýma očima" je pro tuto tendenci velmi častý.

Poetismus se promítl v tvorbě české avantgardy dvacátých let dosti výrazně. Z literátů mezi poetisty patřili vedle zakladatelů K. Teigeho a V. Nezvala ještě J. Seifert, K. Biebl, načas i V. Závada a Fr. Halas, V. Vančura, K. Konrád. Literární vývoj vyústil potom k surrealismu v roce 1934, jehož hlavním propagátorem byl opět V. Nezval.

Ve výtvarném umění se projevil zejména jako tzv. poetický naivismus např. u A. Wachsmanna, A. Hoffmeistera, Fr. Muziky, B. Piskače, nebo i artificialismus třeba v tvorbě J. Štýrského, Toyen, blízko stojí i J. Šíma. Z divadelníků se v éře poetismu výrazně projevili především J. Honzl, J. Frejka, E. F. Burian a J. Voskovec s J. Werichem.

K hudebníkům, kteří reagovali na poetismus, patří E. F. Burian, J. Ježek jak svými hudebními aktivitami v Osvobozeném divadle, tak i vlastní uměleckou tvorbou, dále B. Martinů, E. Schulhoff, I. Krejčí, F. Bartoš, V. Kaprálová i P. Bořkovec. Nejkonkrétnější spojení je přímo v dílech s Nezvalovými předlohami, např. balet Náměsíčná E. Schulhoffa, Malý balet I. Krejčího nebo opera Hlas lesa B. Martinů.

Patří sem i některá díla, ovlivněná džezem a novým tempem života ve velkoměstě, jako byl např. balet Kuchyňská revue B. Martinů nebo jeho klavírní Film en miniature.

Poetismus jako umělecká orientace avantgardy představuje přetavení dobových proudů a směrů v ryze českém kadlubu. Tendencí dát věcem jejich původní a hravou krásu reaguje na francouzský neoklasicismus v postulátech J. Cocteaua, zdůrazněním svébytnosti formy a svobody obraznosti neguje symbolismus, kladením několika rovnomocných vrstev a jejich částí v kompozici celku postupuje analogicky s celou řadou výtvarných (kubismus, klasicismus, secese) a literárních směrů (futurismus, konstruktivismus, imažinismus, kubismus, dadaismus, surrealismus).

Odpoutáním od bezprostřední vazby na ideologii, všeprostupujícím životním optimismem a hřejivostí lidské vzájemnosti i ve světě civilizačních struktur vytváří specifické české prostoupení možností poměrně širokého prostoru pro revoluční avantgardní tendence meziválečného období a zároveň nemá potřebu bořit vidění světa minulosti.

Na příkladu Pavla Bořkovce lze vcelku dobře ukázat podněty poetismu i dalších dobových proudů. Na vlnu džezu reagoval již dříve *TANCEM PRO KLAVÍR A SAXOFON* z roku 1923, ale některé rytmické obraty třeba v *klavírním koncertu* jsou rovněž z tohoto okruhu. Jeho *klavírní suita* bývá někdy srovnávána s Kubištovými plátny.[40] Konečně i sloučení strohých kontur přísných metrorytmických vazeb s originálním nástrojovým myšlením, v němž tematické plošky působí v neočekávaných barevných odlescích a zvukových odstínech, a také způsob stavby témat z idiomů co nejkratších, hybných a tvárných, vyvolává v celku kompozice pocit jednolitosti a příznačné výrazové odlehčenosti směrem k pólu kladu a optimismu.

Přes všechny tyto rysy, nebo snad právě pro ně, vyžaduje Bořkovcova hudba pro své provedení i vnímání ve značné míře intelekt. Ostatně i poslech kompozičně nejprůhlednějších klasicistů je bez užití intelektu pouze smyslovou záležitostí bez hlubšího pochopení. U Bořkovce, jakož i u většiny autorů našeho století, však vnímání bez patřičného intelektuálního uchopení skladby ztrácí možnost pochopení záměru autora, který spojením hudební architektury s výrazovou hrou spěje k rozšíření vnímatelovy představivosti i duševního světa.

Tyto vlastnosti mají Bořkovcovy kompozice z třicátých let.

V roce 1931 vznikl *Koncert pro klavír a orchestr* a píseň *Krysař* z pozdějšího cyklu *Rozmarných písní.*

V *I. KLAVÍRNÍM KONCERTU* skladatel sáhl k baroknímu typu dialogu sólového nástroje a malého komorního orchestru. Z těchto důvodů zde nalezneme mnohé z obvyklých barokních rysů, jako např. rytmickou plynulost a komplementárnost, takřka neustálou kontrapunktickou práci, zejména imitační, ovšem s uplatněním tonálních vztahů 20. století, byť s převahou tonálního harmonického zakotvení.

Přísné slohové soustředění přineslo ovoce. Bořkovec si osvojil způsob důsledné chromatizace hudební tkáně, v jejímž pozadí jsou tonální centra. Rámcově se první věta odvíjí in Es (Dis), druhá in H, třetí in A. Přenesením své techniky zahušťování akordů do orchestrální partitury získal nové možnosti zvukového zatemňování či prosvětlování prostoru, a také větší variabilitu pro odstíny napětí uvnitř věty. Zvukově se jeho projev zjemnil, i když k lyrickému zvroucnění má hodně daleko.[41]

J. Jiránek[42] upozornil na výraznou stránku autorského stylu, k němuž patří volba určitých výrazových prostředků – melodie (figurace), agogika, dynamika (akcentace), faktura (unisona a různé paralelismy), metrum a rytmus (ostinátní synkopicky nastupující figury) a témbr, jež spolu s ostatními oscilacemi akordických vazeb utvářejí osobité barevné plochy.

V nepřetržitém prolínání a návaznosti motivů vznikají quasi ostinátní figurace,[43] jež jsou doprovodným rysem tematické práce, a plní funkci jakési identifikační značky. Je to dosti závažný moment, poněvadž melodika plyne v poměrně hybném tempu a vzhledem k převažující pentatonice eventuálně tetrachordu cikánských stupnic a časté synkopaci je obtížně sledovatelná pouhým poslechem.

Klavírní part má virtuózní sazbu. Bořkovec obdařil svůj oblíbený nástroj rychlými pasážemi, akordickými údernými úseky i tokátovou stylizací. Uplatnění klavíru zde má blíž k jeho charakteristice jako bicího nástroje. Velmi efektně užívá paralelního postupu v terciích a oktávách. Uvnitř vět funguje klavír jako hlavní aktivizátor, je zvukově v popředí, dialog mezi ním a ostatními nástroji je přátelsky souhlasný.

Ukázka č. 13: Koncert pro klavír a orchestr. Partitura, Praha 1931, s. 40–41, (part klavíru).

První věta má sonátovou formu bez obvyklé kadence sólového nástroje. V její stavbě se stabilizovalo několik momentů, jež napříště budou pro všechny sonátové věty příznačné. Především je to motivická propojenost pomalé introdukce s dalším průběhem věty v hybném tempu. Ta se postupem času prohlubuje. Jiným znakem je to, že provedení vždy dává přednost jednomu z témat. Ještě v plné působnosti jednoho tematického proudu zní řada útržkovitých drobných motivických jader, průběžně obměňovaných, z nichž některá logicky vplynou do okruhu jiného tématu, nebo se ukáže jejich skrytá souvislost s ním.

Při řešení sonátové formy první věty klavírního koncertu Bořkovec uplatnil dvě provedení. V obou dává přednost rytmickému hybnému tématu. První provedení pracuje s materiálem obou témat, dokonce i s posunem druhého tématu do quasi tóniny terciové chromatické příbuznosti (Es–G). Druhé provedení místo druhého tématu váže k již zmíněnému hybnému tématu mnohé obraty z okruhu témat introdukce, u klavíru též začátku expozice. V závěru věty se mihne ve dvou taktech v melodickém převratu část druhého tématu. (Schéma této věty v poměru taktů vypadá takto: introdukce 7, expozice 45, 1. provedení 52, repríza 43, 2. provedení 53, repríza 45.)

Druhá věta má variační formu s bohatou imitační a kontrapunktickou prací. Je pomalá, začíná (– i končí) kantabilním sólem violy, k níž se přidává klavír ve výrazných tonálních harmonických sledech i s rytmikou, vyrůstající prodloužením osminového legata po předchozí delší době.

Ukázka č. 14: Koncert pro klavír a orchestr. Tamtéž, 2. věta.

Třetí věta nezapře, že Bořkovec důkladně prostudoval orchestrální partitury Janáčka, Stravinského, Prokofjeva, Rachmaninova, avšak jejich podněty ústrojně přetavil ve vlastním ztvárnění rondové věty, dravě rytmické, pestré a svěží, která je nejen vyvrcholením celého koncertu, a zároveň myšlenkově nejpodnětnější. Houstnoucí faktura účinně podporuje závěrečnou gradaci i s typickou Bořkovcovou diminucí tématu v překvapivě rychlém závěru. Stále výrazněji se objevují některá melodická jádra, společná s písňovým i baletním (pozdějším) zhudebněním *Krysaře.*

Klavírní koncert je dílem, jímž Bořkovec vkročil do sobě vlastního světa hudební fantazie. V předchozích dílech našel své základní kompoziční prostředky a postupy, které nyní může naplňovat výrazem podle svých záměrů. Našel svůj osobitý a nezaměnitelný styl, který se v další tvorbě již zásadně neměnil, avšak nabýval stále větší výrazové plasticity podle obsahové náplně.

Velmi jasnozřivě komentoval Bořkovcův klavírní koncert Vladimír Helfert ve své studii o české moderní hudbě (1935), kde napsal: *„Od té doby jeho styl nemá suše vypočítané konstrukce, nýbrž je vždy naplněn oním sukovským hudebním energetismem, jenž i nejodvážnějším lineárním komplikacím propůjčuje mocné a strhující zvukové kouzlo a dává jim bohatý hudební smysl. Jeho klavírní koncert (1935)*[44] *patří po této stránce k nejzdravějším a hudebně nejbohatším skladbám nového českého stylu. Bořkovec je proto jeden z nejnadanějších zjevů mladé české hudby. Jen vydržet na této cestě a nebát se jít dopředu!"*

Klavírní koncert provedla poprvé Česká filharmonie s dirigentem Jiřím Scheidlerem a pianistou Václavem Holzknechtem dne 16. 4. 1932. V roce 1934 (10. října) koncert provedl Václav Talich v čele České filharmonie se sólistou Rudolfem Firkušným. Talich s Firkušným uvedli Bořkovcův klavírní koncert i na třináctém festivalu Mezinárodní společnosti pro soudobou hudbu v roce 1935.

Dobové ohlasy v tisku byly většinou kladné. O tom, že boj o pochopení děl tehdejší moderny nebyl zdaleka vybojován, svědčí nejen rozdílné charakteristiky díla v příznivě naladěných kritikách, ale i hodnocení záporná, z nichž nejzavilejší je kritika Antonína Šilhana, proslulého odpůrce nových směrů. V Národních listech 16. 10. 1934 mimo jiné napsal: „*... Ale ani tato práce není plodem hudebního češství, nýbrž tkví v jařmu cizích směrů. V programu koncertu bylo lze se dočísti, že náplň reaguje na podněty současného života a současný světový vývoj a usiluje přitom o svůj osobitý výraz. Já bych řekl prostě: bez Igora Stravinského nebylo by ani koncertu páně Bořkovcova, jehož úsilí o výraz osobitý nedochází nikde k slyšitelným výsledkům. Pan Bořkovec dívá se zcela očima pana Stravinského. Skladba kvitována byla velmi hlučným aplausem posluchačstva, za který se přišel děkovat i skladatel, ale potlesk platil, myslím, klavírnímu interpretu Rudolfu Firkušnému, který hrál part svůj se vzácně obětavým realismem, s technickým mistrovstvím a s ohnivou vervou.*“

Koncert zůstal repertoárovou skladbou i v dalších letech.[45]

Po premiéře I. klavírního koncertu (Rudolf Firkušný, Václav Talich, Pavel Bořkovec)

V době vzniku klavírního koncertu se Bořkovec zabýval také písňovou tvorbou. Nebylo by snad ani tak nezvyklé, že v tvorbě, vznikající ve stejném období, se objeví nějaké společné prvky. Zajímavé a méně obvyklé je to, že v tvorbě Pavla Bořkovce se tyto společné prvky objevují záměrně a že mají výrazovou návaznost. Jeho kompoziční metoda v tom poněkud připomíná postup barokních mistrů, kteří zpracovávali vícekrát některá témata, v nichž se snažili postihnout jejich nosnost v jiných podmínkách. Také Bořkovec vytváří své hudební obrazy osobitým formováním s podivuhodnou fantazií, která v rámci pevně skloubeného tvaru výrazově proměňuje výchozí jádra. Tímto způsobem hněte látku v bohatých permutacích a je to právě odlišná barevnost, kontext, který posluchačsky sceluje vjem, aniž by tematické analogie působily dojmem opakování či omílání téhož.

Vokální tvorba sice neodráží bezprostřední autorskou výpověď, avšak právě tím, že zhudebňuje konkrétní pojmy mluveného jazyka, je vázána na určité výrazové vyjádření obsahu textu. Jestliže některé myšlenky procházejí vlastně celým dílem Pavla Bořkovce, bude dobré si jich povšimnout právě ve vokální tvorbě, neboť v ní je vyjádření nejkonkrétnější.

V písňových cyklech z let 1931–1932 vykrystalizovaly základní znaky Bořkovcova vokálního slohu, jehož princip se už více neměnil, pouze byl v dalších dílech odlišně barevně nasvěcován a obohacován podle zvolených předloh.

Řešení jeho písní[46] spočívá v tom, že exponuje jednotný tematický materiál paralelně ve zpěvu i v klavíru, aniž by těmto dvěma složkám ubral na logice a svébytnosti vlastního partu. Tematickou propracovaností připomíná tento způsob práce barokní sonaty a tre".[47] Výrazová role je přitom svěřena zpěvu. Z kompozičních vazeb Bořkovcovy hudby je zřejmé, že melodika zpěvu by byla těžko pochopitelná sama o sobě, smysl dostává teprve prostoupením s doprovodem klavíru či orchestru. Vokální part nabývá zpěvnosti, i když tato zpěvnost reflektuje komplikovanější strukturu vazeb hudby dvacátého století. Z hlediska interpretace tak vzrůstají nároky na pěveckou techniku, perfektní intonaci a schopnost výrazových odstínění.

Harmonické zakotvení je tonální, byť značně proměnlivé. Při vší pestrosti námětu i pečlivosti a výraznosti dikce je zejména doprovod téměř stále hybný.

Snad nejvýraznější tematické propojení uvnitř kompozice i v souvislosti s celým zaměřením tvorby lze sledovat na písni *Krysař*. Píseň vznikla podle Goethovy básně v překladu Otokara Fischera. Vnějším podnětem mohlo být někdejší studium germanistiky na Karlově univerzitě, navíc i sté výročí úmrtí J. W. Goetha. Zdá se ale, že autor měl k tomuto námětu i vnitřní vztah, neboť později *Krysaře* rozvinul v podobě známého baletu.

Goethova báseň je členěna do tří strof, které jsou v podstatě variacemi chlubivé krysařovy nabídky městu. Skladatel rovněž dodržuje strofičnost, ale ne přesným opakováním.

Píseň má tempový předpis Allegro non troppo, je psána pro baryton a klavír. První dvě strofy jsou postaveny tak, že vždy dvě rýmující se dvojverší tvoří malou jednotku především ve vokálním partu, po ní se ozve v několika taktech jen klavír a potom následuje další dvojverší. Gradace nastává ve třetí sloce, v níž opět nacházíme dvojverší vokálního partu, ale bez pomlk, vše běží v neustálém pohybu a v propojení motivického materiálu, již známého z předchozích dvou slok.

Na začátku je předehra s rychlou šestnáctinovou sestupující pasáží a hned ve druhém taktu je velmi výrazné téma, které přímo navozuje dojem hravosti a lehkosti. Po těchto taktech se přidá i zpěv:

Ukázka č. 15: Krysař. Rozmarné písně. Praha 1932, s. 2.

Jednotlivé sloky nejsou sice shodné, ale jejich vnější formové rozvržení je analogické. Střídají se v nich rychlé části s klidnějším středem slok, jejich taktový rozsah je přibližně stejný. Tematickou shodu lze ilustrovat porovnáním hlavy tématu všech tří slok, jejichž rytmický obrys je obdobný:

Ukázka č. 16: Krysař. Tamtéž.

Téma klavírní předehry je shodné s myšlenkou z druhé věty klavírního koncertu:

Ukázka č. 17: Koncert pro klavír a orchestr. Partitura. Praha 1931, s. 66–67.

Tato myšlenka se později stane jedním z charakterizačních témat ve stejnojmenném baletu, avšak epizodicky se objevuje i v *Dechovém kvintetu*, *Partitě* a v dalších dílech.

Obdobně i zde prochází tematický materiál oběma party:

Ukázka č. 18: Krysař. Tamtéž, s. 3.

Ve třetí sloce se motiv klavírního koncertu objeví v klavíru, zatímco ve zpěvu zní původní doprovodná figura:

Ukázka č. 19: Krysař. Tamtéž, s. 5.

Bořkovec velmi pozorně sleduje text. Při podrobném rozboru vynikne i jeho stylizační práce a sledování nejmenších detailů a náznaků textové předlohy, což je patrné i z ukázek. Výborným způsobem je vygradován závěr písně, ve kterém se nejen objevuje trefně užitý prvek klavírního partu, ale i původní šestnáctinová pasáž, která takto významně přispívá k výrazové i motivické jednotnosti v celé písni.

Předehra písně obsahuje ještě jeden detail: melodicko-rytmický celek, často uplatňovaný v tektonice. Jsou to čtyři šestnáctiny na poslední (nebo předposlední) době, po nichž se ozvou delší hodnoty. Melodie těchto šestnáctin zvolna nabývá na závažnosti. Postup jejího zatěžkávání lze pozorovat i v klavírním koncertu, plného vyjádření vokálního se mu dostane ve villonovském *Epitafu* a v dalších dílech. (Ukázka na následující straně.)

Obdobné ladění mají dvě básnické předlohy F. Villona, které tvoří s písní *Krysař* cyklus *ROZMARNÝCH PÍSNÍ*. *Epitaf* spojuje dvě rondeau ze Závěti (Le Testament). Pro píseň je charakteristická nesentimentálnost a břitký vtip. Rozmar a veselost vládne písni *O bláznovství v lásce*. V obou Villonových básních nacházíme renesanční pohled na svět. Jsou oslavou života, radostí a slastí na zemi. I ve výběru Villonových veršů se však projevil Bořkovcův smysl pro přiměřenost, jeho přímá snaha o objektivitu.

Ukázka č. 20: Krysař. Tamtéž, s. 5.

Epitaf je rychlá píseň o třech strofách, které zdůrazňuje refrén „Nechť lehké spočinutí má". Refrény nejsou nikdy dokonale shodné, ale vyrůstají ze stejného melodického i rytmického základu.

Také v této písni lze sledovat propojenost hudebního materiálu, který je dokonce ve svých základních prvcích exponován již v úvodních devíti taktech klavírního partu. V průběhu písně jsou potom charakteristické prvky hudebního proudu různým způsobem rozvíjeny a zaměňovány mezi zpěvem a klavírem.

Skladatel objektivizuje celou báseň a sarkastický závěr ironických veršů koncipuje hudebně tak, aby zmírnil původní osten, bere každý verš jen podle slov v něm obsažených, bez ohledu na jejich skrytý smysl. Osvobozující lítost a něhu má verš „záda měl celá zmodralá" a jako přání – klidná vzpomínka autora (nikoli jako původně ironie F. Villona, namířená proti společnosti) vyznívá poslední refrén „nechť lehké spočinutí má" s výrazným užitím pentatoniky. (Ukázka č. 21.)

Bezstarostně veselá je poslední z cyklu *Rozmarných písní O bláznovství v lásce*, v níž se nejvíce uplatňuje Bořkovcův smysl pro elegantní břitký vtip. Charakterizační podíl zpěvní složky neumenší ani obvyklá melodie, hojně užívající pentatoniky. Skladebnou sevřenost podporují opět vzájemné motivické permutace a obdobné rytmické členění melodie ve střední části písně kolem akordického tónu *b*. (Ukázka č. 21 na následující straně.)

Rozmarné písně, zvláště *Krysař* a *Epitaf*, patří k nejčastěji interpretovaným písním Pavla Bořkovce nejen ve třicátých letech, ale i později.[48]

Ukázka č. 21: Epitaf. Tamtéž, s. 9.

V době vzniku *Rozmarných písní* psal Bořkovec ještě další písňovou sbírku *SEDM PÍSNÍ NA SLOVA VÍTĚZSLAVA NEZVALA.* Nezvalovy básně si skladatel vybral pravděpodobně pro blízkost své tvůrčí metody s postupem básníkovým. Paralela je mezi obrazem uvolněné fantazie básníka, který asociativně staví určité obrazy, a tematickou prací skladatele. Jeho metoda sekvencových postupů, pregnantní rytmizace i moment hravosti, spojený s rozvíjením některých prvků, předem obsažených v úvodní části písně, velmi připomíná tvůrčí metodu poetistickou.

Bořkovec volil ty básně, které nejsou pouze snovými poetickými vizemi, ale verše, v nichž se uplatňuje také intelektová složka. Básníkovi i skladateli je vzdálena sentimentálnost, oba spojuje smysl pro detail. Při výběru básní se podle vlastních slov[49] skladatel řídil především tím, jak verše zněly, zda byly hudebně cítěny.

Podivuhodné prostoupení tematického materiálu a jeho logického propojení, aniž by hudba upadla do mnohomluvnosti, doloží detailní charakteristika hned první z nezvalovských písní.

Je to vlastně jedna z Bořkovcových písní v době zpřesňování vlastního stylu na počátku třicátých let a zároveň jedna ze dvou, jimiž přispěl k prvnímu nezvalovskému večeru formující se skupiny Mánesa v roce 1932.

Nezval[50] napsal v roce 1932 báseň *Šílený ministrant,* která má v dalších vydáních název Sníh. Pro přesnější orientaci bude vhodné uvést i text této básně:

Hoch v bílé komži cídí šaty,
babičky jdou na roráty,

bim bam bim bam je neděle,
hoch v komži čtyři andělé.

Pan Michael mu drží svíčku,
Gabriel fouká na žehličku.

Těm druhým to však nestačí
a utkali se v box-matchi.

Hoch čistí s černých šatů peří
a uzamkl se před anděli Stop!

Svíce zhasla, box-match ztich
a na ulici padá sníh.

Název Sníh vzbuzuje větší množství básnických obrazů, které se člověku mohou vybavit při pohledu na padající sníh (roční období, kontrast černé a bílé, nevinnost a hřích atd.), než název Šílený ministrant, který však zase zužuje interpretaci básně na základní cestu fantazie, stále se rozbíhající od „hocha v bílé komži". Tento název také posouvá výsledný dojem básně směrem k lehké hravosti a humoru.

V několika taktech uvede klavír posluchače do patřičné nálady. Pak slyší souběžně proud vokální a klavírní hudby. Smyslově se oba proudy slévají. Tak vlastně posluchač těchto písní provádí totéž, co čtenář básně: nechá na sebe působit několik „obrazů", které může a nemusí analyzovat.

Hudební písňové struktuře napomáhá i forma básně tím, že první a poslední básnický obraz je stejný. Báseň je pravidelně členěna ve třech strofách, v nichž se rýmují vždy sousední dvojverší, což umožňuje Bořkovcovi rozvinout jeho nejvlastnější metodu kompoziční práce, jako je postup v sekvencích, nebo rozvíjení určitého rytmického či melodického prvku na několika místech v průběhu písně.

Ve čtyřtaktové předehře nastoupí hravé téma klavíru, které je podpořeno synkopickými akordickými údery. Vše proběhne v rychlém allegru vivu a teprve při zaznění zpěvu se tempo zmírní na piu tranquillo. Člověku se vzápětí nato vybaví obraz vánoční krajiny, v níž jdou babičky na roráty, i malého ministranta před bohoslužbou. Obraz upevní i letmá stylizace zvonů v klavírním partu.

Ukázka č. 22: Šílený ministrant. Sedm písní na slova V. Nezvala. Praha 1934, s. 5.

Ale hravost, která se projevila v předehře, se vrací, a místo „bicí" zvonové stylizace klavíru je bohatě pracováno s rytmem. Při komickém obrazu andělů, „pomáhajících hochovi a zároveň zápasících", se ozve melodie, totožná s obdobným ironickým podtextem v epitafu z *Rozmarných písní*:

Ukázka č. 23: Šílený ministrant. Tamtéž, s. 6.

Po této strofě je opět v klavíru hravá melodická figura, která po ztišení vyplyne do poetického závěru v naprostém uklidnění a pokoji, v němž i zvětšené kroky cikánské melodiky působí zcela samozřejmě.

Ukázka č. 24: Šílený ministrant. Tamtéž, s. 7.

Dalším momentem, který je nutno zdůraznit, je vždy objektivizující tendence, ať již ve smyslu výběru textu, anebo hudebního vyznění skladby. V. Holzknecht se zmiňuje v předválečném časopise Klíč v článku „Nezval v české hudbě" o různé inspiraci mladých skladatelů Nezvalovou poezií. U E. F. Buriana podle něj převažuje inspirace taneční a exotická, u J. Ježka milostná, u I. Krejčího baladická, u Bořkovce groteskní.

Grotesknost však nacházíme pouze v námětech, téměř vůbec se tento prvek neváže k hudební vrstvě. V hudbě bychom mohli najít spíš čirý humor, např. *Pozdní poznání,* a lehkost melodického materiálu, který má stejné kouzlo jako poetické verše Nezvalovy.

Shodné obsahové ladění obou sbírek lze spatřovat v odmítání romantického přehánění citů i tematických okruhů, typických pro romantismus. Bořkovec nedovede a nechce ani v těchto písních vyhnat satiru až na ostří. Rozmarné veselí v písni *O bláznovství v lásce* není stupňováno k nevázanosti, malý nezbeda „hysterik" v písni *Pozdní poznání* vzbudí spíš úsměv a rozšafný pocit převahy dospělého člověka, *Silvestrovská píseň* je hudebně vykreslena v celé své bohatosti a pestrosti, avšak nepřeklene se lehkomyslně přes povzdech v závěru básně („Tisíc mužů, tisíc žen, vypadne však z kola ven."). A tak bychom mohli vzít jednu píseň za druhou a vždy bychom se setkali v této podobě s autorským smyslem pro detail a objektivní nadhled.

Mezi sedmi nezvalovskými písněmi je jedna – *Biblická píseň* –, která se svou atmosférou odlišuje od ostatních. To, co bylo u Nezvala míněno jako perzifláž příběhu biblické Rut, Bořkovec pojal vážně a vytvořil píseň neobyčejné citové vroucnosti.

Touto písní otevřel další okruh – intimní a milostnou lyriku. Básně B. Pasternaka[51] obsahují subjektivní lyrické verše s osobitým obrazným viděním. Jejich východiskem je autorův osobní prožitek, který je pak transformován do mnohovýznamové roviny symbolů básnické řeči. Poněkud vzdáleně připomínají tento postup inspirace i básně Hany Proškové, na jejíž verše komponoval Pavel Bořkovec své poslední vokální opusy. Bylo asi zapotřebí časového odstupu, ve kterém se upevňovalo a zrálo vnitřní zakotvení skladatele v takové podobě, jak je vidíme a hlavně pociťujeme v posledním tvůrčím období.

V *PĚTI PÍSNÍCH NA B. PASTERNAKA* došel Bořkovec až na hranici možností své kompoziční metody. Lineární svébytnost hlasů zde vzrůstá do té míry, že pro sluchovou kompaktnost autor vytváří určité konstanty v melodice i v harmonických vertikálách. Vzrostla tak scelovací role harmonie i rytmu. Tak např. šestnáctinový rytmus stabilizovanými figurami 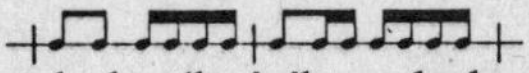 vytváří stylizační charakteristiku ve verších s myšlenkou pohybu (letícího sokola, větru atd.).

Výsledek působí dojmem samozřejmosti hudební struktury, která vzhledem k symbolistní poezii rezonuje spíš se záměrem vyvolat určitou náladu, okouzlení, čirou poezii. Nicméně je vnímání těchto písní intelektuálně značně náročné a Bořkovec si to patrně uvědomil. V dalších cyklech se snažil svou strukturu oprostit a volil texty, které přes svou emocionalitu umožňovaly zároveň i určité zobecnění.

Specifikum Bořkovcova vokálního slohu lze tedy spatřovat nejen v neoklasicistní kompoziční práci, ale také v pozoruhodném propojení výrazovosti melodiky zpěvní i nástrojové, která zejména v jeho pozdějších vokálních dílech vytváří hudební poetiku neobyčejně silné emocionální působivosti na vnímatele.

DECHOVÝ KVINTET, který vznikl v sousedství písňové tvorby v roce 1932, představuje suverénní přetavení kompoziční techniky v jiném útvaru. Vznikla bezprostřední třívětá skladba. První věta má sonátovou formu s malou intrádou. Její hlavní téma obrysově připomíná jeden z motivů písně *Epitaf*. Celý kvintet působí jako brilantní koncertní miniatura, nekonfliktní, invenčně svěží, s dokonalým využitím nástrojových barev.

Je zároveň také nepřímým svědectvím dobového vkusu, který autoři skupiny Mánesa v první polovině třicátých let plně respektovali. Nový sloh spojovali s optimismem až dravé síly, radostným uchopením světa a jakoby s přesvědčením o jeho kladech. Z hlediska dnešního časového odstupu se zdá variační pestrost spolu se stálým drobením tématu poněkud deminutivní a stejnosnubná.

Kvintet byl věnován Pražskému dechovému kvintetu, které ho poprvé hrálo na koncertu v Mánesu 26. 1. 1933 a bylo po několik let jeho oddaným interpretem.

Lednový koncert v roce 1933 byl zároveň prvním koncertem, na němž se po nezvalovském večeru skupina mladých autorů přihlásila k neoklasicismu programem komorní hudby, v níž byli zastoupeni: Iša Krejčí, Jaroslav Ježek, Pavel Bořkovec, a jak „Mánesáci" uváděli, „dopisující člen skupiny", Bohuslav Martinů.[52] Koncert měl odezvu v tisku. Mezi jinými se vyznačuje pozoruhodným postřehem obávaný i uznávaný kritik Walter Seidl v Prager Tagblattu. Oceňuje přenesení koncertního pódia „hudební avantgardy" do výstavní síně na „území malířů a sochařů". Zásadní význam z hudebního hlediska spatřoval nikoli v tvorbě Bohuslava Martinů, ale v dílech mladších autorů, které komentoval takto: *„Ježkovy Bagately jsou barevné, měnivé, rytmicky pikantní klavírní miniatury, v jejichž droboučkých organismech se dá odkrýt směs chopinovské zvukovosti a prokofjevovského rabiátství. Koncertní etudu budou všichni mužští pianisté registrovat jako dokonalý úlovek. Ježkovy písně (na* *texty Nezvalovy, Bieblovy a Závadovy) neposkytují zato dojem těže kompoziční dokonalosti: do klidu zpívaného mélosu zanáší klavírní part příliš rušivého pohybu. Také Pavel Bořkovec se pokouší o písňovou kompozici s menším zdarem než o symfonii a komorní hudbu, ani předvedené goethovské a villonovské písně nepřinesly sourodý hudební výraz. Jak naproti tomu působil jeho dechový kvintet, znamenitý v nápadech a provedení, duchaplný v instrumentaci, harmonicky smělý a přece jasný! Nejvíc schopnosti k vokální kompozici zdá se mít mladistvý (29 letý – pozn. AB) Iša Krejčí...* "[53]

Ostatně česká hudební kritika dala rovněž přednost Bořkovcovu instrumentálnímu dílu před vokálním, když mu v roce 1932 přisoudila cenu České akademie věd za violovou sonátu a klavírní koncert.

Po dechovém kvintetu přišly na řadu housle. Nejprve jako sólový koncert s orchestrem (1933) a potom v podobě komorní sonáty s klavírem (1934). Bořkovec psal obě díla pro předního interpreta a podněcovatele soudobých skladeb, koncertního mistra České filharmonie, Stanislava Nováka.

KONCERT PRO HOUSLE A ORCHESTR byl, jak uvádí kritika Boleslava Vomáčky v Lidových novinách (13. 3. 1934), „*ve výrazu průbojně rozčilující*" tím, že v orchestru nejsou obě skupiny houslí, čímž vynikne víc sólový nástroj. Ten se pohybuje převážně ve střední a spodní poloze svého rozsahu. Třívětá skladba spojuje volnou větu se závěrečným rondem. V roce 1930 vynechal skupinu houslí a viol I. Stravinskij ve své Žalmové symfonii. Není vyloučeno, že i Bořkovce tento nápad inspiroval.

Z hlediska tektoniky Bořkovec uplatňuje již osvědčený model dialogického koncertu, v němž orchestrální faktura tvoří rámec pro rytmicky i melodicky pestřejší part houslí. Vzájemná motivická propojenost je analogická jako v předchozích dílech. Avšak to, co například v písních na Pasternakovy verše působilo jisté těžkosti v porozumění textu, se zde v instrumentálním zvuku jeví jako nové výrazové odstíny melodiky, která zjemňuje hrany vertikál.

Celkový výraz je méně bezprostřední než třeba v dechovém kvintetu. Působí to dojmem, jako by si skladatel ověřoval možnosti tvárné kantilény v atonálním linearismu. Pochopitelně i zde se objeví některé motivické souvztažnosti s dechovým kvintetem a nezvalovskými písněmi.

Houslový koncert byl proveden poprvé Českou filharmonií s dirigentem K. B. Jirákem a sólistou Stanislavem Novákem (2. 3. 1934).

Rok 1934, v němž Bořkovec se dožil čtyřicítky, je i rokem mezinárodních ohlasů jeho tvorby. V březnu se dával jeho *II. smyčcový kvartet* v Bruselu, kde byl autor kritikou hodnocen jako originální talent, v listopadu obšírně referoval Daily Telegraph o večeru českých skladatelů na československém vyslanectví v Londýně. Bořkovcův *II. smyčcový kvartet* kritika označuje jako nejdokonalejší dílo večera, jako dílo hudebníka, který nepřejímá kompoziční techniku. Informativně se o jeho nových skladbách psalo v italském časopisu La Rassegna Musicale (tam dopisoval František Bartoš) a v pařížském listu Le Guide Musical (kladné reference o sonátě pro violu).

V anketě České filharmonie se Bořkovcův *Klavírní koncert* z dvaceti osmi vybraných skladeb umístil na šestnáctém místě. Uvážíme-li, že víc hlasů než Bořkovcův *Klavírní koncert* dostala ze soudobé produkce díla V. Nováka Podzimní symfonie, I. Stravinského Pták Ohnivák, L. Janáčka Taras Bulba, D. Šostakoviče Symfonie f moll, a že abonenti volili skladby ze čtyř bloků jmen, je toto umístění nepochybně svědectvím úspěchu díla.[54] Bořkovcovy skladby se několikrát hrály v rozhlase, v kulturních časopisech se objevovaly informativní články o něm, které jej vesměs řadily ke skladatelům „poválečné hudební moderny". Bořkovec pronikal stále více do povědomí širší veřejnosti jako skladatel, s nímž se počítá při sumarizaci nových kulturních hodnot.

Jubilejní Bořkovcův rok je poměrně bohatý na uvádění jeho skladeb (koncert pro housle, znovu koncert pro klavír s Českou filharmonií, komorní i rozhlasová uvedení), avšak kupodivu úsporný na vznik nových skladeb. Je to vlastně jediná – *I. SONÁTA PRO HOUSLE A KLAVÍR*, v níž Bořkovec opět převádí to, co našel pro vokální sloh, do instrumentální komorní formy. Tematický materiál je svěřován oběma nástrojům a jeho výrazovým proměňováním a především variační technikou se rozrůstá do značné klenutosti melodiky, zejména v *Adagiu*.

Houslová sonáta byla provedena na večeru Mánesa 14. 3. 1935 vynikající dvojicí – Stanislavem Novákem a Karlem Šolcem. Lze si jen domýšlet, jak působivě zněl v této sonátě Novákův velký tón, nakolik jí dodala lesku jeho skvělá technika zcela ve službě výrazu nového díla. Také Šolc patřil k vyhledávaným komorním hráčům, pro něž souhra a postižení obtížných partů s novým stylovým ovzduším byly lákavé. Skladba měla úspěch a získala také příznivé posudky v tisku. Bylo zřejmé, že autor spěje ke stabilizovanému zralému projevu.

Tuto tendenci lze pozorovat i v klavírní *PARTITĚ* z roku 1935, věnované prvnímu Bořkovcovu interpretu Rudolfu Firkušnému. Zazněla na koncertě Spolku pro komorní hudbu dne 6. 12. 1937. Ve srovnání s *klavírní suitou* je zde více vertikálních vazeb, rytmika je podřízena evolučním proměnám harmonicko-melodiského rozvoje. Bořkovec volí název *Partita* nikoli pro archaičnost původní formy – ostatně její čtyři věty mají pramálo společného s někdejší suitou. Název je míněn spíš jako zdůraznění hudebních zákonitostí jeho předmětné nezávislosti, která byla příznačná i pro mnohé barokní formy.[55]

PARTITA PRO KLAVÍR střídá názvy vět podle tempových označení Allegro con brio, Largo, Vivace, Adagio–Allegro. Zejména v pomalých částech díla lze sledovat harmonickou stabilizaci stále ještě pohyblivých melodických elementů, které však v novém akordickém náznaku získávají nečekanou výrazovou nosnost a lyrickou sílu.

Jaroslav Kasan ve svém příspěvku o Bořkovcovi[56] upozornil na analogii postupu ve 2. větě klavírní partity s valčíkovou augmentací v baletu *Krysař* i na další proměnu tohoto postupu ve 4. větě partity v proměnlivém šestnáctinovém pohybu:

Ukázka č. 25: Partita pro klavír. Rukopis 1935. Druhá věta Largo vyd. ve sbírce Klavír 1937, Praha 1937, s. 36.

Ukázka č. 26: Krysař. Klavírní výtah. Praha 1939, s. 20.

Ukázka č. 27: Partita pro klavír. Rukopis. 4. věta, s. 20.

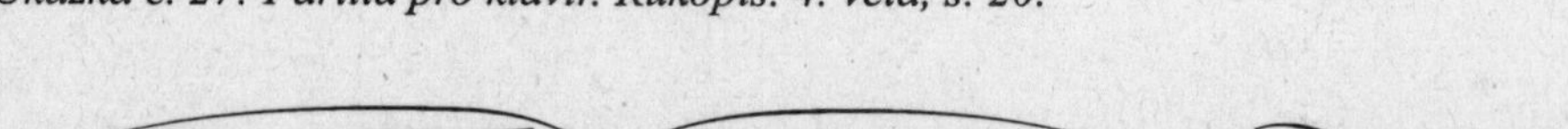

Orchestrální *PARTITA* patří do okruhu jednovětých hybných symfonických skladeb. Je vnitřně členěna na tři části: rychle – pomalu – rychle s pomalým úvodem. Motivický materiál čerpá z již známých intonací,[57] avšak vysoce ústrojně je včleňuje do tonálnějšího harmonického kontextu, v němž ubývá zvukových příkrostí a u variačních proměn se stabilizují některé další výrazové konstanty.

Partita zaujme od prvních tónů hobojového tématu, jež krouží kolem tónu *a*. Na ukázce je dobře vidět i způsob rozvíjení melodiky, který dovoluje rychlé modulace.

Ukázka č. 28: Partita. Praha 1968, začátek.

K tomuto tématu vytváří klarinet kontrapunkt, což spolu se synkopovanými údery harfy a klavíru a s barvou drženého tónu fagotu vzbudí okamžitě atmosféru očekávání (ukázka č. 28 je na s. 53). Skladatel nic neopakuje stejně. Hned v dalších čtyřech taktech se ozvou bublavé tercie dvou trubek s výraznou rytmizací. Zároveň znějí také dílčí známé obraty z předchozích skladeb, nyní jako motivky flétny a pikoly spolu s pravidelnými čtyřmi vzestupnými sekundami v osminových hodnotách spodních smyčců. V okamžiku, kdy původní hobojové téma přeberou housle, zní k němu krátký motivek, rytmicky obrysově připomínající hlavu kontrapunktického doprovodu na začátku. To vše zní spolu s bicí charakteristikou harfy a klavíru. Orchestr úsporně volenými postupy i nástrojovými barvami nabývá rázem zvláštní svítivosti a provzdušněnosti.

Původní téma hoboje je dále rozvíjeno, děleno, obohacováno rytmizovanými akordy žesťů a bicích nástrojů s již uplatněným užitím harfy a klavíru až k sólové dvaatřicetinové pasážové figuře klavíru, která oddělí úvod od rychlé části partity, jíž vládne jednoduchý motiv, známý již z mnoha předchozích skladeb.

Ukázka č. 29: Partita. Tamtéž, s. 12.

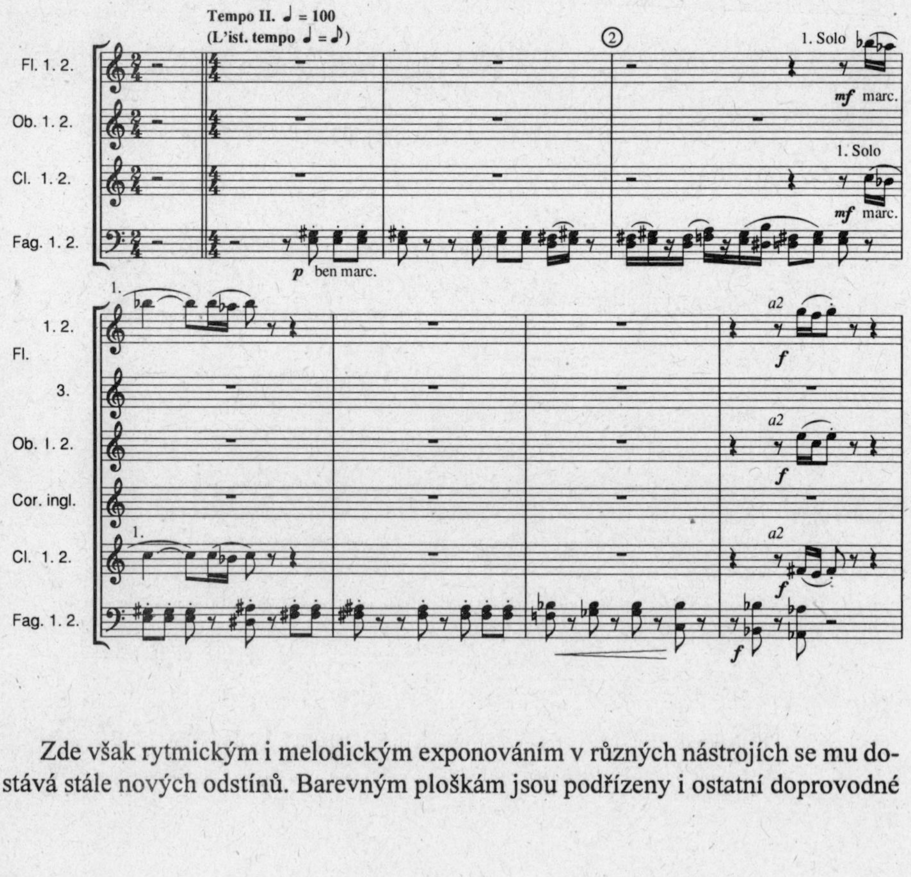

Zde však rytmickým i melodickým exponováním v různých nástrojích se mu dostává stále nových odstínů. Barevným ploškám jsou podřízeny i ostatní doprovodné figurace i dílčí motivy. Vše plyne zcela samozřejmě, byť při poslechu překvapivě. Hlasy v partituře vytvářejí natolik živou tkáň, že se nedá dopředu nic očekávat.

Bořkovec zpravidla nepotřebuje mnoho dynamických znamének, neboť síla zvuku je u něho dána přímo kombinací nástrojových barev. Neustálá evolučnost jeho kompoziční práce je násobena tematickými předěly uvnitř bloků a mezi nimi. Účinné postupné gradace v partitě dosahuje mimoto zvýšenou hustotou faktury, rostoucím zvukem, stále útočnější rytmickou akcentací, která v závěrečné fázi pulzuje souhlasně ve všech nástrojích.

Ostře útočné rytmizace prozrazují poučení z díla Stravinského, Hindemitha, Prokofjeva i Martinů a džczové vlny, ovšem dokonale prolnuté s autorskou modelací.

Volnější střední díl má hlavní myšlenku ve violovém sólu. V této části má orchestr nejblíže tradičnímu symfonickému zabarvení s vůdčí melodikou smyčcových nástrojů. Harmonicky se tu čerpá z postupů, ověřených v klavírní partitě. V některých místech autor anticipuje postupy, které rozvinul až v padesátých a šedesátých letech. V melodice je to např. narážená figura k delší hodnotě.

Ukázka č. 30: Partita. Tamtéž, s. 45.

Rovněž orchestr svým obsazením zúročuje sukovskou školu a otevírá i cestu k zvukovému projasnění – např. pozdější *II. symfonie* (srov. partitura *Partity* s. 44, 45).

Třetí část exponuje téma s charakteristickým tečkovaným rytmem, které je z okruhu písně *Epitaf* a analogické melodiky v dechovém kvintetu. Téma je vzápětí rytmizováno a dále melodizováno.

Ukázka č. 31: Partita. Tamtéž, s. 53.

Ukázka č. 32: Partita. Tamtéž, s. 54.

Ve všech částech *Partity* se objevuje i terciové téma z úvodu. Toto výrazné téma se později vícekrát uplatní v *Říkadlech*. Sekundové téma z rychlé části prochází nesčetnými proměnami, až vyústí do příznačné oktávové podoby, v níž bude v dalších dílech nabývat stále závažnějšího obsahu:

Ukázka č. 33: Partita. Tamtéž, s. 65.

V závěru se vystřídají všechna výrazná témata (včetně rytmických), ovšem v jiných nástrojích, než byla původně exponována, a také podle potřeby nikoli celá. Intenzita zvuku se přitom stupňuje, skladba dostává dělením témat a jejich dalším zužováním na stále menší úseky strhující spád. Stupňující se napětí vyvrcholí charakteristickou strettou s jasným tonálním zakotvením unisona posledních taktů.

Časová spádnost Bořkovcových rychlých závěrů připomíná obdobný kompoziční princip v literatuře, a to v žánru detektivky, v níž se po poměrně pomalejším úvodu stále více zkracuje čas jednotlivých postav a dějů, až vše vygraduje do pokud možno překvapivého efektního rozuzlení všech zápletek. Uvážíme-li, že v našem století prošel tento literární žánr značným vývojem v hodnotové hierarchii, lze soudit, že se zde projevuje něco, co je společné životnímu pocitu člověka naší doby, který hledá stručnost, jasnost, ale také okouzlení a cit, který jej nepřesáhne.

Partita byla poprvé provedena na koncertě České filharmonie 10. 3. 1937 za řízení Václava Talicha, jemuž je skladba věnována.

Kritická odezva je poměrně četná, zachycuje ji více než třináct kritik a řada informativních zpráv. Pro orientaci i formování vkusu posluchačů byly jistě tyto aktuální soudy velmi cenné. Pro nás dnes, s odstupem času, není bez zajímavosti, jak se v nich zrcadlí celá hudební fronta – od konzervativního křídla až k modernistům. Proto je jistě známkou úrovně kritiků, že v zásadním kladném hodnocení kompozice, její myšlenkové konciznosti a čistoty práce, se všichni shodují. Jiná je ovšem míra nadšení a postoje k dílčím komponentům. Zatímco O. Šourek (Venkov) nachází v díle i pronikající typicky českou lidovost, jiní, jako např. J. T., rd, naznačují menší originalitu a odvozenost od silného působení Rusů Stravinského a Prokofjeva, také Hindemitha.

Otakar Šourek konstatuje dále, že pro myšlenkovou náplň, důmyslnou logiku, nehledanost tematické práce i vybroušenou fakturu řadí se toto dílo „k nejlepšímu, co přinesla moderní hudba v posledních letech“. V. T. (časopis Hudba) soudí, že tři části partity byly naplněny „vírem krátkodechých témat, které skladatel logicky kloubí v pevný architektonický tvar a celek“. B. Vomáčka píše mimo jiné: „Modely hudebních myšlenek nemají však tolik pregnantního výrazu, aby trvaleji utkvěly v mysli, a co do významu jsou příliš jednoznačné. Po stránce konstruktivní a instrumentální náleží dílu plné uznání." Jiný kritik v Prager Tagblattu (L. S.) míní, že *Partita* nemá „bezprostřednost klavírního koncertu, je to však skladba oslňující kompoziční jistoty, která směle i rozvážně se snaží dobrat výhledu do jiných, nových světů".

Když byla *Partita* ještě v roce 1937 vyznamenána Smetanovou cenou hlavního města Prahy, potvrdilo se tak mínění české hudební veřejnosti o kvalitách díla Pavla Bořkovce.

Avšak mezitím měla premiéru ještě jedna skladba, pozoruhodná naprostým vybočením z dosavadní orientace. Je to vokální cyklus *LIDOVÁ ŘÍKADLA*, v němž Bořkovec přistoupil ke stylizaci folklóru na písňových textech sbírky K. J. Erbena. Napsal pět smíšených sborů s doprovodem klavíru, který pro další uvedení instrumentoval.

K objasnění motivace tohoto sborového cyklu je nutné připomenout stísněnou společenskou situaci, v níž bylo dílo napsáno. Doba začínala být již v roce 1936 velmi vážná a o vzrůstající síle a nebezpečí fašismu nemohlo být pochyb. Fašisté obsadili Porúří (7. 3. 1936), při volbách do říšského sněmu dosáhli 98,9 % hlasů. Po skončení války v Habeši pokračovali dále ve svých výbojích. 19. června žádali u nás sudetští Němci samosprávu a po porážce revoluce ve Španělsku se dostal k moci fašistický diktátor generál Franco.

Rok 1937 byl rokem veliké nejistoty a nadějí. Umělci, kteří právě tak jako všichni obyvatelé země v srdci Evropy pociťovali obklíčení, v němž jsme se ocitli, volali svými díly k bdělosti, ostražitosti, i o pomoc, a zároveň se jimi vyznávali z víry v sílu svého národa.

V roce 1937 nacházíme vedle jiných skladatelů také u všech členů avantgardní skupiny Mánesa díla inspirovaná náměty, jež patří k pokladům národní identity. František Bartoš napsal scénickou hudbu k Českým pašijím a Vánoce, pásmo lidových koled pro sbor, sóla i orchestr. Iša Krejčí si zvolil Tři duchovní písně pro nižší hlas mužský na texty Šaldovy, Komenského a jednoho žalmu. V témže roce byly provedeny Moravským dechovým kvintetem jeho Ohlasy písní českých. Jaroslav Ježek vedle hudby pro hry v Osvobozeném divadle (které právě slavilo deset let svého trvání) napsal píseň Dobrou noc, ó lásko, na ohlasovou báseň Karla Hynka Máchy.

Ačkoli rozsáhlejší a myšlenkově závažnější díla s vlasteneckou tematikou napsali skladatelé skupiny Mánesa až v dalších letech, přece však tato spontánní reakce ukazuje na jejich pevné zakotvení v domovině a na hluboce prožité národní cítění.

Petr Eben ve studii o Bořkovcově vokální tvorbě charakterizoval Bořkovce jako skladatele, jemuž je ve vokální hudbě blízký postoj klasiků tím, že mu nejde o osobní zpověď, ale o to, „aby napsal skladbu pro lidský hlas, či proto, aby zhudebnil slova".[58] Proto se v jeho písních jednoznačně projevuje prvenství hudby ve vztahu ke slovu. P. Eben oprávněně soudí, že tento postoj zůstává v platnosti ve všech vokálních cyklech i ve velkých dramatických útvarech, jako je např. opera *Paleček*.

Je tedy pochopitelné, že se Bořkovcovi při formování vokálního stylu hodila nejvíc poezie nesentimentální, která umožňovala hudbě větší volnost, aniž by ji vázala na nějaké pocitové klima.

Hudební řeč *Lidových říkadel* je bohatá a neztrácí ani při říkadlovém textu autorskou pečeť. Písně mají tonálně čitelnější sazbu, i když jsou zde místa výrazně atonální, zejména v sólových a ariózních částech. Práce s rytmem je velmi pestrá. I když snad lze v pozadí tušit Stravinského Svatbu, nedal se Bořkovec její koncepcí spoutat a vybral si jen takovou rytmizaci, která odpovídá české metrorytmické dikci, ponejvíce mateníkového charakteru, kterou úsporně včlenil do svého způsobu kompoziční práce.

Podobně jako v *Rozmarných písních*, setkáváme se i zde s přecházením motivů jednotného tematického materiálu z klavíru do zpěvu a naopak. Klavír často zastupuje i bicí nástroje a totéž činí v některých místech sbor. Tak třeba nepravidelné zvolání „hej!" v písni Král působí skutečně jako údery tympánů nebo činelů.

Mnohonásobnou tematickou propojenost lze doložit analýzou každé z písní tohoto cyklu. Pro ilustraci postačí alespoň začátek předehry k písni *Král*. Předehra je tu rozložena do sedmnácti taktů, střídajících tři a čtyřčtvrťový takt. Je stavěna po trojtaktích, v nichž, jak bývá u Bořkovce zvykem, je obsažen tematický materiál celé písně, který je potom přiléhavým způsobem uplatňován. Celé schéma má půdorys 3–3–3–3 + 1–2–2. Když si přitom detailněji povšimneme třeba hned prvního trojtaktí, ukáže se, že vlastně obměňuje úvodní takt, který je základní buňkou, jež ve své mikrostruktuře skýtá množství elementů, schopných dalšího vývoje.

Patří k nim rytmická akcentace v postupu basu, která logickým formováním vplyne ve třetím taktu do sekundových kroků v rozsahu kvarty, jež se stávají ostinátem v dalším trojtaktí. Obdobně se mění i motivek v pravé ruce, z něhož zase vyrostou pozdější akcentované údery.

Ukázka č. 34: Lidová říkadla. Král. Klavírní part.

K stylizačně nejosobitějšímu postupů patří *Smrtonoška*, která střídá tematiku jarních říkadel ve formě otázek a odpovědí s pasážemi sólového klavíru. Úspornost prostředků opět nejrychleji doloží příklad frygické a lydické funkce v jednom trojtaktí.

Ukázka č. 35: Lidová říkadla. Smrtonoška.

V některých písních jsou v doprovodu klavíru známé názvuky *Krysaře* a *Epitafu* z cyklu *Rozmarných písní* a v tomto okruhu se sporadicky mihnou i výrazové charakteristiky, jež se stabilizovaly v pozdějším baletu *Krysař*.

Sborová faktura není jen homofonní, střídá dialogy mužských a ženských hlasů, i sólové, nejčastěji atonální fráze, skandování sboru proti odpovědím klavíru atd. Mnohé z harmonických a melodických postupů patří ke konstantám, které našly plné využití až v dalších dílech. Jsou to různé ozdobné až narážené skupiny k základním tónům melodie, obraty septakordů; výrazným zvukem zaujme např. harmonická konstanta s užitím oktávy s horní tercií v obratu neúplného septakordu se septimou v basu a jejím průtahem k primě.

V *říkadlech* jsou některé shodné názvuky s kompozičními obraty Bohuslava Martinů, ale některé se objevují i v dílech pozdějších autorů, např. P. Ebena, E. Suchoně, Z. Mikuly. Taková setkání nás snad opravňují k charakteristice intonačního povědomí doby určité geografické oblasti.[59]

Vcelku lze o *Lidových říkadlech* říci, že jejich stylizace je nepochybně kompozičně mistrovská, avšak zvukově a výrazově se objeví občas i poněkud hluchá místa a zejména při dělení sborů působí říkadlová deklamace jaksi dětinsky i opakovaně. Říkadla nemají ani tu oslňující brutalitu Stravinského ani měkkou šťavnatost lyriky B. Martinů či výbušný dramatismus Janáčkův. Jsou ve všem všudy přiměřená, kompozice uplatňuje výrazovou pestrost až přílišnou, takže písně působí dojmem jakési stálé expozice. *Lidová říkadla* v této podobě zaujmou, ale jsou přibližně jako jarní slunko, které potěší, ale nehřeje.

Představují další krok autora při hledání způsobu, jak sloučit svůj kompoziční styl s lyrikou. Ovšem toto syntetické řešení ve vokálních žánrech obsahují až cykly pozdějšího data.

Lidová říkadla byla poprvé provedena na koncertě skupiny Mánes 21. 4. 1937 pěveckým sborem řízeným Miroslavem Kabeláčem a klavíristkou Bertou Rixovou.

Bořkovcovu vokální tvorbu třicátých let uzavírá zhudebněná báseň Jaroslava Seiferta *Rozhovor* (soprán a klavír), kterou vydal jako hudební přílohu časopis Eva v roce 1937. K písňové tvorbě se skladatel znovu vrátil až po dvanácti letech.

Pavel Bořkovec v kruhu členů výboru Umělecké besedy

V tomto období, tj. v roce 1936 a 1937, začal být Bořkovec v tisku označován za jednoho z předních tvůrců avantgardy. Stoupla také bilance provedených skladeb.

Hned v lednu 1936 obnovil hudební odbor Umělecké besedy tzv. besední koncerty, v jejichž programech se propagovala novinková a soudobá díla. Na prvním z těchto koncertů provedla Česká filharmonie za řízení Metoda Vymetala Bořkovcův *Start*. S odstupem pouhých pěti let píše kritik v Právu lidu: *„Start je dílem ze série Lokomotiv, Halftimů a Vřav a není posledním mezi nimi svým významem. Skladba byla několikrát provedena na reprezentativních místech i v cizině. Novým pražským provedením přímo ‚dosedla'. Měla největší úspěch večera. V pěkných gradacích a významných kontrastech řítí se tu dobře promyšlené uměním skladebným jaře napsané dílo v nezadržitelném pohybu vpřed."*[60]

Na novinkovém večeru skupiny Mánesa v lednu téhož roku byla premiéra *Pěti písní na Pasternaka* a v úplnosti zazněl cyklus *Ze staré čínské poezie*. Brzy nato bylo zveřejněno pochvalné hodnocení *Dechového kvintetu* v časopise La rassegna Musicale qinquo. Nově vydané partitury posuzoval v Tempu Fr. Bartoš, který je také pohotově rozesílal různým redakcím. Na orchestrálním večeru Mánesa (25. 3.) zazněly Bořkovcovy *Rozmarné písně* s orchestrálním doprovodem.

V lednu 1937 byl proveden Českou filharmonií s Rudolfem Firkušným a dirigentem Eduardem van Beinem klavírní koncert v Amsterodamu, v březnu uvedla Česká filharmonie s Václavem Talichem *Partitu pro orchestr* a vzápětí ji vysílal rozhlas.

Na večeru smyčcových kvartetů v Mánesu byl též uveden znovu Bořkovcův *II. smyčcový kvartet*. Na novinkovém večeru, který byl shodou okolností posledním koncertem přímo v Mánesu, zazněla *Lidová říkadla*.

Bořkovec si byl velmi dobře vědom toho, že perfekce jeho kompoziční práce vyžaduje též adekvátní provedení. V mozartovsky průhledné struktuře se okamžitě projeví sebemenší interpretační chyby. Velmi trefně to vyjádřil Karel Šrom,[61] který tuto reprodukční choulostivost spatřoval v tektonické překvapivosti velmi koncizního tvaru, „která je pro posluchače zábavná, avšak pro výkonného umělce záludná, neboť hráč, soubor, ani dirigent nesmí nikdy polevit v pozornosti". Neustálé napětí, které Bořkovcova hudba při interpretaci vyžaduje, je tím skutečným oříškem pro interpreta. Na skutečně dobrém provedení nesmí být znát žádné obtíže a každou nečistotu je okamžitě slyšet.

Po výpovědi z prostorů Mánesa našla skupina přístřeší v malém sále Muzea Bedřicha Smetany. Přišli opět s něčím novým. Tentokrát se rozhodli pro monografický večer, který věnovali dílu Pavla Bořkovce. Václav Holzknecht na něm hrál tři věty z *Klavírní partity*, Věra Smolíková *Sonátu pro sólovou violu*, pól veselé bezstarostnosti reprežentovaly *Rozmarné písně* v podání osvědčeného Zdeňka Otavy s Václavem Holzknechtem, a také ovšem *Dechový kvintet* v interpretaci Pražského dechového kvintetu. Jiný pól fantazie ukázala *Sonáta pro housle a klavír*, kterou provedli vynikající Stanislav Novák s Karlem Šolcem. Bořkovcova tvorba byla prezentována v několika polohách komorních žánrů.

Jen za týden po tomto koncertu se Bořkovcovi dostalo i společenského uznání tím, že byl na zasedání hudebního odboru 30. 11. 1937 zvolen řádným členem čtvrté třídy České akademie věd a umění. Vpravdě přátelské vztahy dokládá písemná gratulace „Mánesáků", kterou za všechny podepsal Iša Krejčí:

Milý Pavle, srdečně voláme:
„vivat akademia," máme z toho velkou radost
a těšíme se srdečně z proslulosti dobrého kamaráda.
Za celou skupinu Tě zdraví
Tvůj upřímný přítel
Iša Krejčí

Na dalším koncertě v sále Muzea (9. 5. 1938) zazněly z Bořkovcovy tvorby znovu nezvalovské písně v podání Marie Budíkové-Jeremiášové a členů Českého noneta. Dirigoval Václav Smetáček. Bořkovcův *II. smyčcový kvartet* hrál bruselský Quatuor pro nova v srpnu 1938 na Druhém evropském festivalu komorní hudby v Trenčianských Teplicích. Festivalu se tehdy zúčastnila ještě kvarteta z Říma, Varšavy, Londýna a naše Ondříčkovo a Pražské.

Skupina Mánesa vystoupila vlastně naposledy pod označením výtvarného patrona v sále Francouzského ústavu 21. 2. 1939 na pozvání skupiny Přítomnost. Ta sice dokumentovala svůj zájem o autory skupiny Mánesa již v roce 1935,[62] avšak nyní šlo o podání ruky i s materiální pomocí.

Na koncertu již nebyl přítomen Jaroslav Ježek, který byl nucen emigrovat. Hrála se alespoň jeho Sonáta pro housle a klavír. Z dalších děl skupiny tehdy byla na programu ještě Sonatina pro violu a klavír, Pět písní na Jana Amose Komenského od Iši Krejčího, Duo pro housle a violu od Františka Bartoše a Bořkovcova *Lidová říkadla*.

Třicátá léta jsou dobou, kdy byl Bořkovec svými postoji a společenskou aktivitou snad nejvíc otevřen všem podnětům a zároveň sršel energií a životním optimismem.

Tehdy navázal mnohá umělecká přátelství s interprety svých skladeb i s dalšími hudebníky. Celoživotní vztahy přátelské oddanosti a úcty měl zejména vůči svému učiteli Josefu Sukovi, ale také k Václavu Talichovi, Rudolfu Firkušnému, Bohuslavu Martinů, kteří nikdy nezapochybovali o jeho umění a považovali jej za nejvýznamnějšího autora u nás.

Jiný typ celoživotního kamarádství jej poutal s koncertním mistrem České filharmonie Stanislavem Novákem, který byl inspirátorem mnohých nových partitur českých skladatelů, z nichž některé byly psány přímo s představou jeho interpretačního stylu. Bořkovec, který se velmi nerad literárně vyjadřoval, později právě o tomto vynikajícím umělci připravil libreto ke scénáři pro krátký dokumentární film.[63] Od třicátých let se datuje dlouhodobý přátelský vztah Bořkovce k ruskému emigrantu, skladateli a osobitému teoretikovi Alexandru Waulinovi.[64] V uměleckém ovzduší Mánesa se stýkal rád s Emilem Fillou, velmi obdivoval Františka Tichého. Vedle přátel ze skupiny Mánesa se sblížil s mnohými literáty, např. s Vítězslavem Nezvalem, Josefem Horou, Bohumilem Mathesiem, Otakarem Fischerem, Vladislavem Vančurou. Později se okruh rozšířil o některé z hudebníků – Ladislava Vycpálka, Karla Plicku, Františka Píchu, Karla Janečka a o některé z interpretů jeho děl.

Bořkovec tehdy měl již poměrně stabilizovaný životní rytmus, k němuž patřila pravidelná dopolední práce nad rozepsanou partiturou, odpolední procházky, na nichž promýšlel problémy tvůrčí i životní, takřka každodenní setkávání s živou hudbou (zřídka mu unikl nějaký zajímavý koncert nebo představení v divadle) a společenské rozhovory, které byly tehdy po návštěvě kulturních podniků zcela běžné. Na nich se umělci nejen setkávali, ale zároveň také domlouvali své další akce, hledali se vhodní interpreti, debatovalo se o běžných událostech, ale také o otázkách, na které naše dnešní společenská konverzace ve velké míře rezignovala.

Pavel Bořkovec je v paměti současníků zapsán jako člověk vybrané elegance a způsobů, který ač sám málomluvný, uměl hovor nečekaně oživit nějakým bystrým postřehem. Takto se zřejmě projevoval v prostředí, v němž se dobře cítil.

Doma, kde právě jeho potřeby a zájmy byly hlavní osou všeho dění, se projevoval občas jako velmi svérázný rodič. Jeho syn Aleš to v dospělém věku shrnul do vzpomínky: „*V mých školních letech hovořili jsme s otcem každodenně při jeho vždycky pozdním obědě, u kterého chtěl mít společnost: ‚Všecky děti sem!‘, později při jeho večerní cigaretě. Nikdy nevynikal zvláštní spravedlností, jeden z nás jej zaujal a byl pak jeho miláčkem, častěji ovšem děvčata, protože ho rozčilovala přirozeně větší dětinskost chlapce proti již dospívajícím dívkám. Tehdy nejednou platilo i mně, co tak často říkal mamince: ‚Holčičko, nebuď naivní!‘ Jednou se mu podařilo urazit krásně obě sestry, když jim řekl, jak je rád, že má jak jednu dceru krásnou, tak jednu inteligentní. Vždycky jej zlobilo, jak jsme byli rozčileni při sportu a deprimováni po porážce, neboť to dobře, až příliš dobře, znal z vlastních zkušeností. Říkal nám: ‚Vyhrát není kumšt, ale snést prohru je kumšt,‘ ale bez valného účinku. Neměl u nás nikdy rád ironické poznámky, říkal: ‚Ironie je zbraň slabých.‘ Byli jsme již zvyklí na otcovo vyjadřování, anglické ‚understatement‘. Otázka: ‚Skutečně?‘ znamenala, že vše je úplný nesmysl nebo lež do nebe volající, výraz ‚Mno‘ pak zdrcující kritiku hudební skladby. O urážlivých neb jinak kontroverzních kritikách říkal s oblibou, že je nečetl.*“

Děti Pavla Bořkovce (zleva Hana, Dana, Aleš)

V roce 1935 zdědil polovinu rodinného jmění. Ovšem vše bylo vázáno v cenných listinách, takže se v životě rodiny prakticky nic nezměnilo. Bořkovec si byl vědom toho, že svou skladatelskou prací by si nevydělal „ani tolik, co mě stojí opisovač not“, avšak soudil, že ho ospravedlňuje poctivost vnitřního úsilí pracovat co nejlépe.[65] Děti dodnes vzpomínají na otcovu stálou obavu, aby rodina neutrácela a nepřišla do dluhů. Ironií osudu se to později skutečně stalo.

Vítaným výletním místem pražské hudební obce se v létě stával Cholín,[66] kde měla rodina Zárubových (rodiče Bořkovcovy ženy) usedlost s velkou zahradou. Bylo tam dost místa i pohostinnosti pro rodiny všech dětí a jejich hostů. Bořkovec se tam cítil neobyčejně dobře, a také později ve válečných letech měla celá rodina právě tam své „centrum securitatis“.

Na Cholín dvacátých a zčásti třicátých let vzpomíná ing. Aleš Bořkovec tímto obrazem: *„Cholín tehdy ještě ležel na terase vysoko nad řekou, která jej obtékala ze tří stran v hlubokém údolí, uzavřeném na protějším i na našem břehu zalesněnými kopci: za námi Hájek, pokračující dlouhým hřbetem Bobovny, na druhém břehu skalnaté stěny Drbákova a nejvyšší Dubový vrch – takže naše faktické i posvátné vlastnictví bylo uzavřeno lesy kolem dokola v nepřerušeném kruhu, v němž bylo večer převládajícím a takřka jediným zvukem šumění náhonu, takže jsme pociťovali iluzi kruhového obklíčení nedotčenou přírodou, ve kterém jsme byli jen my sami. Nemusím podotýkat, že pocit chráněného domova v divočině, izolovaného od ostatního světa, byl na tomto místě nedaleko Prahy i tehdy úplná fikce.*

Po velkou většinu oněch padesáti let, co sem jezdil, chodil otec denně, nejraději v poledním slunci, na nekonečné procházky svým charakteristickým, rychlým, jakoby vojenským krokem, prostovlasý i za prudkého slunce – nijak elegantní – v kostkované košili (ačkoli si jinak na oblékání nesmírně potrpěl). Všechny vyhlídky a krajinné partie kolem nás objevil on sám. Chodil pěšky do Křečovic za Sukem, do Hraštic na vlak, a jeho stará, ještě německá speciálka, slepená ze čtyř listů, zachycovala jeho předlouhé cesty. Přírodní dění vnímal intenzivně, ale globálně, nikdy ho nezajímalo přírodovědné poznání, u Zárubů tak hluboce prožívané jako součást přírodní romantiky jejich mládí, nebo dokonce jména. Dovedl nás třeba ‚na louku plnou motýlů‘ nebo na místo ‚kde ptáci večer dělají nejvíc rámusu‘. Tyto dlouhé procházky mu byly obrazem jeho vnitřní svobody, něčeho, co ho tak lákalo na postavě Krysaře. Nebyla to turistika ani sport, ale nějak se sem nehodí slovo tuláctví, spíše něco vagantského, dá-li se užít tohoto synonyma. Na dopravní značce na zatáčce nad Cholínem (ještě dřevěné) zůstal dlouho hřebíkem vyrytý motiv ze Satyra, co si tam otec poznamenal. Nebo si takový hudební nápad pískal celou zpáteční cestu. A při svém příchodu na chatu jsme vždycky slyšeli zvuky klavíru – útržkovité motivy, tak zřetelně odlišné od obyčejného ‚hraní na piáno‘ a spíše připomínající ladění orchestru.“

Pavel Bořkovec o svém vztahu k tomuto místu později napsal: *„I kdyby nebylo proslulého příkladu z nedávných dějin české hudby, kde Vítězslav Novák vědomě hledal v Tatrách a jindy zase v Norsku průkaznou inspiraci, která ho málem stála život, jak sám o tom vypravuje, není pochyby, že mezi hudbou a místem, kde vznikala, je vztah pro posluchače při nejmenším navýsost zajímavý.*

Mohu se vyznat z příchylnosti k jedné středočeské krajině, která již sedmačtyřicet let provází můj život a moji práci, ale je-li nějaký vztah mezi ní a místem, kde nesouvisle a s přestávkami vznikala, to milerád přenechám posluchači a poutníku po těch místech. Jistě bych si přál, aby nějaké stopy v mé hudbě zůstaly, již proto, že tato krajina, tak, jak ji v duchu vidím, již není.

Představte si tmavé, lesnaté kopce, které se hrouží do klikatých zákrutů v hloubi položené řeky a zanechávají na břehu malé terasy písčité hlíny s hrstkou polí a u nich pár stavení. Tak vypadal Cholín, onen kouzelný kout středního Povltaví, když jsem ho poznal, kdysi známý jen vorařům, kteří tam sbíjeli svá plavidla, aby, jak říkali, ‚plouli' na Slapy. A to byl jediný hlasitý zvuk v tichu samoty, kde bylo slyšet jen šumění lesa a malého jezu. A tohle žádoucí místo již není...“

„...Lesnaté kopce totiž sestoupily do řeky a ta zase doslova zaplavila břehy a rozlila se kolem jako protáhlé jezero až do Štěchovic a plynulý šum vystřídal dnes rytmus motorových člunů a hlahol opálených rekreantů... a přece si myslím: Kdyby snad něco málo... z té vzácné a zmizelé krásy zůstalo ležet někde v nějaké notě mé hudby a vyvolá zcela netušenou asociaci v posluchači a ta by zase vzkřísila něco z tiché minulosti, která již není – budu spokojen.“[67]

Z Bořkovcovy korespondence i ze vzpomínek jeho přátel vyplývá jeden výrazný rys autorského tvůrčího procesu. Měl ve zvyku – nejčastěji na svých procházkách – promýšlet různé kompoziční otázky svých prací. Velmi často sedal k notovému papíru s vyhraněnou představou o řešení nějakého záměru. Bořkovec nikdy dopředu neprozradil, co zrovna komponuje, nebo co má v plánu. Velmi dobře tento moment charakterizoval v odpovědi na Bořkovcův dopis Alexandr Waulin,[68] když napsal: *„Tomu, že nemluvíte o své práci, moc dobře rozumím, proto se Vás nikdy neptám, co děláte. Já také nerad ukazuji nedokončenou práci. A když o ní začnu někomu vypravovat, tak to často potom udělám zase jinak. Lepší je mlčet. To není pověra. Skládání je příliš intimní věc a já si vůbec neumím představit, jak na konci sedmnáctého století i na začátku devatenáctého století mohli někteří skladatelé skládat společně.“*

V tomto smyslu je dílčím svědectvím o záměru psát operu i Bořkovcův příspěvek v anketě Literárních novin (19. 4. 1935) o názorech mladé generace na operu. Pro přesnost a zachycení skladatelova literárního projevu uveďme to nejpodstatnější: *„Životnost opery závisí na tom, do jaké míry je či není současným hudebním projevem, aniž by ovšem přestala být divadlem. Hudební koncepce dává formu všemu ostatnímu. Můžeme uvažovat o otázce, jaký je poměr současné hudby k textu, respektive libretu, ale řešit i jiné problémy lze jenom prakticky – kompozicí, která jedině může odpovědět na to, jak dojíti jednoty hudby i libreta i může-li se tak stát ve smyslu psychologickém jako u Wagnera. Opera je především útvar hudební. Zde nejde o rivalitu uměleckých složek, ale o otázku zásadní. Kdyby byla opera především útvarem jevištním, bylo by možno zcela dobře nahradit hudbu jakoukoliv organizací zvuků nehudebních, jako je sborová recitace aj. Jevištní účin, a o ten zde hlavně jde, by tím jistě neutrpěl, spíše naopak, ale to by již nebyla opera. ...Pokud se týče Národního divadla, zdůrazňuji opakované přání, aby opera uvedla některou současnou operu světového repertoáru – a více Janáčka.“*

V roce 1936 začal Bořkovec koncipovat svou první operu.[69] O tom, že tento úmysl zrál několik let, svědčí skutečnost, že na námět *SATYRA* jej upozornil Otakar Fischer v roce 1933. Ve Vinohradském divadle tehdy uvažovali o uvedení této hry ke stému výročí Goethovy smrti, avšak k realizaci nedošlo, neboť se ukázalo, že by inscenace potřebovala rozsáhlejší a závažnější podíl scénické hudby, než bylo běžné. Bořkovec tehdy bezprostředně zhudebnil Goethovu báseň *Krysař*, jejíž bouřlivácká atmosféra se dobře snesla s obdobnými básněmi Villonovými v cyklu *Rozmarných písní*. K oběma námětům se vrátil o několik let později v opeře *Paleček*.

Předloha *Satyra* je zhudebněna téměř beze změny. Pětiaktová hra Goethova je v podstatě parodií na rousseauovský návrat k přírodě a volnému životu. Vlastní děj s dobyvačným podvodnictvím Satyrovým, jemuž lid dočasně podlehne, byl v čase schylujícím se k okupaci dost zřetelnou metaforou, byť zčásti krytou Goethovým jménem.

Karlu Šromovi[70] autor přiznal, že jej zlákalo hned několik vlastností hry najednou: *„naprostá časová a místní neurčitost děje, množství hudebně vděčných situací, možnost velkých partií sborových a značná aktuálnost základní myšlenky"*.

Klasicistní satira je částečnou moralitou, která se vztahuje i k obecněji viděným problémům. V postavě Satyra je charakterizován jeden z falešných proroků, jimž lidé vždy zvědavě naslouchají. Trefné je rovněž líčení davové psychózy, která umožňuje ovlivnění mas levnými a razantními řečnickými postupy. Pro klasicismus je příznačný i nadhled, s nímž se dotýká kolísání člověka mezi impulzy tělesné a duchovní sféry bytí.

Dějová osnova si ani u Goetha neklade nároky na psychologickou věrohodnost. Je psána v duchu molièrovské komedie, která vše podřizuje zachycení charakteristických vlastností, nosných dramatických scén, v nichž konkrétní postavy pouze vytvářejí mozaiku pro přesvědčivé vyjádření hlavní ideje.

Tak také v této hře je lid okamžitě bezvýhradně nadšen Satyrovým kázáním o tom, že „nám kobercem tráva, lze pod stromy spát, syrové kaštany božské je žrát". V okamžiku naprostého Satyrova vítězství, kdy lid nadšený jeho učením žádá krvavou oběť a nutí velekněze k zabití poustevníka, je Satyr ve svých milostných pletkách přelstěn a zesměšněn.

Bořkovec chápe operu jako hudební řadu obrazů určitých dramatických situací. Tak například v prvním obrazu, který je jakýmsi prologem celého děje, se představí poustevník (bas), který je znechucený lidskou hamižností a povrchností a chce žít „pravdě", vzdálen od lidí. Obdivuje přírodu, v níž je vše vzájemně podmíněno a neovlivněno falší. „Božský tlučhuba" Satyr (baryton) žije živelně podle svých okamžitých, nejčastěji smyslných motivací. Od prvního okamžiku je jím okouzlena Psyché (lyrický soprán). Její společnice a dcera velekněze Herma (tenor), Arsinoé (mezzosoprán), si zachovává vůči událostem odstup, stejně jako její matka Eudora (alt). Velekněz Hermes je nerozhodný a bojácný. Ne nadarmo tuto vlastnost zdůraznil při premiéře Oldřich Kovář také barvou tenkého karikovaného tenoru. Kdyby nebylo prozíravosti a lsti veleknězovy ženy Eudory, přišel by poustevník o život.

K námětu výstižně napsal Václav Holzknecht,[71] že v Goethově hře jsou oba protihráči – poustevník a Satyr – panteisty, a že mezi Satyrem a davem nemůže vzniknout rozpor, neboť jejich morálka je stejná.

Z koncepce díla je zřejmé, že Bořkovec byl dobře obeznámen s dobovými typy hudebního dramatu.[72] Je pochopitelné, že mu i zde nejvíc vyhovovalo neoklasicistní řešení – především svým návratem k formám předromantické opery. Různé parodie a travestie antických látek byly tomuto slohu rovněž blízké. K obecným znakům patří i důraz na výrazovou objektivitu, autorský odstup od látky, a též jistá hybridnost v poměru k epičnosti a lyrismu. V období tvůrčího kvasu meziválečných let se objevovala různá extrémní řešení, někdy záměrná, jindy bezděčná.

S odstupem času není myslím bez zajímavosti sledovat, které ze znaků soudobé neoklasicistní opery si osvojil Pavel Bořkovec a jak s nimi naložil ve svém díle.

Postavy jsou charakterizovány především zpěvem. Typologii postav posílil odlišenými hlasovými obory, jejichž barev potom rovněž využil při výrazovém odstínění charakterů.

Bořkovec volí pro celou operu deklamační výrazový zpěv se zřetelnou dikcí, a jak je u něho zvykem, zároveň s bohatým tematicky propojeným doprovodem, který však ani v nejpestřejších místech nepřehlušuje zpěvní linii. Je to dosti závažné, protože až na výjimky (opakování některých slov podle dramatizace líčení, sborová zvolání) nic neopakuje. S jediným textovým rozšířením se setkáváme v závěru opery, který vzhledem k hudebnímu finále autor rozšířil o věty: „Jen jdi, my tě tu nechcem mít. Jen si jdi! Některá z panen snad s ním chce jít? Ať jde, my ji tu nechcem mít. Ať si jde!“ Tento text zpívají sólisté i sbor. V původní Goethově hře totiž příběh končí odhalením Satyra. Skladatel v takové situaci na scéně potřeboval závěr vyjádřit i hudebně, a proto byl nucen přidat ještě aspoň pár slov.

Přes péči o deklamaci nepodřizuje Bořkovec svou melodiku pouze výrazu, ale včleňuje ji do hudební logiky stavby symfonického tvarování. Přitom se hudba mění podle líčení situací a je se slovem tak těsně spjata jako v písňové tvorbě. Ačkoli plyne v nepřetržitém proudu bez uzavřených čísel, vytváří právě prokreslením jednotlivých obrazů plochy, které posluchač vnímá jako samostatné úseky. Deklamační ariózní zpěv přechází do árií, duet a ansámblového zpěvu, komponovaného na jiném principu než wagnerovská nekonečná melodie. Orchestr přitom neztrácí jistý nádech motoričnosti, ani samostatnost prokomponovaných motivků se zřetelným vztahem k celé hudební struktuře včetně zpěvního partu.

Propojenost obou složek i cesty lyrizace projevu přiblíží i kratičký úryvek z dueta Satyra a Psyché.

Ukázka č. 36: Satyr. Klavírní výtah, nestr.

Specifickou úlohu zde mají sbory, taneční a náladové vsuvky. Mezi jednotlivými dějstvími jsou orchestrální mezihry, jež jsou obsahově propojeny s některými obraty děje. Objevují se zde opět autorské konstanty, známé z *Rozmarných písní*, *Partity* i *Říkadel*, ovšem v jiných barvách a v odlišném rytmickém naostření.

Tak např. velmi výrazný terciový motiv z *Lidových říkadel* prochází metamorfózou a nachází zde další uplatnění. Je také s pozoruhodnou samozřejmostí vkomponován do odlišného kontextu.

Ukázka č. 37: Satyr. Klavírní výtah, nestr.

Stejně výrazná je i práce s villonovským motivem z *Rozmarných písní* „nechť lehké spočinutí má“, který je jakýmsi výchozím jádrem melodicky smyslných vzruchů. Dokonce i vstupní árie poustevníka a vzápětí Satyra zřetelně těží z kontrastu hybného deklamačního mélosu a této podmanivé intonace, která je stále znovu obměňována barevně i rytmicky.

Na jiném místě se této intonaci dostává působivého smyslného účinku v augmentaci ženských hlasů (sbor) na neurčitém vokálu ve spojení s násobenou drobenou melodikou nástrojů. Analogicky se tato situace objevuje v milostné árii Satyra při svádění Psyché. Pocit zadržované něhy a rostoucí vášně velmi přesně zachycují proměny tohoto motivu s dokreslující barvou flétny. Snad právě dionýský pól Satyra přiměl Bořkovce k vyjádření barbarsky živočišných emocí, které se v jiných dílech nevyskytují.

A přesto je tu „něco“, co způsobilo, že se opera neprosadila v repertoáru.

Bořkovec si sice vybral námět, který odpovídal svou komickou nadsázkou svěží a optimistické inklinaci jeho hudební řeči. Také volba klasické formy dramatu je plně ve shodě s jeho kompoziční prací, ale je tu pár momentů, v nichž se sevřenost dramatické linie naruší.

Jakmile se např. po vtipném rozhovoru poustevníka a Satyra rozvine zcela vážné líčení krásné přírody balet se sborovým vokálem „á“, dostaví se v pocitové sféře něco, co láme navozený odstup od látky. To by snad nevadilo, jenže sbor vstoupí do této lyrické scény s jadrným motivem „tralala“, který je v našem kontextu těžko odlučitelný od dětské mluvy.[73] Jiným momentem menší scénické věrohodnosti jsou i homofonně pojaté sborové partie.

Ovšem tyto dílčí momenty nemohou být rozhodující pro scénickou působivost. V hudbě je dost prostoru k zabydlení scény a hudebně má dílo bohatý obsah i časovou spádnost. Zdá se, že problematická byla spíš scénická realizace, kolísající mezi parodií a ztěžklým realismem.

Bořkovec dopsal *Satyra* 12. 12. 1938.[74] K jeho provedení došlo až 8. 10. 1942 v Národním divadle zároveň s baletem *Krysař*. Svou příležitost dostali tehdy mladí umělci: dirigent Jaroslav Krombholc, režisér Václav Kašlík a výtvarník František Tröster. Choreografii řešil Joe Jenčík.

Kritické ohlasy jsou příznivé, i když je zřejmé, že rozhodující úspěch měl především Krysař. Z pěvců zaujal Karel Kalaš, který vytvořil postavu poustevníka „na pomezí dobrosrdečnosti a vážnosti", okouzlující koloraturou svého „stříbrného sopránu" zazářila Mária Tauberová. Také Štěpánka Štěpánová v roli Arsinoé vzbudila „svým třpytným altem" uznání, stejně jako již zmíněný velekněz Oldřicha Kováře. Roli Eudory zpívala Marie Veselá. Rozpaky vyvolala maska i jistá zatěžkanost projevu Zdeňka Otavy v titulní roli. Krombholcův dirigentský výkon byl kritikou posuzován vesměs kladně. Především byl oceňován pro schopnost najít odpovídající zvukové barvy, rytmickou přesnost a divadelní cítění.

V Trösterově výpravě, která spojovala fantazijní prvky s náznaky reality, s obvyklými opakovanými tanečními gesty, jimiž byly známy stylizace Joe Jenčíka, uplatnil Václav Kašlík na tehdejší dobu nově práci se světly.

Z více než deseti kritik je nejadresnější recenze Václava Holzknechta, jehož popis scény v Kašlíkově režii oživuje tehdejší inscenaci: „*K jeho přednostem patří i monumentálně postavené a rozehrané scény davové v kázání a ve scéně smíchu před závěrem posledního dějství, k nevýhodám však četná přehánění jednotlivostí: z malého úrazu Satyrova je realistická líčeň zlomené nohy, z nezbedného charakteru bůžkova je drastická smyslnost, ze scény davového pobouření proti poustevníkovi je velká obětní scéna hodná Aidy, z komického předsednictví Satyrova tomuto obřadu patetická sveřepost, zarámovaná do neronského purpuru. Místo humoru, který by rozesmál, je použito grotesky, která nejvýš pobaví, ale v mnoha případech studí...*"[75]

Zůstane asi otázkou, do jaké míry se vskutku inscenátorům podařilo najít vhodné řešení, do jaké míry působila novost celého díla a do jaké míry *Satyra* zastínil *Krysař*, který nepochybně strhl na sebe největší ohlas. Jisté je pouze to, že provedení mělo příznivou odezvu u obecenstva i u kritiky, avšak dílo znovu inscenováno již nebylo.

S odstupem let by mohla tato opera vnést do repertoáru zajímavé oživení, i když pro inscenátory by patrně bylo tvrdým oříškem najít adekvátní formu odlišení komického a vážného v hereckém projevu, aby se tak podařilo překlenout charakter morality, který drama obsahuje již ve svém základu.

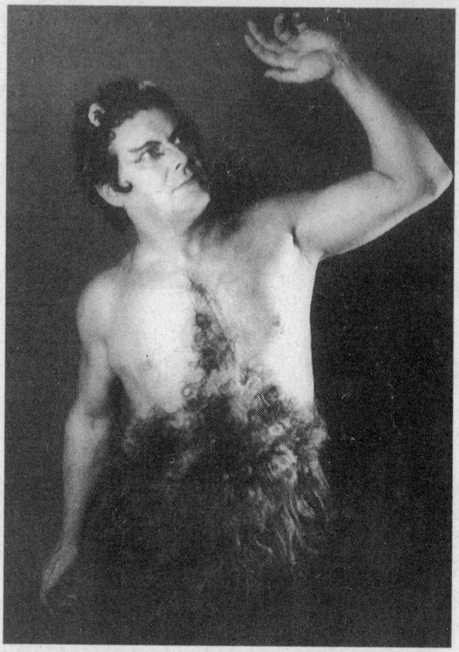

Satyr – Zdeněk Otava v titulní roli (premiéra 8. 10. 1942)

Satyr – Zdeněk Otava (řešení scény)

NATIONAL-THEATER · NÁRODNÍ DIVADLO

Poprvé 8. října 1942

Pavel Bořkovec

Rattenfänger · Krysař

Ballettpantomime in 2 Bildern. Text vom Komponisten. · Baletní pantomima o 2 obrazech na vlastní text.

Musikleitung: / Řídí: **VÁCLAV TALICH** · Leitung: / Režie: **V. Kašlík** · Choreographie: / Choreografie: **J. Jenčík** · Ausstattung: / Výprava: **F. Tröster**

Rattenfänger	Robert Braun	Krysař
Bürgermeister	Karel Pirník	Starosta
Seine Frau	Helena Holečková	Jeho žena
Seine Tochter	Vlasta Podrabská	Jeho dcera
Kommandant der Stadtwache	Jaroslav Tic	Velitel městské stráže
Erster Schutzmann	Eduard Gnyp	Strážník první
Zweiter Schutzmann	Otto Stočes	Strážník druhý
Neugierige Frau	Františka Vandasová	Zvědavá panička

Bürger, Bürgerfrauen, Schutzleute. · Měšťané a měšťanky, strážníci.
Hauptpause. · Hlavní přestávka.

Pavel Bořkovec

Satyr

Oper in 5 Bildern. Text von J. W. Goethe. · Opera o 5 obrazech. Text od J. W. Goetha. Přeložil Ot. Fischer

Musikleitung: / Řídí: **J. Krombholc** · Leitung: / Režie: **V. Kašlík** · Ausstattung: / Výprava: **F. Tröster** · Choreographie: / Choreografie: **J. Jenčík**

Satyr	Zdeněk Otava	Satyr Barit.
Einsiedler	Karel Kalaš	Poustevník Bas.
Psyche	Maria Tauberová	Psyché Sopr.
Hermes, Erzpriester	Oldřich Kovář	Hermes, velekněz Tenor
Eudore, seine Frau	Marie Veselá	Eudora, jeho žena Alt
Arsinoe, ihre Tochter	Štěpánka Štěpánová	Arsinoe, jejich dcera Mezzosopr.

Volk. · Lid. Smíšený sbor.

Nach dem dritten Bild kurze Pause. Während der Vorstellung ist der Zutritt in den Zuschauerraum streng verboten.
Für die schulpflichtige Jugend unzugänglich.

Po třetím obraze krátká přestávka. Mezi představením přístup do hlediště přísně zakázán.
Mládeži školou povinné nepřístupno.

Beginn						Začátek
19½	**Das Geheimnis** (außer Miete)	Montag	12. X.	Pondělí	**Tajemství** (mimo)	19½
19½	**Dalibor** (außer Miete-für N. G. d. A.)	Dienstag	13. X.	Úterý	**Dalibor** (mimo - pro N. O. Ú. Z.)	19½
19½	**Himmlische Hochzeit** (18)	Mittwoch	14. X.	Středa	**Nebeský sňatek** (18)	19½
19½	**Die Braut von Messina** (a. M.)	Donnerstag	15. X.	Čtvrtek	**Messinská nevěsta** (mimo)	19½
19½	**Himmlische Hochzeit** (a. M.-N.G.d.A.)	Freitag	16. X.	Pátek	**Nebeský sňatek** (mimo - N. O. Ú. Z.)	19½
15	**Königskinder** (für „Lebensfreude")	Samstag	17. X.	Sobota	**Královské děti** (pro „R. Z. Ž.")	15
19½	**Rattenfänger - Satyr** (17)	Samstag	17. X.	Sobota	**Krysař - Satyr** (17)	19½
15	**Die zwei Witwen**	Sonntag	18. X.	Neděle	**Dvě vdovy**	15
19½	**Die Braut von Messina**	Sonntag	18. X.	Neděle	**Messinská nevěsta**	19½

OD KRYSAŘE KE IV. SMYČCOVÉMU KVARTETU

Balet *KRYSAŘ* je zřetelným mezníkem v Bořkovcově tvorbě. V něm jakoby vše, k čemu Bořkovcova hudba mířila, došlo svého naplnění. Jeho tektonika zde připomíná ocelovou konstrukci, která je pevná a přitom natolik pružná, že unese mnohonásobně větší náklad, než sama váží.

Jasná výrazová modelace, která se odvíjí v makrostruktuře s citlivou plasticitou, je provázena detailní kresbou, která v mikrostruktuře vytváří hustou tkáň vazeb, propojujících charakteristické prvky s nově vznikajícími tak, jak už to autor učinil v předchozích opusech. Barvy, které uplatňuje, vznikají rovněž osvědčenými kombinacemi, jimiž dovede s co nejmenším počtem nástrojů tkát vzdušnou látku své fantazie.

Bořkovcova hudba je v tomto díle prostoupena osobitým lyrismem, který je nezachytitelný pouhým popisem, který však protepluje chmurný příběh zvláštní jímavostí, danou balancováním někde na rozhraní okouzlení a reálného nadhledu. Sloučení obou těchto pólů formuje vyznění díla, v němž se scénický děj stává podkladem pro mnohovýrazovou symboliku.

Velice citlivě to postihl v dopise Bořkovcovi Alexandr Waulin:[76] *„Vždy jsem vysoko cenil Vaši tvorbu a věděl, že i Satyr i Krysař budou dobré věci, ale musím přiznat, že jsem nikdy neočekával, že tyto věci zapůsobí na mne tak silným dojmem.*

Satyr – to pro mne byl ještě starý Bořkovec, jakého jsem znal z dřívějších skladeb. Operu jsem poslouchal se zájmem a s chutí, ale Krysař mne překvapil. Vaším Krysařem jsem byl nadšen. Velký cit gesta, skvělá a jasná instrumentace. Jemná, čistá a vtipná práce. Reliéfní myšlenky. Velmi logická forma, a hlavně opravdu hudba. Totiž v moderní hudbě v poslední době bylo dost takových věcí, které dobře zněly, ale v nichž scházelo to hlavní, hudebnost, duch hudby. O takových věcech jsem často říkával: není všechno hudba, co zní.

Krysař je krásná hudba. Hlavně mám velkou radost, že jste našel svůj vlastní melos...“

Lze soudit, že v našem kulturním klimatu byla postava Krysaře přitažlivá nejen v podobě starosaské legendy. Velmi známá byla Dykova novela z roku 1915, která se stala v padesátých letech podkladem pro dramatizaci E. F. Buriana.[77]

Bořkovec se dotkl krysařovské legendy poprvé, když zhudebnil Goethovu báseň v roce 1932. Hlouběji se zamýšlel nad touto látkou při své vlastní adaptaci pro balet. Dílo psal v mimořádné tvůrčí koncentraci a rychlosti od dubna do listopadu roku 1939.[78]

Symbolická postava krysaře, člověka, který je naprosto svobodný ve svých myšlenkách a činech, přitom však právě proto zůstává vně společnosti, rezonovala s pocity a úvahami Bořkovcova mládí, když sám pro sebe hledal odpověď na otázky volnosti, svobody, významu tvorby, tvoření hodnot pro lidskou společnost. Byly to vlastně otázky, které ho kdysi přiměly ke studiu filozofie, protože se mu zdálo, že právě ona může zachytit tuto dimenzi bytí lépe než hudba.[79]

Krysař jedinečným způsobem spojuje romantickou touhu po ideálu (jehož absolutní naplnění je neuskutečnitelné) s realistickým viděním lidských skutků a motivací. Tento rozpor snu a ostrého vidění reality zachytil ozvěnou i něco velmi bytostného z vnitřního světa skladatele.

A pak to byla i šťastná volba žánru, neboť právě balet svým pohybovým ztvárněním nejvíc odpovídá Bořkovcově úsporné a hutné hudební řeči i logicky navozeným bleskurychlým náladovým proměnám.

Skladatel se koncepčně přiklonil k typu moderního baletu, který ruší členění na baletní čísla a volí celistvé, psychologicky motivované drama.

Bořkovcovo pojetí dokládá baletní libreto, jak je formuloval pro programový leták při premiéře:

1. Kdokoliv potká Krysaře, podléhá zvláštnímu kouzlu. Stane se tak i starostově dceři, kterou vyláká Krysařova píseň do tmavé noci. Jejich milostná hra je přerušena divokou a marnou honbou rozespalých měšťanů za myšmi, které vesele prchají s bohatou kořistí. Za svítání naříkají měšťanky tuze nad škodami, které myši natropily, a způsobí, že se všichni pobouřeni hrnou na radnici. Strážníkům by se sotva podařilo uklidnit rozlícený dav nebýt starostovy dcerky, která vrátí všem smírnou náladu. Toho využije bázlivý starosta, který se dosud úzkostlivě skrýval, aby vystoupil a nabídl bohatou odměnu tomu, kdo by zbavil město spousty myší. Ačkoliv měšťané jsou prosluli svou hamižností, nikdo se nehlásí a marně stvrzuje starosta svůj slib slavnostní přísahou. Sotva starosta nabídne zachránci města i ruku své dcery, prodere se udiveným davem Krysař a hluboce se ukláněje, slibuje splnit požadovaný úkol. Podivuhodné kouzlo, jemuž podlehla starostova dcera, zmocní se všech. Není divu, začne-li nadto Krysař hrát na svou kouzelnou píšťalu, že všechny myši se o překot hrnou k němu a nadšeně ho následují.

2. Krysař zavede myši k řece, svou hrou je vláká do záhadných hlubin, kde všechny utonou.

(Proměna)

Starosta i lakotní měšťané těžce litují zlata, které mají vyplatit cizinci, a rozhodnou se, že ho zpět nepustí. Krysař, který se vesele vrací, stane před zavřenou branou města a když obřadně žádá svou odměnu, věrolomný starosta s měšťany se mu vysměje a potupí ho. Krysař, zachvácen vztekem i bolestí, přísahá krutou pomstu. Kouzlem své hry přiláká děti měšťanů, mezi nimi i starostovu dceru, a zmizí s nimi ve skále. Poněvadž se hledá viník, vrhne se dav na starostu a nastane mela, při níž se neví, kdo od koho co dostal."

Závěr díla otevírá celou řadu úvah o jeho smyslu. Starosaská legenda totiž vypráví o krysaři jako o tajemném člověku odjinud, který hrou na píšťalu vábil myši a krysy. Ve městě Hammeln byl krysař podveden a oklamán lakotnými měšťany, jimž se pak pomstil tím, že vylákal všechny děti svou hrou na píšťalu a zmizel s nimi ve veliké skále za městem.

Viktor Dyk[80] ve své pozoruhodné novele spojuje toto jádro pověsti s několika dalšími symboly. Jednak sem přidává pověst o sedmihradské zemi, v níž lidé mohou dojít absolutního štěstí, avšak museli by se tam dostat skokem do propasti, jednak je to motiv krysařovy lásky k Agnes, řada dalších postav, které ilustrují maloměšťácké myšlení, konečně se tu jako protipól falešné iluze mihne i Faust. Nejvýraznější posun je ovšem v závěru příběhu. Zatímco všichni obyvatelé odešli za krysařem „do země sedmihradské", ve vesnici zůstává rybář Jörgen, který je poznamenán zpožděnými reakcemi. Je to prostý člověk, který nepropadá planým touhám, iluzím, i když o nich ví. A právě on se stává ve vesnici zachráncem lidského rodu, když se ujme opuštěného nemluvněte.

Bořkovec řeší konflikt krysaře s měšťany tak, že nechává odejít pouze děti a starostovu dceru do nového, jaksi lepšího světa, což vyjadřuje hudba velmi zřetelně. Tam je vrchol děje, závěrečný zmatek je jen kratičkou kódou.

Kritika vesměs chápe tento závěr jako optimistický, ačkoli celá pověst je vlastně tragická. Pavel Blatný[81] se domnívá, že autor volil takový závěr proto, že chtěl postupovat ve shodě se shakespearovským dramatem, v němž přes chmurné stránky většiny děl „odcházíme vždy z představení s pocitem radosti nad dokonalostí předvedeného umění".

Karel Šrom[82] soudí, že k zvláštní atmosféře jasu a radostné pohody přispěl i Bořkovcův humor a vtip, který není groteskou či výsměchem, ale je dobromyslně úsměvný. Proto podle něj „celého Krysaře obestírá kouzlo krásně vyprávěné pohádky".

Zdá se, že Bořkovcovi šlo ještě o něco jiného. Atmosféra příběhu na rozhraní dávné báje a nových, reálně viděných situací se dotýká prastarého problému lidské determinace na tomto světě. Zmatené pobíhání měšťanů kolem skály umocňuje kontrast krásy ideálu i pochopení řádu věcí. Vlastně právě tento obraz završuje prožitek snu o lidské touze prohlédnout skrze brány člověčenství.

Zřetelný autorský nadhled se projevuje v posunutí estetické responze díla až do divákova soukromí, neboť v okamžiku bezprostředně po posledních tónech má pouze pocit, že něco, co bylo na dosah ruky, náhle uniklo.

Oscilace mezi reálným a fantazijním, jakož i celá poetika líčení se v některých parametrech dotýká i surrealistických koncepcí, které uplatnil např. Igor Stravinskij nebo Bohuslav Martinů.[83] Teprve srovnáním s nimi lze postihnout onu zvláštní lyričnost i neúchylnost koncepce Bořkovcova baletu.

On sám označil z opatrnosti své dílo jako baletní pantomimu. Měl totiž oprávněnou obavu, že možnosti našich tehdejších tanečníků neodpovídaly jeho požadavkům čistého baletu. Tento názor mu ostatně potvrdil i sólista baletu Národního divadla Karel Pírník, který mínil, že by příprava vyžadovala nesmírně mnoho času, aby se pro každý takt našel správný pohybový výraz. Skladatel chtěl názvem také podtrhnout svou orientaci na nové řešení formy už nikoli jen jako uzavřených tanečních čísel, ale jako hudebně dramatického celku.

Bořkovec se vyhýbá symfonismu ve smyslu prokomponovaného hlavního a vedlejšího tématu, jako to např. učinil ve své baletní pantomimě Vítězslav Novák. Jeho hudba se odvíjí zdánlivě mozaikovitě – podle dramatických situací, některé motivy se objeví třeba jen ve dvou obrazech a dál už ne, jiné procházejí celým dílem. Přesto jednotlivé obrazy působí dojmem symfonického celku s logickým hudebním průběhem.[84]

Melodie i harmonie jsou založeny tonálně, ovšem melodie je obvykle stavěna tak, že dovoluje bohatou kontrapunktickou práci. Ačkoli je melodika výrazná, je neodlučitelná od harmonického materiálu.

Polyfonní práci Bořkovec uplatňoval ve všech svých dílech, je jedním z mocných impulzů pro rytmickou proměnlivost. V *Krysaři* užívá v osobité volbě tzv. blokové polyfonie i instrumentace. Touto metodou práce se může vyvarovat přehuštěnosti hlasů, neboť každá nástrojová skupina má svůj příznačný okruh rytmických prvků a s nimi spojený i melodickorytmický průběh. Ovšem variabilita je přitom značná, neboť uvnitř nástrojové skupiny se uplatňují nástroje samostatně. Různost pohybu je právě mezi bloky.

Motivická práce patří i zde k nejzajímavějším momentům Bořkovcova kompozičního slohu. Jeho proměnlivost je založena na několika vzorcích, avšak tím, že spoluvytvářejí hudební frázi celého úseku polyrytmicky, neformují se zpravidla nějaké zapamatovatelné myšlenky, ačkoli soudržnost a přehlednost celku je evidentní.

Přesto však zde jsou také velmi zřetelné příznačné motivy, které se uplatňují samostatně pro určité postavy či situace. Tak např. komické spojení vzniká, když se objeví nemotorní strážníci, jejichž akce jsou provázeny fanfárou diminuované melodie pochodu „Princ Eugen“:

Ukázka č. 38: Krysař. Klavírní výtah. Praha 1942, s. 26–27.

Velmi výrazná je také melodie krysařovy píšťaly:

Ukázka č. 39: Krysař. Tamtéž, s. 13.

V orchestru je použito klavíru jako nového barevného prvku, jindy jako součásti nějakého hybného motivu. Zvlášť výrazné je však jeho sólové uplatnění ve spojení s krysařem, které Karel Šrom[85] hodnotil jako geniální:

„Když krysař zůstane sám proti všem na scéně, kdy mu starosta za obecného souhlasu odpírá smluvenou odměnu, osiří náhle v orchestru klavír. Jeho sólem se domáhá krysař svého práva, tentokrát ještě zdvořilými úklonami. Posazený úsporně do střední polohy, ruce blízko u sebe, naplní klavír svým zvukem přece celou divadelní prostoru. Veliký dojem, docílený jednoduchým prostředkem.“

Ukázka č. 40: Krysař. Tamtéž, s. 48.

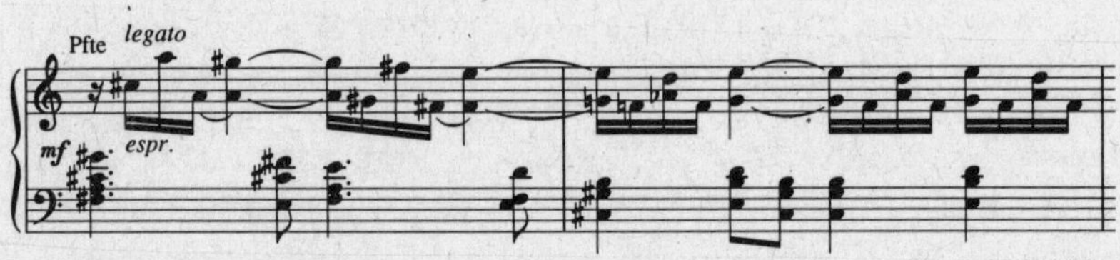

Pruhlubování výrazu prostřednictvím nástrojů osvětlí srovnání klavírního motivu a jeho stupňující se naléhavost v houslovém partu, když krysař odmítá peníze a žádá měšťany o ruku starostovy dcery.

Ukázka č. 41: Krysař. Tamtéž, s. 52–53.

Z uvedených ukázek je snad dost zřejmé, že příznačné motivy se u Bořkovce uplatňují spíš jako psychologické prosvícení postav v určité situaci. Jednolitost hudebního proudu zajišťuje proměnlivost a neúhybnost rytmu, která na jedné straně otevírá stále nové prostory, na druhé straně působí jako jistý jednotící prvek v pozadí.

Z hlediska rozvíjení melodiky jsou zde některé momenty, které připomenou janáčkovské úsečné ostinato. Zatímco u Janáčka takové opakované motivky podtrhují psychologizující obrysy, odvozené z řečového projevu, u Bořkovce se nejčastěji objevují jako vedlejší motivky, jakoby vsuvky v určitém úseku skladby. Jaroslav Jiránek[86] jim přisuzuje funkci zvukového ornamentu. Zdá se však, že jejich role je širší. Jsou to právě tyto ostinátní figurace, které svými tematickými proměnami dokreslují dramatické situace. V kontextu celého díla nejsou tyto prvky libovolné, právě jejich upřesňování a návraty v jiných souvislostech tvoří významové spojnice hlubinného charakteru.

Jan Klusák[87] přirovnal Bořkovcovu skladebnou metodu v tomto díle k postupu filmového režiséra při sestřihu materiálu, neboť rovněž spojuje filmové sekvence tak, aby jeden obraz vyrůstal bezprostředně uprostřed jiného.

Technikou montáže se Bořkovec ocitá v blízkosti Janáčkova stylu, aniž by jej napodoboval. Oba autory dovedla k montážní stavbě snaha o důsledné oproštění faktury a funkční řešení hudebního výrazu. Janáček přitom nahradil tematickou práci opakováním nápěvků a sugestivní naléhavostí hudební myšlenky. Bořkovec, věrný principu formové útvarnosti,[88] rozvinul tematickou práci založenou na několika melodickorytmických jádrech, která v mnohostupňovité struktuře vytvářejí onu frapantní proměnlivost i myšlenkovou konzistentnost celku.

Bořkovcovu minuciózní práci lze sledovat od prvních taktů předehry. Přesto, že má pouze patnáct taktů a v kontextu díla je vskutku jen úvodem, obsahuje dvě z nejvýraznějších myšlenek díla a je ve zhuštěné podobě také ukázkou tematické práce.

Nejprve se ozvou v plénu orchestru čtyři takty energických akordů v obratech převážně plagálních funkcí okolo centra. Další čtyři takty změkčují úvodní strohost typickým Bořkovcovým způsobem rozkladu harmonické příkrosti do melodické linie, při níž se rozkolísá úvodní pravidelný rytmus. Úderná rytmika funguje jakoby ozvěna počáteční ráznosti, nyní článkované a podřízené výrazné melodice orchestru.

Ukázka č. 42: Krysař. Tamtéž, s. 13.

Poté se ozve krysařova píšťala opět v rozmezí čtyř taktů. K ní pak vyrůstají další obměny hlavy tématu píšťaly až k stoupajícímu šestnáctinovému běhu, který přímo navozuje analogii se stoupající, otevírající se oponou.

Zároveň se i zde objeví charakteristická synkopace, která patří rovněž k Bořkovcovým skladatelským konstantám. Spočívá v tom, že nejprve rytmicky stabilizuje nějakou figuru, ta může, ale také nemusí být dále polyfonicky obměňována. První krok rytmickým odlišením zamlčí osminu či čtvrtku na první době a pokračuje ve frázi, jejíž obrys dále zní (ponejvíce v horních hlasech). Ovšem často ten charakteristický, rytmicky již zafixovaný obrys je nějakým způsobem krácen (např. ubude jedna doba), nebo v časových hodnotách se zvýrazní poslední osmina původního modelu. Následuje některý ze zvukově zřetelných akordických spojů ve spodních hlasech, který je umístěn zpravidla mezi druhou a třetí dobou. V dalším taktu se podle potřeby přemístí na některou hranici mezi lehkou a těžkou dobou. Takový jednoduchý dvouosminový krok se opakuje občas i s počátkem na těžké době. Vzniká tím rytmus velmi podobný mateníkovému půdorysu, který ovšem nikdy nezní tak dlouho, aby se upevnil. Ustaluje se opět pravidelné rytmické členění.

V partituře se v takových místech mění taktový přepis. Tento způsob umožňuje Bořkovcovi mimo jiné zápis valčíku v 5/8 taktu. Valčíkové schéma vzniká přitom střídáním valčíkových přiznávek ve třídobém a dvojdobém taktu. Obdobně je tomu i se záznamem valčíku ve čtyřdobém taktu, v němž se střídá třídobý s dvoudobým taktem s rytmickou figurou, při níž chybí jedna valčíková doba.

Synkopizace nejčastěji vykazuje schéma:

Jiný postup na stejném principu:

V souvislosti s Bořkovcovou kompoziční metodou se často uvádí jeho projektování zvuku různým zahušťováním akordů, jejich barevných charakteristik, které se tak utvářejí. Některým funkcím je ovšem nakloněn více a užívá jich velmi účinně pro výrazové proměny.

Jedním z příkladů takového uplatnění jemné výrazové techniky je třeba ilustrace okamžiku, kdy krysař přichází do města v ponurém šeru. Náhle zazní zřetelná rytmická figura xylofonu, který je v té chvíli synonymem života, lidské práce. Ten jako by rozproudil i krysaře, který začne před osvětleným oknem hrát dostaveníčko.

Melodický obrys drnká mandolína. Napětí a tvrdou disonanci sem vnášejí obraty alterovaných akordů, v jejichž pozadí jsou kombinace lydicko-subdominantních akordů s tónickou příměsí.

Ukázka č. 43: Krysař. Tamtéž, s. 15.

Krysařovo okouzlení a zajíkavost, když chce zadržet starostovu dceru, je svěřeno hoboji, jenž rytmickým posunutím a augmentací vyjádří tuto změnu.

Ukázka č. 44: Krysař. Tamtéž, s. 16.

Tatáž melodie se objeví znovu, když krysař překvapí poprvé občany svým slibem.

Ukázka č. 45: Krysař. Tamtéž, s. 32.

Harmonicky je postavena převážně na autentických funkcích tonální kadence v As dur. V této ukázce je zároveň zachycena i harmonická proměna tématu, které spolu s melodickým rozšířením až k rozpětí septimy a oktávy předznamenává melodicko-harmonickou intonaci v okruhu něčeho tajemného. Ve zcela definitivní podobě se objeví až v posledních vokálních cyklech.

Barevné svítivosti vodní hladiny dosahuje Bořkovec na začátku druhého obrazu akordikou rozšířené tonality, v níž střídá klasické obraty a spoje s alterovanými a neúplnými obraty. Kdyby zůstaly tyto akordy v tradičních vertikálách, patřily by do okruhu pozdního romantismu. Tím, že jsou rozloženy zpravidla tak, že krajní tóny harmonických funkcí jsou u sebe, vytvářejí často dojem polytonality a zvukově neotřelých spojů, v nichž se občas mihnou i charakteristické martinůovské paralelismy, vkomponované do bytostně jiného kontextu.

Ukázka č. 46: Krysař. Tamtéž, s. 40.

Ke komponentám Bořkovcova slohu patří okruh motivů, jichž užil v předcházejících skladbách. Patří sem již zmíněná spojitost tématu druhé věty *klavírní partity, Krysaře* (– notová ukázka č. 25 je na s. 52). Odlišnou podobu má toto téma v *Lidových říkadlech*:

Ukázka č. 47: Lidová říkadla. Král, s. 6.

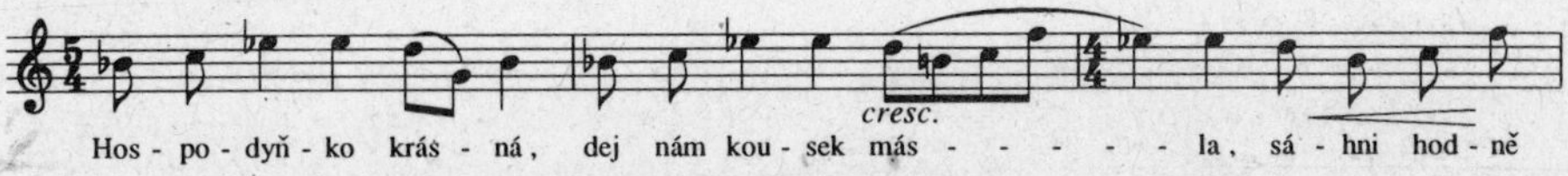

V tanci krysaře se starostovou dcerou je toto téma transformováno do zcela jiné výrazové podoby. Pavel Blatný hodnotí tento valčík jako „jeden z nejkrásnějších lyrických projevů skladatele v jeho díle vůbec“.[89]

V tomto díle se ozvou také nové intonace, které se v plné šíři rozvinou ještě v pozdější době. Z nich nejvýznamnější jsou dvě, jež jsou spojeny s vrcholným okamžikem otevření skály. Nejprve je to sled čtyř akordů, který se osmkrát opakuje se stupnicovými běhy v ostatních nástrojových blocích a signalizuje tak postupné rozevírání kamene.

Ukázka č. 48: Krysař. Tamtéž, s. 59.

Moment ustrnutí i bázně zachycuje jiný melodický akordický sled.

Ukázka č. 49: Krysař..Tamtéž, s. 64.

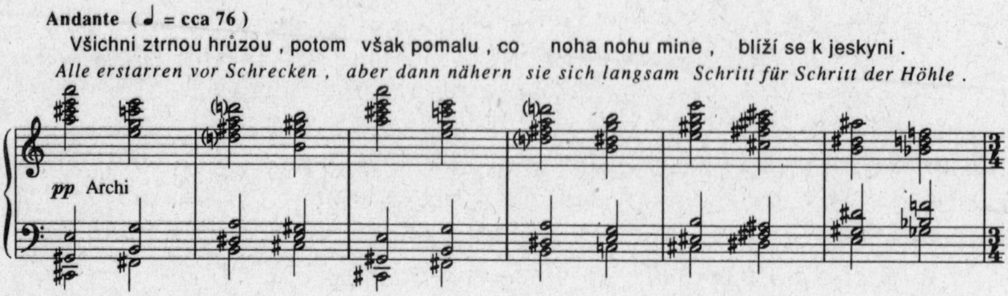

Bořkovec tu kombinuje akordy terciové stavby i jinak budované vícezvuky, mezi nimiž lze zaznamenat jakési tonální záblesky, ale nikoli ustavit tóninu.[90]

S „motivem brány"[91] nebyl autor nikdy u konce. Ještě mnohokrát se k němu vracel v dalších kompozicích a na nich bude možné sledovat jeho další významové proměny.

Bořkovec zadal obě svá scénická díla Národnímu divadlu. V napjaté atmosféře válečných let se zdálo být jejich provedení v nedohlednu. Proto bylo pro autora velkým povzbuzením rozhodnutí Václava Talicha uvést baletní pantomimu *Krysař* koncertně. Stalo se tak 15. ledna 1941. Ohlas díla byl veskrze kladný, kritika spontánně vyjadřovala zvědavost na scénickou realizaci.

Jak mnoho znamenalo pro Bořkovce Talichovo uznání díla, a také kus Bořkovcovy povahy, ukazuje tento úryvek v dopisu Talichovi po provedení: „*...Zkušenosti, které získává každý, jehož skladbu studujete, jsou tak odlišné, a toho druhu, že se na ně nezapomíná. Největší podiv vyvolává vždy znovu způsob, jak dovedete spojit neúprosnou přesnost s fantazií skoro novou... Právě tak podivuhodné je, jak Vy – tvůrce reprodukčního slohu děl Sukových, Novákových, se dovedete vžít do partitury dalších generací se zájmem a citlivostí, které neujde ani takový detail, jako je třeba přesné odlišení tématu v řadě téměř stejných figur. Byl jsem tím hned při první zkoušce zcela nadšen. Je to pro autora radostné pomyšlení, že žádná nota nezůstane bez povšimnutí, a současně závazek, který nahání trému. Zrovna poučné bylo pro mne poznání, jak neomylně vycítíte tempo. Styděl jsem se trochu, když jsem na předposlední zkoušce hned při nástupu „alla breve" poznal, že můj návrh na zvolnění tempa byl omyl.*"[92]

K provedení došlo zároveň s uvedením *Satyra* 8. 10. 1942. *Krysaře* dirigoval Václav Talich, známý svými uměleckými kreacemi i náročností na volbu repertoáru. Prvním choreografem byl Joe Jenčík, režisérem Václav Kašlík. Výpravu navrhoval František Tröster. I když jeho plné řešení nacisté nepovolili,[93] zůstalo alespoň to podstatné, byť v částech narušené tradičními dekoracemi. František Tröster uplatnil v obou obrazech spojující prvek, jímž byl velký kotouč v pozadí scény, který byl různě nasvěcován. V prvním obraze vytvářely iluzi města siluety úzkých, špičatých domů, vystřižené z plátna. Ve druhém obraze znázornil vodu zeleně nasvícený kotouč. K němu vedla napříč scény řeka. V závěru kotouč hnědým nasvícením představoval skálu.

V roli krysaře vystoupil Robert Braun, jehož výkon vyvolal rozporuplné hodnocení. Baletní kritikové mu vytýkali přílišný naturalismus a převahu pantomimy v projevu, kritikové hudebníci oceňovali sugestivní místa zejména při vyvádění myší z města, někteří zdůrazňovali krysařův rozstříhaný plášť, který podtrhoval plavné kouzelnické pohyby i jistou démoničnost masky. Roli starosty tančil se zdůrazněním groteskních rysů Karel Pírník. O starostově dceři v interpretaci Vlasty Podrabské se všichni kritikové shodují v mínění, že se nevyvarovala baletních manýr. Vladimír Polívka její úbor přirovnal dokonce k úboru havajské tanečnice. Zdá se, že zřejmě nezapadla do stylového rámce choreografie. Ohlas *Krysaře* byl mimořádný. Kritických článků bylo asi dvacet pět, zpráv o díle nesčetně. O silné odezvě mezi hudební veřejností svědčí i mnohé osobní blahopřejné dopisy skladatelů a přátel z řad hudebníků.[94]

Podruhé došlo k scénickému uvedení *Krysaře* v roce 1949 v rámci absolventského představení tanečního oddělení pražské konzervatoře, tehdy zároveň s Mozartovým Letním odpolednem a Janáčkovými Lašskými tanci. Orchestr hlavního města Prahy FOK řídil Václav Smetáček, choreografii koncipovala Laurette Hrdinová, výpravu navrhl Vladimír Doležal.

K dalšímu pražskému provedení[95] došlo ještě ve Smetanově divadle 29. 6. 1952. Dirigoval Zbyněk Vostřák, který řídil i své další dva balety – Viktorku a Filosofskou historii. Choreografem byl Antonín Landa, scénu řešil Eduard Tomek, kostýmy Jan Kropáček. Scéna byla zřetelně poplatná době vzniku. Je silně realistická, masivní domy města byly umístěny v pozadí, v přední části jeviště bylo místo pro tanec. Ve druhém obraze připomínalo řešení vrat a hradeb, zabírajících značnou část jevištní plochy, Český Krumlov. Kostýmy byly méně démonické, zvláště u krysaře, měšťané měli kroje, myši byly naturalisticky věrné.

Krysař byl několikrát uveden koncertně. 16. 12. 1948 to bylo v cyklu České filharmonie za řízení Václava Neumanna. Z tohoto koncertu byl pořízen zvukový záznam pro rozhlas i pro pozdější gramofonovou desku. Totéž se opakovalo na koncertech České filharmonie 8. a 9. 4. 1954, kdy dirigoval Karel Ančerl. Opět byly pořízeny rozhlasové nahrávky. Další gramofonová deska byla v provedení Karla Ančerla se Symfonickým orchestrem pražského rozhlasu. Situace se opakovala v roce 1966, kdy byla pořízena gramofonová deska se Symfonickým orchestrem hlavního města Prahy FOK s dirigentem Zdeňkem Košlerem. Později vznikly ještě další nemnohé rozhlasové nahrávky, které však nevstoupily do archivního fondu.

Klavírní výtah s obálkou Jiřího Trnky byl vydán v roce 1942 v Praze, partitura vyšla v roce 1955 rovněž v Praze.

V březnu 1957 zařadil suitu z *Krysaře* do svého programu divadelní orchestr ve Schwerinu.[96]

Bohužel jen historickým faktem zůstává projekt dramaturga Jaromíra Průši, který chtěl v roce 1959 natočit televizní inscenaci baletu *Krysař* spolu s režisérem Václavem Kašlíkem a choreografem Antonínem Landou, s hlavním kameramanem Jindřichem Novotným. Televizní snímek byl natočen s hudbou gramofonové nahrávky České filharmonie za řízení Karla Ančerla. Účinkovali sólisté a členové baletu Národního divadla. Krysaře představoval Jaromír Petřík, starostu Antonín Landa, jeho dceru Vlasta Šilhanová.

Inscenátoři pojali tehdy realizaci nikoli jen jako příležitostnou práci, ale chtěli vytvořit dílo, které by bylo možné poskytnout televizním studiím v zahraničí. Zamýšleli balet zadat za Československo do mezinárodní soutěže televizních hudebních filmů v Salcburku.

Přes veškerou péči a obětavost při realizaci projekt ztroskotal na potížích s přepisováním záznamu, který se tehdy pětileté televizní technice nezdařil.

Snímek se vysílal pouze jednou, a to v pořadu Hudba pro každého,[97] v němž o Bořkovcově tvorbě mluvil Václav Holzknecht (živě, pořad se nezaznamenával), neboť Bořkovec sám ve své plachosti odmítl v televizi vystupovat. Záznam byl v roce 1979 zrušen. Přesto z této inscenace existuje dosud část fotografické dokumentace. Jednu fotografii z ní zařadil bez dalšího komentáře Václav Kašlík do své memoárové knihy Jak jsem dělal operu.

Na fotografii je Jaromír Petřík, hrající na píšťalu (mezi množstvím myší, které měly v tělíčku motorky ze setrvačníkových autíček a tak se samy pohybovaly) v dekoraci stylizované pasti. Dále je zde starosta – a v pravém horním rohu fotografie je starostova dcera.

Po velkých scénických dílech pocítil autor zřejmě potřebu ponořit se zcela do vnitřního světa hudby bez vnějších zprostředkovatelů. Obrat k instrumentálním žánrům trval takřka šest let, tj. do roku 1945, kdy začal komponovat operu *Paleček*.

Svědectvím o síle sebereflexe v *Krysaři* je *III. smyčcový kvartet*, který skladatel začal psát v roce 1940. Dílo zůstalo pouze ve skicáři. Je psáno perem, jak Bořkovec vypracovával konečné verze svých partitur, avšak s četnými variantami řešení, jež jsou připisovány tužkou i perem. Je tam celá řada charakteristických intonací z okruhu krysařovské tematiky. Z celého záznamu je zřejmé, že s dílem autor nebyl spokojen a přesto, že zůstal tento kvartet neuzavřený, Bořkovec patrně choval naději, že ho dokončí. Jinak by při své pečlivosti nebyl označil další kvartety opusovými čísly 4 a 5. Kvartet č. 3 však zůstal v rozpracované podobě. V přehledu díla se uváděl již za života autora jako nedefinitivní.[98]

Pouto s pocitovým klimatem baletu Bořkovec překonal až v dalším díle, které záměrně orientoval k neosobní tematice.

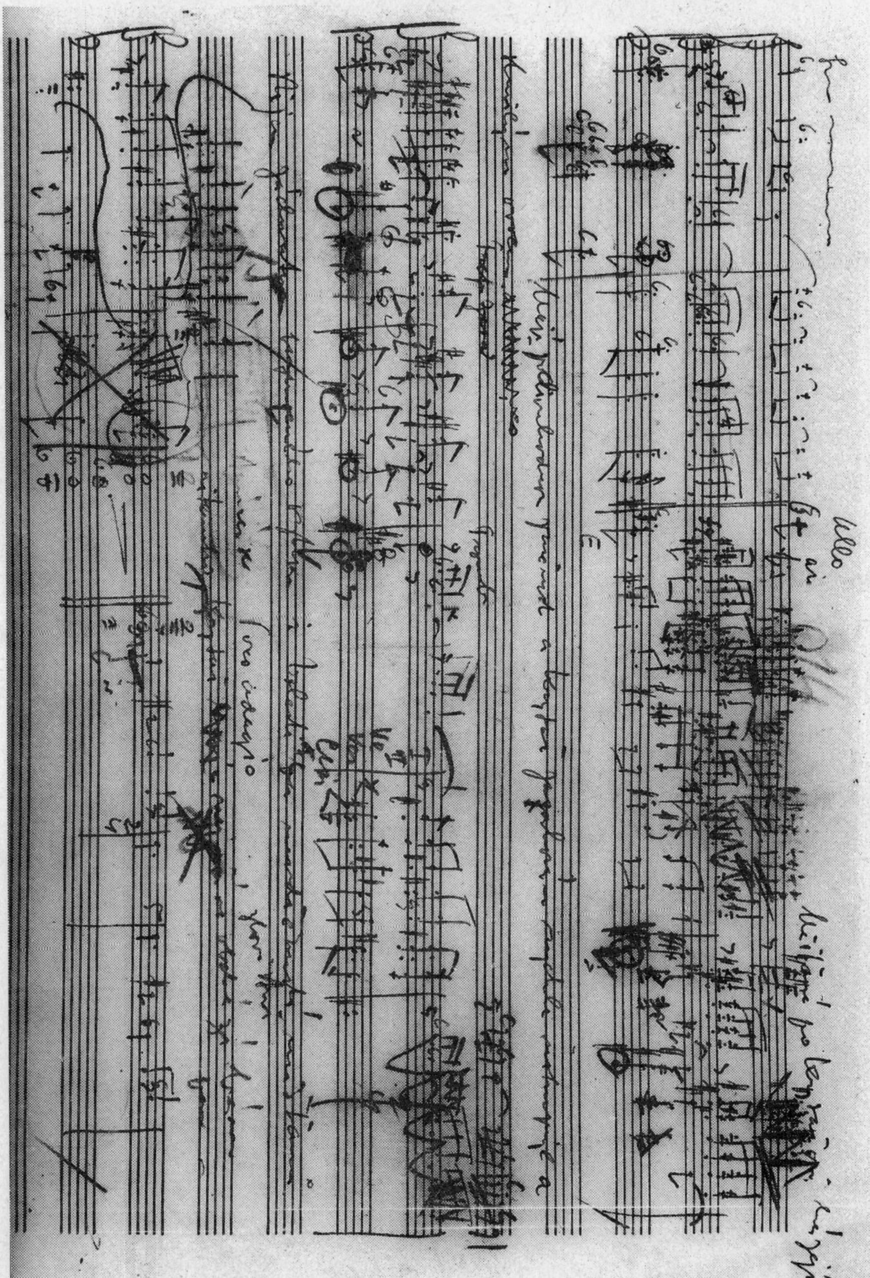

Ukázka ze skicáře k baletu Krysař

Ukázka z rukopisu druhého obrazu partitury baletu Krysař

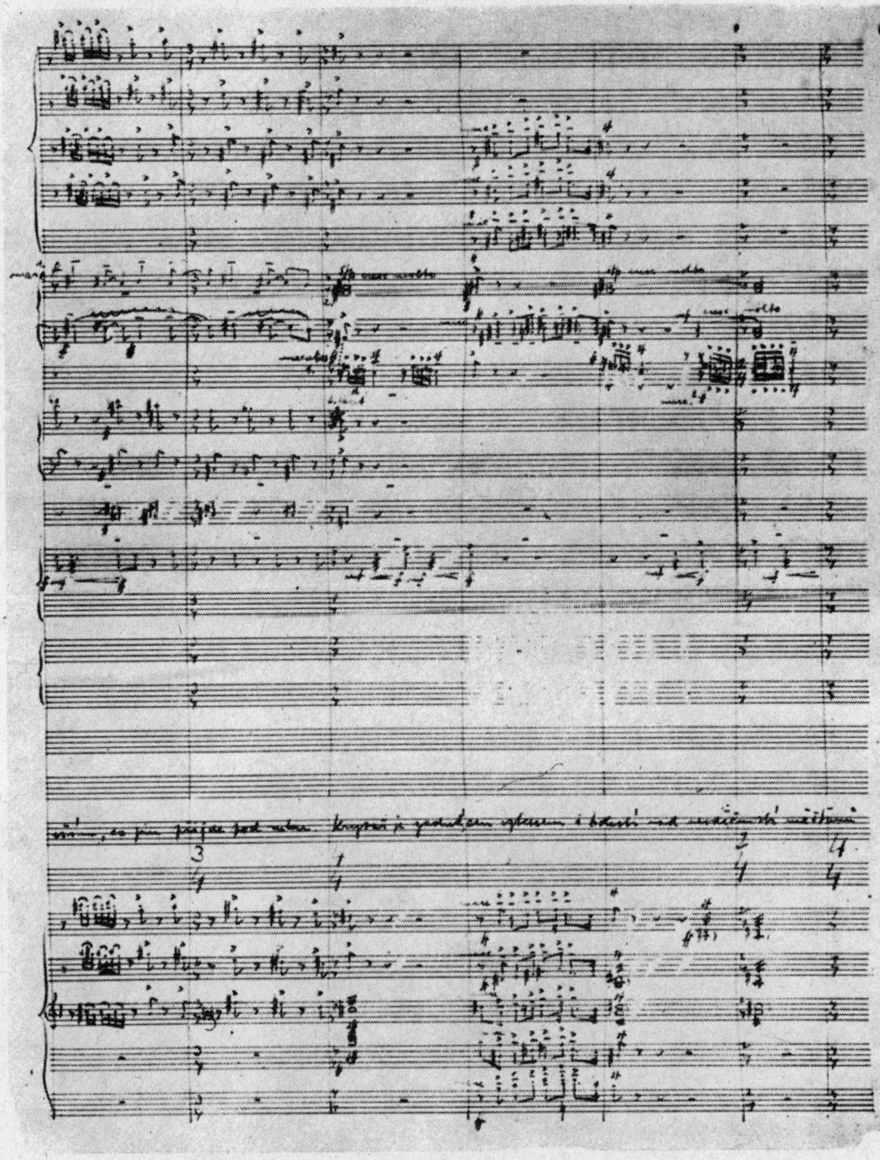

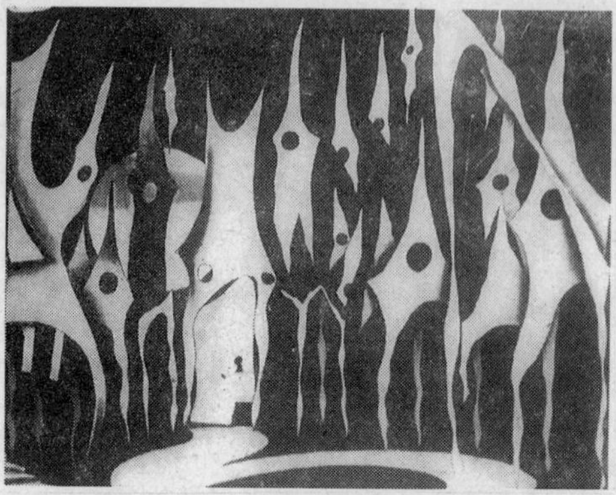

Krysař (1942) – scéna z 1. jednání

Krysař – Robert Braun v téže inscenaci

Krysař (1942) – scéna z 1. jednání

Krysař (1942) – scéna z 2. jednání

Krysař (1952) – řešení scény

Krysař (1958)
– snímek z televizní inscenace

Krysař (1952) – Jaromír Petřík

Na rozhraní let 1940–1941 (dokončeno 24. 2. 1941) vznikl *NONET* pro flétnu, hoboj, klarinet, lesní roh, fagot, housle, violu, violoncello a kontrabas. Dílo nese pečeť Bořkovcovy kompoziční svrchovanosti, plyne s neoklasicistní jasností rozšířené diatoniky a zřetelného tematického plánu, s onou osobitou citovou a výrazovou vyvážeností, s barevnou paletou vytříbené struktury, která je příznačná pro díla tohoto tvůrčího období.

Nonet má některé melodické i akordické návaznosti na *Krysaře*, které skladatel chtěl vyzkoušet v jiných souvislostech. Skladba zaujme od počátku okouzlující bezprostředností melodiky, vertikálami takřka impresionistické barevnosti, které ovšem tvoří jen pozadí neustále novým a neotřelým tematickým proměnám. I zde v komorním obsazení by bylo možné sledovat instrumentaci jako blokovou v miniatuře, nástroje jsou plně individualizovány, přitom si však vzájemně předávají svá témata a zacházejí s nimi po svém. Některé motivické impulzy uvádějí třeba smyčcové nástroje proti určitým dechovým (hoboj, flétna, klarinet), a společně dotvářejí výraz tematického obrysu k jeho plnému a definitivnímu uchopení.

Nonet má tři věty, je však monotematický. Sonátová forma první věty roste z pomalého úvodu (15 taktů), v němž je soustředěn základní motivický materiál pro celé dílo. Hlavní téma první věty (*Poco allegro*) velmi připomíná „honičku myší" z *Krysaře*, zde ovšem ve zcela odlišném kontextu. (Např. klavírní výtah *Krysaře*, cit. ob., s. 21.)

Ukázka č. 50: Nonet. Praha 1945, s. 8.

Zatímco v *Krysaři* bylo toto téma hlavní melodií příslušné pasáže (pikola), zde je toto téma paralelně kontrapunkticky rozvíjeno v partu hoboje a klarinetu. Druhé téma, přejaté z introdukce, má rovněž názvuky na téma z baletu *Krysař* (ukázka č. 26 na s. 50), zde ovšem nikoli jako vypjatě lyrický moment, ale jen melodická myšlenka. V provedení se pracuje krátce s oběma tématy. Větší plocha je však věnována čtyřtónovému motivku z prvního taktu introdukce, který je dělen na sekundu, jež zní v augmentaci v dechových nástrojích, a kvintu, která s rozšířením o trylek je situována ve skupině smyčců (*Poco più tranquillo*). Toto téma je postupně propojeno s oběma tématy z expozice. Repríza upevňuje pozici hlavního motorického tématu.

Druhá věta (*Lento*) je variační. Z tématu, zdánlivě vzdáleného chorálu, vykrouží jemnou meditativní větu, takřka hmatatelné úzkosti z neúprosné boty, šlapající ostře v pizzicatech smyčcových nástrojů, a kontrastní úzkostné melodiky téměř až litaniového charakteru.

Ukázka č. 51: Nonet. Partitura. Praha 1945, s. 30.

Tempová gradace vyústí nakonec ke kratičké kódě (6 taktů) s citací „nedej zahynouti nám ni budoucím“,[99] která spolu s výraznou rytmickou figurou v kontrabasu evokuje bubny potažené suknem. (Ukázka č. 52 na následující straně.)

Symbolikou staročeského chorálu Svatý Václave projevil Bořkovec své vlastenecké cítění v době okupace.[100] Není divu, že jeho *Nonet* vstoupil zejména za války do kmenového repertoáru Českého noneta.

Bořkovcovu tematickou práci by mohla přiblížit následující ukázka, která dokumentuje proměnu a začleňování autorských konstant do nových souvislostí. Např. z druhého tématu 1. věty, jež mělo souvislost s baletem *Krysař* (ukázka č. 26 na s. 50), se tematickými obměnami vyvine melodická myšlenka s názvuky na svatováclavský chorál. (Ukázka č. 53 na následující straně.)

Třetí věta (*Allegro*) je dokladem Bořkovcovy kompoziční suverenity. Na první poslech činí dojem rondové formy.[101] Je však psána ve formě vyššího sonátového ronda. Dojem ronda podporují obměny úvodního tématu a pozdější neobyčejně pestré varianty některých jeho částí. S úvodním tématem i se způsobem zahušťování akordů na principu paralelismů se později setkáváme ještě v *Palečkovi*. (Ukázka č. 54 na s. 95.)

Ukázka č. 52: Nonet. Tamtéž, s. 41 závěr.

Ukázka č. 53: Nonet. Tamtéž, 1. věta, s. 7.

Expozice třetí věty má třicet taktů, provedení čtyřicet šest, repríza padesát šest, kóda osmnáct taktů. V expozici se rozvíjí materiál vedlejšího tématu. V provedení se pracuje zpočátku s rázným pochodovým tématem, jímž celá věta začíná. Poté se objeví část z vedlejšího tématu, připomene se jedna figurace z úvodu, která se podivuhodně proplétá s variacemi a díly vedlejšího tématu, spějíc s melodickou hladkostí a lehkostí k druhé části provedení, v níž se utvrzuje trojím nástupem hlavní téma. Kóda s grandovskou rozmařilostí spojuje úvodní téma s figuracemi třetího, pátého a šestého taktu hlavního tématu v elegantním bleskurychlém závěru na primě.

Nonet byl poprvé proveden Českým nonetem[102] na Večeru ze skladeb Pavla Bořkovce 28. 4. 1941. Takové monografické koncerty pořádalo ve válečných letech Sdružení pro soudobou hudbu v Praze. Po večeru bratrů Jeremiášových, Karla Boleslava Jiráka, Emila Axmana, Vladimíra Polívky to byl večer Bořkovcův.

Na témž večeru zaznělo poprvé *Rondo* ze *DVOU KLAVÍRNÍCH SKLADEB* (*Preludium, Rondo*), věnovaných dceři Haně.

Ukázka č. 54: Nonet. Tamtéž, 3. věta, s. 42.

Večer ze skladeb Pavla Bořkovce připomněl české veřejnosti dílo autora, který byl považován svými přáteli i současníky, řečeno slovy Iši Krejčího, za „osobnost nejucelenější a nejhotovější" z žáků Josefa Suka.[103]

Zazněly na něm proto skladby, které ukázaly skladatelovu tvůrčí cestu, především v žánrech komorní hudby. Po *I. smyčcovém kvartetu* v interpretaci Peškova kvarteta (J. Peška, F. Vohanka, J. Svoboda, F. Smetana) to bylo *Largo* z *Partity* pro klavír a již uvedené *Rondo*, obojí v podání Václava Holzknechta. Z písňové tvorby se opakovaly stále frekventované *Rozmarné písně* v přednesu Zdeňka Otavy a Václava Holzknechta a *Sedm písní na V. Nezvala* zaznělo v nové úpravě pro nonet s pěvkyní Marií Jeremiášovou-Budíkovou. Také *Koncert pro klavír* v nové úpravě pro dva klavíry provedli Václav Holzknecht a Stanislav Pfeifer. Již zmíněnou premiéru měl nakonec *Nonet*.

Koncert měl značný ohlas. Kritiky vyšly prakticky ve všech novinách a nešetřily uznáním. Nejvyššího ocenění se dostalo oběma novinkám. V klavírním *Rondu* byla vyzvedávána Bořkovcova invenční překvapivost, bohatství i uměřenost všech složek malé formy. V *Nonetu* spatřovali všichni kritici dílo, v němž se snoubí dosavadní articismus se silnou citovou inspirací a výrazovou přesvědčivostí. František Pala[104] to vyjádřil lapidárně, když napsal, že oba opusy jsou díly velkého dosahu. Karel Šrom[105] uzavírá svůj článek v Lidových novinách slovy: *„Bořkovec se harmonicky oprostil a rytmicky zjednodušil, přičemž ještě získal na pregnanci v obou směrech a na místo jeho dřívější výlučnosti vstoupila zásluhou přímo kvetoucí melodiky lid-*

sky srdečná a podmaňující bezprostřednost. Invenčně hýřící, zvukově pestrý a rytmicky doslova roztančený nonet i prosté a hráčsky přístupné rondo pro klavír měly strhující úspěch.“

Bystrost i objektivita tehdejší kritiky vzbuzuje zajisté respekt, zvláště když uvážíme, že *Krysař* byl tehdy proveden pouze na lednovém koncertu České filharmonie. Neodbytně se však v souvislosti s výrazovou pregnancí a múzičností struktury vtírá otázka, do jaké míry právě této melodizaci a pastelovým závanům výrazu napomohl balet. Lze soudit, že značně, protože právě v něm se vzácně reflektoval svět autorův s konkrétností vizuálního hudebního gesta.

Pozoruhodného zrání díla Pavla Bořkovce si byla vědoma i porota, která mu udělila v únoru 1942 výroční cenu České akademie věd a umění za *Nonet.*[106]

Prubířským kamenem stabilizace Bořkovcovy hudební řeči v orchestrálním žánru se stalo *CONCERTO GROSSO*, které vzniklo v letech 1941–1942. Orchestr má klasické obsazení tohoto typu instrumentálních koncertů (po dvou jsou flétny, hoboje, klarinety, fagoty, horny a pozouny, prvních houslí je deset, druhých osm, dále šest viol, šest violoncell, čtyři kontrabasy, místo cembala klavír, dále tympány, malý buben, triangl, činel, concertino tvoří trio, složené ze svou houslí a violoncella). Koncertantní trio vystupuje vždy jako celek v trojhlasu sólových nástrojů ať samostatně nebo s orchestrem. Zajímavým mezičlánkem je klavír, který podle potřeby funguje jako součást orchestrálního partu se samostatnými tématy, jindy slouží jen jako rytmický nástroj, ale může se připojit v roli čtvrtého koncertantního nástroje ke smyčcovému triu.

Dílo má pozoruhodnou koncepci z hlediska žánru i celkového vývoje autorova niterného myšlení. Je zde opět řada tematických analogií mezi sousedními opusy, které svým dokonalým včleněním do nových výrazových kontextů ukazují svrchovanost kompoziční práce. Zároveň se tu otevírají i myšlenkové okruhy, jež došly svého plného uplatnění později.

První věta je psána v rozšířené sonátové formě. Má velkou kódu, která obsahuje druhé provedení, a další reprízu. Druhá věta je vybudována jako třídílná písňová forma. Třetí věta svou mnohonásobnou prokomponovanou prací vyvolává odlišná formová zařazení,[107] neboť kombinuje rondovou a sonátovou formu. Jde o sonátové rondo vyššího typu. Jeho konstrukční zajímavost je v tom, že reprízová část spojuje výrazné téma z počátku evolučního středního dílu (A–B–A–X–A–B). V této větě se Bořkovec pokusil co nejvíc oprostit svou harmonii. Odráží se to i ve stavbě témat, která jsou funkčně jednoznačná, melodicky blízká lidovým popěvkům.[108] Ve střední části zazní taneční stylizace, kterou formuje na půdorysu hudeckých kapel i s obvyklými odpoutanými sóly melodických nástrojů. (Tento způsob symfonické stylizace tance rozvine autor ještě později v opeře *Paleček.*)

Pozoruhodná hutnost stavby *Concerta grossa* vyplývá z mimořádně pečlivé práce, vedené přesně a precizně v detailech i v proporčnosti dílů a vět.

V mikrostruktuře lze sledovat již od prvních taktů několik charakteristických melodicko-harmonických idiomů, s nimiž se později pracuje. Pro Bořkovce je příznačné, že s takovým nepatrným motivkem od určitého okamžiku pracuje jako s myšlenkou, jež dalším zpracováním nabývá stále zřetelnějších kontur i výrazové určitosti. Melodika je ve svém základu vlastně tvarována tak, aby umožňovala širokou variabilitu. Např. hned v ukázce průběhu lyrického tématu v houslích (1. věta) lze tuto metodu přiblížit. Svorkou jsou označena dvě budoucí tematická jádra. Z prvního vyroste charakteristické gradační téma s dobrou následnou instrumentální komunikací (ukázka č. 55). Z dalšího tematického jádra vyroste závěrečné téma první části, s nímž se znovu pracuje v repríze.

Ukázka č. 55: Concerto grosso. Partitura. Praha 1947, 1. věta, s. 11, 12, 13.

Ukázka č. 56: Concerto grosso. Tamtéž, 1. věta, klavírní part, s. 16, 17.

Z dalšího tematického jádra vyroste závěrečné téma v expozici, s nímž se znovu pracuje v repríze.

Ukázka č. 57: Concerto grosso. Tamtéž, 1. věta, s. 22.

Dalším výrazným tektonickým momentem je korespondence zvolených myšlenek uvnitř bloků, ale také mezi nimi. Příznačná a velmi stmelující je prostoupenost poslední a první doby taktu tak, že jedna z myšlenek takt přesáhne a končí na první době nového taktu, zatímco nová myšlenka nastupuje na čtvrté době předchozího taktu. Grafické schéma by vypadalo takto:

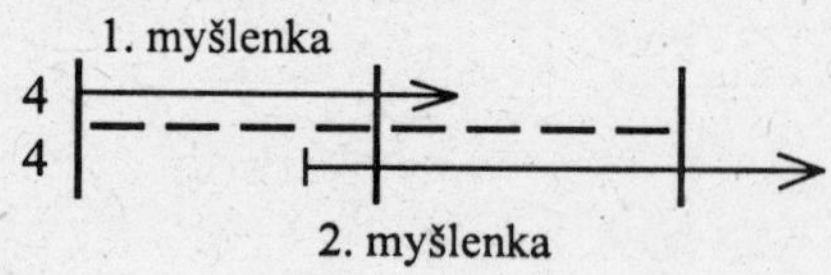

Přitom jsou jednotlivé myšlenky zpracovávány i uvnitř bloků. Často se to děje i spojováním odlišných vrstev, vkládáním určité izolované struktury do druhé. Např. těsnou spojitost má počáteční kvintsekundová akordika s tóny a–e–h–cis ze začátku druhé věty, která je však totožná se začátkem v první větě. Tam ovšem byl akord exponován v postupném rozložení mezi dechovými nástroji, zde vytváří barevnou plochu v souběžném držení smyčcových nástrojů. Fázování témat přispívá rovněž k rozvolnění přesné rytmické akcentace. Patrně proto bývá metrorytmus stavby v určitých časových intervalech zpevněn úsekem bloku o stejné rytmizaci. V tomto smyslu stavba velmi připomíná techniku montáže.

V *Concertu grossu* skladatel postoupil opět o krůček dál v prohlubování opalizujících nástrojových barev v bloku i mezi bloky se stále tonálnějším harmonickým pozadím. Tuto roli harmonie by mohla nejlépe ukázat proměna „motivu brány" z baletu *Krysař*, která zde prochází všemi třema větami. Proti ostrým disonantním akordům v *Krysaři*, jež v oktávových a terciových paralelismech utvářely melodický postup fis–f–e–ges (ukázka č. 48, s. 81), v koncertu ubývá bezprostředních ostrých disonancí. Paralelismy nejsou v oktávách a sled alterovaných akordů dává stupňovitou melodii es–e–f–fis. Jde přibližně o šest taktů, jejichž hrozivé napětí (alterované akordy) je nejvýraznější v prvním dvoutaktí, poté je dělením zmírňováno a zcela zrušeno nástupem concertina.

Ukázka č. 58: Concerto grosso. Tamtéž, s. 43.

Další harmonické uvolnění s tonalizovanou kadencí (e moll) téhož motivu je ve druhé větě.

Ukázka č. 59: Concerto grosso. Tamtéž, s. 62.

Také ve třetí větě se několikrát ozvou postupy, připomínající již zmíněné shody s baletem. Akordické paralelismy nejprve těží z funkčních kombinací h–d–fis–a–c–es–ges ve výrazném zvuku dechových nástrojů a klavíru, poté se harmonie stabilizuje v tónině Es dur. Frekvence obratů je zde zjevně pomalejší. (Partitura s. 94–95). Další výrazové akordické zjasnění je ve třetí větě.

Ukázka č. 60: Concerto grosso. Tamtéž, s. 105, 110.

Původní úzkostné vyznění tématu postupným harmonickým oproštěním a projasněním ztrácí svou výhrůžnost, až v závěru vyplyne právě toto téma do radostně dravého proudu pochodového tématu. Působí to dojmem, jako by se skladatel teprve v tomto okamžiku osvobodil od určitého pocitu spjatého s atmosférou *Krysaře* tím, že příznačný sémantém nechal vstoupit do jiného, jemu neutrálního kontextu, a tak jej zbavil původní moci, aniž by ho popřel.

Concerto grosso bylo poprvé provedeno v cyklu tří symfonických koncertů na květnových hudebních slavnostech dne 12. 5. 1943 v Národním divadle.[109]

Ohlasy Bořkovcova nového opusu byly vesměs kladné. Josef Bachtík dokonce považoval tento koncert za nejlepší práci autorovu.[110] Antonímu Maixnerovi[111] se zdálo být toto dílo stejně složité jako Houslový koncert Albana Berga.

Concerto grosso bylo později provedeno i v Rudolfinu 20. 3. 1948 Českým komorním orchestrem s dirigentem Jaroslavem Vogelem. V concertinu se sešli J. Novák, J. Schořálek, V. Nedbálek, V. Sýkora. Do třetice bylo toto dílo za autorova života uvedeno ještě v rámci cyklů Hudební mládeže v Praze v lednu 1965 (9., 10. a 13. 1.) Českým komorním orchestrem s Josefem Vlachem u dirigentského pultu, se sólisty B. Bělčíkem, J. Hölzlem, K. Novotným a A. Holečkem.

Takřka zároveň s *Concertem grossem* vznikla v roce 1942 také *SONATINA PRO HOUSLE A KLAVÍR,*[112] která svou strukturou patří do okruhu instrumentálních opusů ve válečných letech. *Sonatina* je jednou z nejpřehlednějších a posluchačsky nejhřejivějších skladeb Pavla Bořkovce.

Vychází z osvědčeného modelu vzájemné propojenosti tematické práce po způsobu barokních sonát a tre, který skladatel rozvinul již ve vokálních cyklech a komorních dílech ve třicátých letech. Uplynulý čas se tu projevil v hluboké kultivaci projevu.

Melodika houslí má přesně tu míru svobody, aby působila samostatně, klavír je tou součástí, která prostupuje s neobyčejnou lehkostí klenutou stavbu vět a dotváří paletu barev.

Z hlediska tektoniky zachycuje *Sonatina* v miniatuře autorský postup tvarování sonátového cyklu. První věta má sonátovou formu s tímto schématem: (horní řádek zachycuje tematický průběh věty, dolní počet taktů):

I / a b / x / bx a ab b / x / a b x ab x a /
2 / 12 11 / 10 / 9 17 8 11 / 10 / 8 4 3 3 1 5 /

25 (a b) — 45 (bx a ab b) — 24 (a b x ab x a)

AB X P X AB

Bořkovec exponuje v houslovém partu dvě odlišná témata, z nichž první – polkové – je vnitřně kontrastní, a okamžitě je jeden z jeho prvků motivicky rozvíjen. Evolučním postupem přejde k lyrickému tématu, které je odlišeno i tempově (*più tranquillo* proti předchozímu *poco allegro*). Po uvedení a upevnění druhého tématu se ozve naprosto odlišná sextolová stylizace klavírního partu a k ní se přepojí pizzicato houslí, jež augmentuje jeden prvek z hlavního tématu. Tato část se v poněkud odlišné rytmizaci vzápětí přenese na dominantu, kde zní již v plném zvuku houslí druhé téma. Tuto mezivětu nelze vynechat. Bořkovcova důsledná evoluční práce pokračuje i v provedení, v němž, ostatně jako vždy, přetváří složku melodickou, harmonickou, stylizační i strukturální.

Osobitost práce spočívá především v pozvolném propojování a prorůstání obou témat do společné faktury. Jde o tzv. ostré provedení, jež velmi těží z návaznosti imitační a polyfonické práce a utváření charakteristických tematických úryvků. Příprava reprízy se děje podle pravidel klasické formy. Jistý dojem zrcadlovosti vyvolává návrat poměrně rozsáhlé kontrastní mezivěty před reprízou. V repríze se znovu objeví hlava prvního tématu s výrazným polkovým doprovodem, jehož poslední takt je rozšířen tak, že umožňuje přechod k druhému tématu.

Ukázka č. 61: Sonatina pro housle a klavír. Praha 1944, s. 9.

V závěru se obě témata v diminuci vzájemně propojí a společně vplynou do tanečního bezproblémového optimistického vyznění.

Druhá věta je psána v malé dvoudílné formě s reprízou, úvodem a kódou. Hranice mezi částmi formy jsou splývavé. Také zde skladatel užívá stabilizovaných motivických, harmonických i melodických konstant, jež osobitým způsobem rozvíjí a vzájemně propojuje. Třetí věta má rondovou formu. Přes zdánlivou jednoduchost je klavírní part harmonicky pestrý a funkčně víceznačný. Jedním z osobitých postupů je následující ukázka ze 3. věty, v níž téma houslí krouží kolem třetího stupně v jasně zakotvené tonalitě, přičemž v klavíru je zdůrazněna dominantní funkce. V akordických obratech téměř není akord bez velké septimy a sekundy, a přesto nezní tyto obraty tvrdě, neboť disonance jsou mírněny vzdáleností a kvintami či sextami v basových tónech. Zvukově příznačný je i poslední spoj dominantního nonového akordu s vynechanou tercií, který je veden do tóniky tak, že v pravé ruce zní paralelní sekundový posun, což echem připomene výrazné akordické paralelismy Bohuslava Martinů.

Ukázka č. 62: Sonatina pro housle a klavír. Tamtéž, s. 15.

Převaha durové akordiky v těchto spojích vytváří jakési povědomí českosti, aniž by při převodech akordů musel skladatel postupovat typickými terciovými, nebo sextovými, anebo kvintakordickými paralelismy.

Bořkovec často užívá složených akordů undecimových, v nichž vynechá zpravidla spodní tercii, nebo místo horní tercie postaví kvartu. V obratech takového akordu pak vznikají akordy se sekundami. Jinou možnost disonancí skýtají alterace s průtažnými tóny ke kvintě septakordů, což v obratu kvintsextakordu zamlžuje funkční vztahy.

V *Sonatině* se s podivuhodnou hladkostí prostupují autorské konstanty ze třicátých let; jsou zde také některé souvislosti s *Concertem grossem* a zároveň krystalizují i některé kroky, které najdou plné užití až později.

Rovněž i v tomto díle se objeví souvislost s již zmíněným „motivem brány" z baletu *Krysař*. V klavírní stylizaci se s ním zachází ještě jinak než v *Concertu grossu*. Zdá se, že právě průzračnost klavírního partu napomohla i řešení v závěrečném projasnění tohoto momentu v orchestrálním zvuku.

Zajímavým rysem kompoziční práce je také Bořkovcova nekonečná schopnost nové rytmizace výrazných prvků v prakticky nezměněné harmonii, ovšem právě nějakým zdůrazněním odlišného tvarování si skladatel vytváří předpoklady pro rychlé výrazové změny, v tomto díle zvlášť pro lyrizaci projevu.

Stoupající lyrismus Bořkovcovy hudby se projevuje ve stavbě melodiky, byť lineárně pociťované, přece však čitelnější a tonálněji uchopované. V harmonii se objevují i některé analogie s charakteristickými postupy jiných českých autorů, např. Dvořáka, Suka, Martinů, přetavené v Bořkovcově autorské dikci. Příkladem dvořákovského obratu je ukázka ze 3. věty:

Ukázka č. 63: Sonatina pro housle a klavír. Tamtéž, s. 16.

Tematických analogií a spojitostí je ve skladbě mnoho. K těm velmi markantním patří shoda mezi taneční stylizací v *Concertu grossu*, jejíž téma pochází vlastně z klavírního *Ronda*. Týž obrat se ozve i v houslové figuraci v *Sonatině*. Později se plně rozvine v *Palečkovi* při stylizaci Jankova fidlání na housle a v baletní hudbě, kde je hlavním materiálem právě tento prvek.[113]

Obdobnou cestou proměn prochází také harmonická konstanta s kolísavým sedmým stupněm ve zmenšeném čtyřzvuku. Charakteristické je přitom užití návratné paralelní akordiky se sekundou, jež zamlžuje tíhnutí akordu k tónice.

Ukázka č. 64: Sonatina pro housle a klavír. Tamtéž, začátek druhé věty.

Ještě průzračnější podobu tohoto modelu lze spatřovat v pozdější stylistice v šedesátých letech.

Ukázka č. 65: Zvířata. Kůň. Rukopis, začátek jednotaktové klavírní předehry.

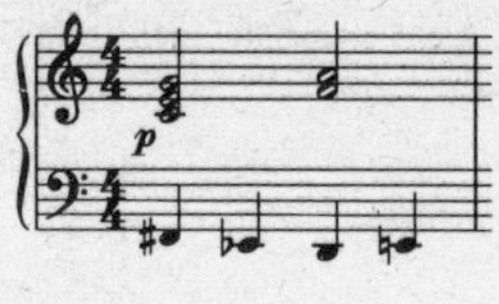

Sonatina pro housle a klavír zazněla poprvé ve Smetanově sále 9. 11. 1943 v interpretaci Alexandra Plocka a Alfréda Holečka. Skladba měla všechny předpoklady pro to, aby se stala součástí kmenového repertoáru našich sólistů.[114]

Bořkovcovo autorské jméno se s periodickou pravidelností objevovalo na reprezentačních českých koncertech[115] a dostalo se mu i dalších prestižních ocenění.[116]

Válečná léta poznamenala Bořkovcův život více než jeho tvůrčí svět. Tam už byl ve svých postojích natolik stabilizován, že jeho umělecké zrání nemohla narušit ani tíživá doba.

Přesto i zde zažil několikeré zavanutí cizí moci, které silně rozvlnilo jeho dosti nervní psychiku. Ačkoli osobně nebyl nějak perzekvován, přesto se jeho hudba zvolna dostávala u Němců na index a byla občas zakazována.[117] A tak vlastně provedení, k nimž za války docházelo hlavně zásluhou jeho přátel ze skupiny Mánesa a také interpretů, kteří se snažili udržet na repertoáru současnou českou hudbu, dostává další dimenzi – odvahy českých hudebníků hájit českou kulturu i v nepříznivé době.

Pavel Bořkovec žil v obavách o své dorůstající děti, na něž se již vztahovala pracovní povinnost. Neméně obav vzbuzovaly temperamentní postoje některých členů rodiny, z nichž, jak se později ukázalo, byl docela zajímavý propletenec kontaktů v odbojových skupinách.[118] Stín smrti se ho dotkl v případě věrných přátel rodiny Kloudových, ale i dalších známých, např. Emila Filly.

Přesto se jeho hudba záměrně vyhýbá tragice. Je jistě pravdou, že Bořkovcovu stylu je tragický osten hodně vzdálen, ale nikoli nedostupný, jak ukázala další díla. Jeho hudba z válečného času působí dojmem, jako by se plně ztotožnil se Sukovým názorem, vyřčeným na Cholíně, že v době války je třeba posílit duši českého člověka a hudbou vyjádřit celou naši bídu i zoufalství i víru.[119]

Když se v tisku objevily fotografie a jubilejní články k Bořkovcovým narozeninám (10. 6. 1944), bylo to pro část hudební veřejnosti překvapení, protože jeho členství ve skupině Mánesa, charakter tvorby i Bořkovcův svěží vzhled jej slohově oddělily od okruhu vrstevníků.

V novinových článcích se o Bořkovcovi píše jako o autorovi, který prošel tvrdošíjným, houževnatým zápasem o osobitý výraz a našel novou citovost v hudbě, dosáhl dokonalé techniky a v posledních dílech promluvil i českostí výrazu. Tu spatřovali kritici v *Nonetu, Concertu grossu* a v *Sonatině pro housle a klavír*. Bořkovec je v těchto článcích shodně označován za jednoho z nejvýznamnějších českých skladatelů.

František Bartoš[120] se ve svém jubilejním článku zamýšlel nad Bořkovcovou tvorbou, v jejíž „cizelérské technické práci" spatřoval návaznost na sukovskou školu. Zásadní orientaci hudební avantgardy, do níž řadil Pavla Bořkovce, viděl v útěku od literárnosti v hudbě a v soustředění na ryze hudební problematiku tvorby, na nové pojetí hudebního materiálu, který okázale přehlíží romantickou éru a má svou novou citovost, vzdálenou sentimentalitě.

Z Bořkovcova díla stavěl nejvýš operu *Satyr*, balet *Krysař*, *Nonet*, *Concerto grosso* a *Houslovou sonatinu*. V těchto opusech pociťoval i nové pouto sdělnosti, spočívající ve všepronikající českosti výrazu.

Pavel Bořkovec v korespondenci[121] s Františkem Bartošem k těmto úvahám přidává: *„... jen bych dodal, že bych si přál, aby moje muzika měla emotivní působivost (to je její raison dètre), ale sama v sobě a kvůli sobě – potom aby z toho všeho, co prožívám, když ji dělám (a někdy jsem pořádně ‚vedle'), zůstalo tam jen to hudebně a esteticky hodnotné. Abych se nerozkecal, tedy zkrátka: aby si taková skladba žila platně svým zvukem a tak působila. Je to přibližně to, co říká Ortega y Gasset a snad také ty tím myslíš ten názorový postoj v poslední větě mého článku, ne?"*

Mezi osobními dopisy jsou v Bořkovcově korespondenci uchovány listy od rodinných i osobních přátel a nechybí ani gratulace hudebníků. Vedle členů skupiny Mánesa jsou tam pozdravy L. Vycpálka, O. Šourka, K. B. Jiráka, J. Křičky, F. Píchy, A. Háby, V. Dobiáše, E. Hlobila, R. Firkušného, B. Vomáčky, G. Černušáka, J. Hanuše, Fr. Paly, J. Vogla, A. Waulina, Českého nonetu. Nechyběla ani oficiální přání Hudební matice Umělecké besedy, Kulturní rady při Národní radě české, Ochranného svazu autorského a mnoha jiných. Přátelskou shodu ukáže nejlépe přání V. Talicha: *„Vidíte, pochodujeme tak trochu v desetiletých odstupech: Suk, já a Vy. Ten náš společný jmenovatel nás už skoro před deseti lety opustil a je hlavně na Vás, abyste mu zůstal věren a předal jeho vlajku těm, co jsou za Vámi, byť sám si jdete vlastní cestou. Vlastně právě* proto. *Vždyť Suk sice učíval podle obrazu svého, ale zdůrazňoval i povinnost samostatné cesty pro vyučence. Je v tom vědomí kořenné souvislosti a hrdost vlastní bytostnosti. Těšte se ještě dlouho ze svojí práce, aby se vesele* *množila a nemáte-li zrovna čím uctíti svoje padesátileté mládí, pusťte se do něčeho půlhodinového pro 11–15 nástrojů. Tím mně umožníte, abych Vás pozdravil i veřejně, jak to dnes činím soukromě.“*

Za zmínku stojí i Bořkovcova odpověď k této nabídce: „*Drahý mistře, je-li to Vaše přání, pustím se do té skladby pro komorní orchestr respektive sólové nástroje, jenom nevím, budu-li umět dělat dvě věci současně. Mám z toho trému, poněvadž jsem to dosud nikdy nezkusil a na tom, co dělám pro Vás mi obzvlášť záleží. Hrozně nerad bych, aby to bylo jen ‚uděláno‘.*“[122]

Tak vznikala *KOMORNÍ SYMFONIETTA,*[123] kterou dopsal na jaře 1945, a opera *Paleček*, kterou komponoval ve dvouletí 1945–1947.

Symfonietta má tři věty – *Sonata, Recitativo et aria, Rondo*. Nástrojové obsazení je komorní (dvě flétny /pikola/, hoboj, klarinet in B, fagot, dvě horny, trubka in C, klavír, triangl, malý buben, po šesti – první a druhé housle, violy, čtyři violoncella, dva kontrabasy), přitom jednotlivé hlasy jsou dobře vyvážené a kombinovány jako stálý dialog mezi smyčcovými a dalšími nástroji v blocích i sólových kombinacích. Bořkovcův oblíbený nástroj, klavír, se i zde uplatňuje nejen jako součást zvukové palety, jak tomu bývá v obdobných formách u Bohuslava Martinů, ale zároveň se účastní také přísné tematické práce. Příklon ke klasicistnímu slohu lze spatřovat ve výrazové lehkosti, převaze stále hybných, logicky vedených témat, kompoziční vytříbenosti při elegantním řešení formy.

Projevem Bořkovcova neoklasicismu a svébytného tvarování je v podstatě monotematický základ materiálu, z něhož roste každá ze tří vět a občasná korespondence mezi nimi.

Nebezpečí stereotypnosti a ostinátnosti některých vracejících se figur Bořkovec zabraňuje již známou melodizací akordických tónů v nástrojových blocích a zvukově vypíchnutými sóly v kontrastním tempu vůči hlavnímu proudu, a zejména účinným propojováním a rozvíjením motivických jader. Tak například úvodní (tentokrát neuplatňuje pomalou introdukci) hybné téma ve 4/4 taktu *poco allegro* je provázeno drženými tóny v klarinetu a hornách (4/4, 2/4 hodnoty), z nichž se v hoboji postupně vyvine (partitura s. 3, 8, 10) vedlejší téma. V expoziční ploše je vedlejší téma třikrát osloveno smyčci jednotaktovou figurací hlavního tématu, aniž se jím dá rušit, pokračuje ve své širokodeché polyfonické linii skupiny dechových nástrojů. V provedení se zpočátku připomene plocha hlavního hybného tématu, ale záhy se dostane do popředí vedlejší téma, jež je proměňováno rytmicky (ze sudého dělení přechází na trioly), je synkopováno, děleno na části, které jsou dál kontrapunkticky rozvíjeny. Před koncem provedení prorůstají v dílčích úsecích opět prvky hlavního tématu, zejména závěrečný zdvih z expozice. Repríza dává přednost nejprve vedlejšímu tématu, poté se soustřeďuje na hlavní téma. Těsně před kódou zní sólový klavír, jehož funkce teprve v tomto okamžiku přerůstá pouhou funkci rytmickou a témbrovou.[124] Je zřejmou evokací sólového uplatnění klavíru v baletu *Krysař*, avšak harmonickým posunem ukazuje již více k motivu, jímž je obdařen *Paleček*. I on je motivicky propojen s předchozím průběhem.

Ukázka č. 66: Komorní symfonietta. Partitura. Rukopis, s. 55–56.

Snad právě pro toto neobyčejně působivé místo mohl napsat v kritice Štěpán Lucký,[125] že se v tomto díle ozval „nejeden citlivě i bolně zjihlý tón". Schéma věty ukazuje, že největší plocha byla věnována expozici (60 taktů) a provedení (54 taktů); repríza je stručná, ale má dostatečně zaokrouhlující formu (35 taktů).

Uvolněná fantazie druhé věty využívá stavebných postupů vokálních žánrů (kantáta, oratorium, opera) a aplikace těchto žánrů skladateli umožnila maximální rozvinutí potenciálu melodického myšlení v sólových nástrojích orchestru.[126]

Věta takto koncipovaná je zasazena mezi dvě motoricky pohyblivé krajní věty, čímž je zvýrazněna symetrie celku. V *Komorní symfoniettě* se neoklasicistní orientace vlastně poprvé projevila také v české symfonické tvorbě, což je pro charakteristiku profilace naší poválečné hudby nezanedbatelné kvalitativní novum.[127]

Z hlediska vnitřního stylového vývoje autora tvoří přechod mezi již obsahově odpoutaným okruhem témat z baletu zejména motivu „brány" a novými konstantami, jež se rozvíjely v opeře *PALEČEK*. V první větě je to např. příznačný klavírní motiv Palečkův, ve druhé a třetí větě jsou melodicko-harmonické analogie se sarabandou a bourrée v opeře.

Bořkovec hledal vhodné libreto, které mělo být nějakou renesanční komedií, nejlépe s enšpíglovským námětem, ale z českého prostředí. V roce 1943 o takovou spolupráci požádal Františka Kubku, aniž věděl, že pracuje na historickém románu o Palečkovi. Bořkovec přistoupil na Kubkův návrh opery o Palečkovi, neboť mínil, že Paleček by se mohl snadno stát tím villonovským nebo enšpíglovským hrdinou, poněvadž literární tradice této postavy byla vcelku volná a pociťována spíš v humorně rozmarné poloze, jak ji zachytil ve své baladě Jan Neruda.

Konečná podoba libreta však odráží nesourodost literární a hudební koncepce. František Kubka původně koncipoval tragický příběh s vraždou. Bořkovec chtěl komponovat rozpustilou komedii. Výsledkem je kompromis. Vražda je zdánlivá, příběh je zarámován studentským prostředím,[128] ovšem libreto má z hlediska stavby řadu nedotažeností a nelogičností. Především je škoda, že jeho veršovaný text je většinou těžkopádný, bez vzletu a mimo renesanční styl. Pro ilustraci uveďme několik úryvků:

- *„V tvé oči se hroužit, s tebou se smát, vroucně si přát, abys byl můj a já byla tvou, to je mým dnem a nocí mou. Je čas, bys nyní zased do škamen. Před dveřmi je tvé hlavní examen.“*
- *„Vás někdo hledá? / Ach, v škamně nerada sedá, / pokoje nedá / hrůza, studentská lůza.“*
- *„Ne, nedám nic, nedám. Je konec, konec pane, té veliké mé lásky poplivané.“*
- *„...za každý sen, ač vím, že pravdou není, za oblaka, jež výší nebes plynou, za ohně na lukách, kde jepic roje hynou, když hledat jdou svou lásku, za každou vrásku chci děkovat.“*
- *„Vše chtějí mít, vše brát a krást, bělostí vábí, chystají past. Skrývají černé drápy soví, v půlnoční době kořist loví. Pryč, vaše ruce pryč, vidím krev!“*

Pro další úvahy o charakteru libreta je nezbytná stručná rekapitulace děje:

Renesanční šlechtic Paleček se vrátil z Itálie domů do Prahy a stává se svědkem zamotané situace, kterou se smyslem pro gradaci vtipně vyřeší. On sám je aktérem děje pouze na počátku, kdy zahoří obdivem ke krásné paní Zdeně, ženě sudího, která jej dosti zvysoka odmítne, jsouc sama zaujata panem Vilémem. Paní netuší, že je to podvodný frejíř, navíc tajně ženatý s francouzskou zpěvačkou Madeleine, na níž tvrdě vymáhá peníze. Když mu nechce dát víc, Vilém ji uhodí a omráčí. V domnění, že ji zabil, prchá. Na místě činu se náhodou octne student Aleš, když se k ránu vrací od své milé. Vzápětí za ním přichází učený Morosus a sudí, kteří ve vinném opojení v něm spatří pachatele a Aleš je z moci úřední zatčen. Po chvíli se Madeleine vzpamatuje, ošetří ji Paleček, který ji ukryje. Na druhý den se koná soud, ale v kritické chvíli zasáhne Paleček, nechá vstoupit Madeleine, ta odpouští Vilémovi, šťastní milenci děkují Palečkovi a vtom přichází posel krále Jiřího, který povolává Palečka „pro jeho moudrou veselost“ na králův dvůr. Oslavným zpěvem lidu na krále a na Palečka opera končí.

Kdyby se opera jmenovala nějak jinak, a ne právě podle postavy, k níž každý Čech váže určité konotace, snad by i řada námitek vůči dějové nekonsekventnosti odpadla.

Bořkovec si byl velmi dobře vědom svých možností. Jasně to vyjadřuje i korespondence s Františkem Kubkou: *„...To, co následuje, týká se vlastně jenom mé práce, ale musím se o tom zmínit, abych odůvodnil některé změny, které navrhuji. Jde totiž o to, že ráz celé opery má být spíše komorní, tedy žádná ‚velká opera‘. To ovšem neznamená, že tam nebude rámus, ale chci s ním spořit a obávám se, že tak akcentovaný začátek, jak píšete... nedá mi dost možností vystupňovat první obraz, neřku-li celou operu v tom smyslu, jak bych si přál. Krátce řečeno, nechci plýtvat silou zvuku a rád bych se vyhnul vnějším efektům zvláště divadelně osvědčeným... Mám zkrátka strach z pompéznosti... Připomíná to trochu Meistersängry, nehledě k tomu, že dobře nevím, jak na to, aby to nakonec nedopadlo jako něco, co už tady bylo. Spíš bych to uměl parodovat.“*[129]

Bořkovcovo neoklasicistní řešení je v této opeře důsledně koncipováno z pozice výrazového postižení určité dramatické situace. Nejde mu o to, aby stále více prohluboval hudební charakteristiku svých postav. Psychologie je tu nahrazena rychlým střídáním typů postav i situačních zvratů.

Pouze ve třetím obraze (ze všech pěti obrazů) se tento ruch na scéně zastaví „apoteózou pravdy života“ v krčmě u krásné Madlenky. Palečkův přednes Villonovy rozmarné písně vystupňuje bujné veselí a když roztančená společnost odejde, zpívá osamocená a zklamaná Madeleine francouzskou píseň La vie est brève.[130] Na hořkou úvahu naváže Paleček velikým dozpěvem, plným víry v zázrak života. Tato zřetelná snaha o povznesení nad syžet je myšlenkovým vrcholem díla.

Opera se ve srovnání se *Satyrem* vyznačuje především vysokou mírou stylizace jednotlivých scén a výstupů. Zatímco v době *Satyra* Bořkovec teprve hledal svůj styl, v *Palečkovi* již zaujme bohatstvím výrazových odstínů, zpěvnou melodikou árií, jistotou při uplatnění ansámblů sólistů i sborů, renesanční patinou tanců (sarabanda, bourrée, saltarello), jež „všechny mají dobový půvab a současnou hudební řeč".[131] Typologie postav poněkud připomíná commedii dell' arte; jsou zde komické figury učeného Morosuse (místo lékaře) a sudího jako Pantalona, milenecké dvojice jsou hned dvě (Aleš a Alena, Vilém a Zdena), přitom nechybí ani intrikán (Vilém) a harlekýn, jímž je zpočátku Paleček, avšak ten a následně i husitský král Jiří se dostávají do role jakéhosi deux ex machina, což neodporuje zásadám předromantického dramatu.

Orchestr se v této opeře významně podílí na vytvoření jednolitého hudebního proudu, v němž jednotlivé postavy při vší výrazové typologii nenaruší symfonický tah. Vztah mezi vokální a orchestrální složkou je propojen obdobně jako ve vokálních cyklech.

Kompoziční náročností stojí opera na úrovni předchozích symfonických děl. V tomto smyslu zde zaujmou opětné tematické analogie a autorské konstanty. Nejmarkantnější je to na začátku sarabandy, jejíž melodický i harmonický obraz je přenesen z jednoho úseku Komorní symfonietty. K dalším motivickým analogiím patří blízkost s tématem třetí věty *Concerta grossa*. K jinému typu patří např. intonační jádro Jankových houslí nebo okruh melodických kroků z písně *Krysař*.[132]

Bořkovec obdařil své postavy výraznými charakteristikami ve zpěvním partu, jež účinně dokresluje orchestr. Leccos, co v *Satyrovi* bylo ještě poněkud pichlavé a hranaté, v *Palečkovi* nabývá rozmarně dobromyslných odstínů, jako např. neodolatelná charakteristika dvou mrzoutů – Morosuse a sudího. Morosus má dokonce svůj leitmotiv v orchestru, který svým rýmovým intermezzem napovídá dost i o směšnosti jeho pozdních milostných útoků. Z šestnáctinové figury s následným akordickým pozdržením se při řeči vyvine kýchání, jelikož Morosus se při dlouhé imatrikulaci nachladil.

Ukázka č. 67: Paleček. Klavírní výtah. 1. jednání.

Natřesenou nadutost sudího ilustruje hudba pomlkou v dikci i s tím zdůrazněným zvednutím tónu při otázce:

Ukázka č. 68: Paleček. Tamtéž, 1. jednání.

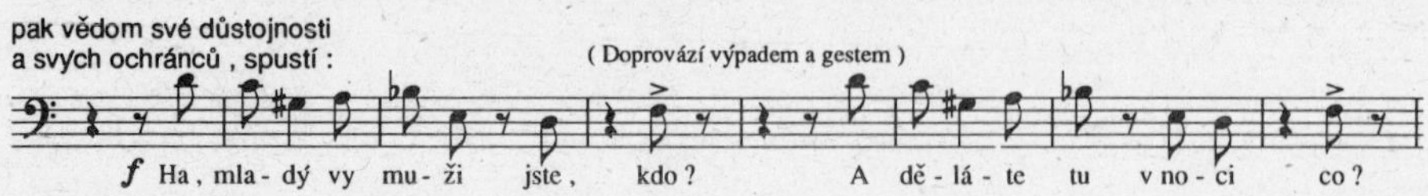

Velmi působivé je i v této opeře klavírní sólo,[133] jímž je charakterizován Paleček:

Ukázka č. 69: Paleček. Tamtéž, 1. jednání.

Milostné árie obou dvojic mají punc věrohodnosti a řadu odstínů vášně a něhy. Jejich opojná lyrika je přitom většinou založena na typických harmonických konstantách. Tak je to např. v duetu Aleše s Alenou, kde toužebně chvějivé napětí vyvolávají známé kroky v provzdušněných barvách smyčců s úryvkem hoboje a klarinetu. (Ukázka na následující straně.)

Jestliže v *Satyrovi* poněkud vadily homofonní sbory lidu, v *Palečkovi* nechává autor jednat postavy, které podle situace mluví všechny najednou, nebo se rozdělí na dvojí dialog atd. Zároveň má sbor větší oprávnění na scéně pražského rynku s trhovci a studenty z nedaleké univerzity. Sbor je rozvíjen na způsob renesanční polyfonie, zde s převažující diatonikou.[134]

Náladový kontrast do děje mnohdy vnášejí tance, které mají v opeře poměrně rozsáhlou plochu. V předehrách, mezihrách i v taneční hudbě se výrazně projevila Bořkovcova technická brilance a stylová jednolitost.[135]

Opera *Paleček* patří dodnes k nedoceněným dílům naší i evropské operní literatury. Její náročný orchestrální part, těžké, ale působivé role, ansámbly sólistů, sbory, baletní intermezza a především potřeba inscenační lehkosti (s odstíněnou mírou kontrastnosti děje) vyžaduje perfektní interpretaci ve všech složkách.

Bořkovec se při svém řešení opery nechal inspirovat I. Stravinským (Slavík, Mavra a další díla), ale také L. Janáčkem (Příhody Lišky Bystroušky a další) a Juliettou Bohuslava Martinů. Je zajímavé, že podíl orchestru na výstavbě hudebního děje je analogický s přístupem P. Hindemitha, jehož Malíř Mathis vznikl v roce 1935.

Ukázka č. 70: Paleček. Tamtéž, 2. jednání.

Opera *Paleček* byla přijata k inscenování v Národním divadle v roce 1948. V témž roce autor věnoval operu Karlově univerzitě k 600. výročí jejího založení. Ještě v roce 1948 byla této opeře udělena první cena v soutěži Československého rozhlasu. Do osudu uvedení opery na scénu se zapsal historický Únor odsunutím premiéry o deset let.

Vzhledem ke kontinuitě výkladu o životě a díle Pavla Bořkovce bude o inscenaci a jejím obsahu pojednáno až v dobovém kontextu situace v padesátých letech.

Rok 1945 byl v Bořkovcově životě naplněn vrchovatě. Květen prožil na Cholíně, kde díky své ruštině tlumočil sovětskému kapitánovi. K většímu porozumění mezi nimi nedošlo pro přílišné pití vodky a propagandistické slogany ze strany Sovětů.

Bořkovec velmi citlivě vnímal i lidskou zpupnost a zlobu, která provázela nové dny svobody zbytečnými křivdami a násilím. Zdrcujícím šokem bylo pro něj květnové zatčení Václava Talicha, jemuž byla po propuštění z vězení znemožněna umělecká činnost. V tomto ovzduší Bořkovec odmítl nabídku ministra na vedení České filharmonie.[136] Zdá se, že to byl i tehdy dosti ojedinělý projev nezávislosti, zvláště když se finanční situace rodiny začala podstatně horšit.[137]

Intenzivní práci na *Palečkovi* rušily i zdravotní potíže. Skladatele začaly mimo dlouholetou nespavost zlobit oči. V létě roku 1945 choroba ustoupila po sérii injekcí, ale v dalších letech se znovu vracela a nastalo obtížné shánění vhodných léků doma i v zahraničí.

Návštěvy na Cholíně v roce 1941–1942 (zleva Václav Talich, Ota Horáková, Pavel Bořkovec, Jaroslav Krombholc, Václav Dobiáš, Bořkovcův syn Aleš)

Pavel Bořkovec se ženou Olgou (foto z roku 1942)

Pavel Bořkovec s Ladislavem Vycpálkem (patrně v roce 1944)

Bořkovec s Karlem Janečkem (léto roku 1946)

V srpnu 1945 se vdala dcera Hana a v dalším roce se ženil syn Aleš. V září 1945 zemřela po delší nemoci Bořkovcova rázovitá maminka.

Život šel v prudkých nárazech dál a jen máloco z přímých zážitků nechal skladatel obtisknout i ve svém díle.

Povzbuzením se mu zajisté stal i ohlas monografického koncertu, jímž Umělecká beseda opožděně reagovala na jeho padesátiny. Na komorním koncertu v Městské knihovně (8. 3. 1946) interpretovali hráči Českého nonetu jeho *I. smyčcový kvartet, Dechový kvintet* a *Nonet*. Primarius nonetu E. Leichner s V. Holzknechtem přednesli *Houslovou sonatinu* a klavírní dovětek tvořilo ještě *Largo* z klavírní partity a *Dvě klavírní skladby*.

Kritické ohlasy byly opět kladné. Vcelku kritikové postihli nejpodstatnější rysy Bořkovcova stylu. Byl charakterizován jako „vyhraněný skladatelský zjev,[138] jeden z nejvyrovnanějších a nejharmoničtějších zjevů v české hudbě,[139] jeden ze zvlášť významných skladatelů,[140] osobnost, která stojí v čele naší nejmladší hudby tím, že došel k slohově nejčistšímu a nejzralejšímu projevu“.[141]

Ve zcela nové situaci se skladatel ocitl, když mu bylo nabídnuto místo profesora skladby na nově založené hudební fakultě Akademie múzických umění.[142] Bořkovec si tohoto místa velmi cenil, neboť věděl, že ho dosáhl pouze na základě své umělecké práce.

Zralá zkušenost padesátníka, jeho klidné a za všech okolností noblesní jednání, analytická schopnost pohledu i široký obecně kulturní rozhled, byly předpokladem k tomu, aby měl v pedagogické činnosti úspěch. Z jeho třídy později vyšla řada výborných žáků, kteří se dobře uplatnili v uměleckém světě a z nichž někteří vskutku rozhojnili českou tvořivost o nové dimenze.[143] K nejznámějším z nich patří Radim Drejsl, Vladimír Sommer, Jan Novák, Petr Eben, Miroslav Raichl, Pavel Blatný, Jan Klusák, Oldřich Flosman, Jiří Pauer, Jan Tausinger, Štěpán Koníček, Václav Jiráček, Jan Bedřich, Rudolf Komorous.

Hektické poválečné období nenechalo žádného z umělců zcela mimo své proudy. Také Bořkovec byl vtažen do víru společenských událostí.[144] Byl konečně ještě stále členem České akademie věd a umění, v souvislosti s přípravami koncertů byl v blízkém kontaktu s činovníky Umělecké besedy, přátelské vztahy jej pojily s mnohými skladateli mladší generace, atd.

V diskuzích o charakteru umění mu byl nejbližší názor Václava Černého, obhajujícího svobodu projevu a svobodu jednotlivce proti společenským doktrínám. Proto také podepsal Prohlášení Kulturního svazu, jehož iniciátorem byl V. Černý, a načas byl činný i v jeho přípravném výboru.[145]

Bořkovcova hudba začala po válečném přeryvu opět pronikat do světa. V červenci 1946 zněla jeho *houslová sonatina* v Londýně na 20. festivalu Mezinárodní společnosti pro soudobou hudbu, v říjnu téhož roku hrál jeho *Klavírní koncert* Rudolf Firkušný v New Yorku. Koncert měl příznivý ohlas, Firkušný v dopise autorovi psal, že dílo chce v další sezóně provést L. Bernstein.[146]

Patrně na doporučení Bohuslava Martinů reagoval Bořkovec na výzvu Ligy skladatelů v New Yorku a poslal k jejímu 25. výročí svůj *IV. SMYČCOVÝ KVARTET*.

Kvartet byl poprvé proveden 11. 4. 1948 Stuyvesantovým kvartetem v New Yorku, československé premiéry se ujalo Ondříčkovo kvarteto 18. 10. 1948.

IV. smyčcový kvartet je v Bořkovcově tvorbě intimní lyrikou. Odhaluje dosud nejvíc z duchovního klimatu autora, není však pouze osobní. Hudba tu není jen tou jemnou provzdušněnou poezií jako v *Krysaři*. Je zemitější a přece plná intenzivních impulzů. Zvláštní atmosféru zniternění prožitku vytváří výsostně přesná kresba, v jejíž proměnlivosti není místa pro romantickou citovou rozvláčnost.

Kvartet má tři věty a trvá 18 minut. V tomto sevřeném tvaru se uplatňuje cyklický princip, jenž je Bořkovcovu způsobu práce ostatně velmi blízký. Osobité přetváření sonátové formy spočívá tentokrát v tom, že dialog, navázaný v expozici, nedořešen dospěje k vrcholu v provedení, po němž následuje bez reprízy jako kóda doslovná citace úvodních 11 taktů,[147] v nichž byl exponován základní materiál pro expozici.

Věta má dramatický průběh. Dialog je navázán od prvního taktu mezi dvojhlasem druhých houslí a violy (1. takt) s violoncellem. V pozadí zní flažoletová sestupná tercie v horních tónech houslí, která je svým sekundovým krokem spřízněna s violoncellovým hlasem. (Plného uplatnění v dramatickém vrcholu se dostane právě jí.) Jsou zde vlastně čtyři základní impulzy pro další rozvoj kontrapunktické a imitační práce (první housle, druhé housle v prvním a čtvrtém taktu, violoncello).

Výrazovou naléhavostí, tematickou konfliktností i barvou violoncella se Bořkovec dostává do pocitové blízkosti prvního smyčcového kvartetu Leoše Janáčka, ačkoli na rozdíl od Janáčka všechny složky jeho stavby respektují zákonitosti klasicistní tektoniky.

Ukázka č. 71: IV. smyčcový kvartet. Partitura. Praha 1949. 1. věta – začátek.

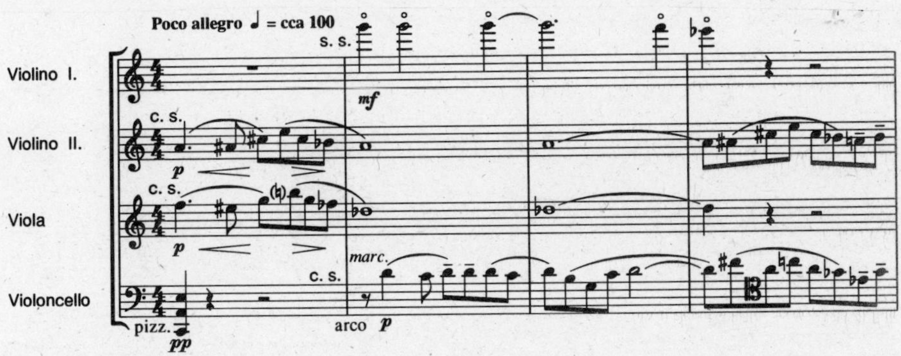

Bořkovcovu minuciózní práci lze sledovat takřka v každém taktu. Žádný z prvků, který se objeví, není nahodilý, není jen nějakou melodickou či jinou výplní, než dozraje myšlenka. Tematická propojenost je dokonalá. Všechny izolované prvky jsou v souladu s výrazem užity v jiných místech, kde se ozřejmí jejich článkování.

Provedení průběžně individualizuje některý z hlasů, metrum. Kontrastní plochu před provedením vytváří odlišná akcentovaná triolová plocha, jejíž některá místa mají janáčkovskou drsnost (1. housle).

Ukázka č. 72: IV. smyčcový kvartet. Tamtéž, s. 9.

Synkopický model má vlastně tento vzorec:

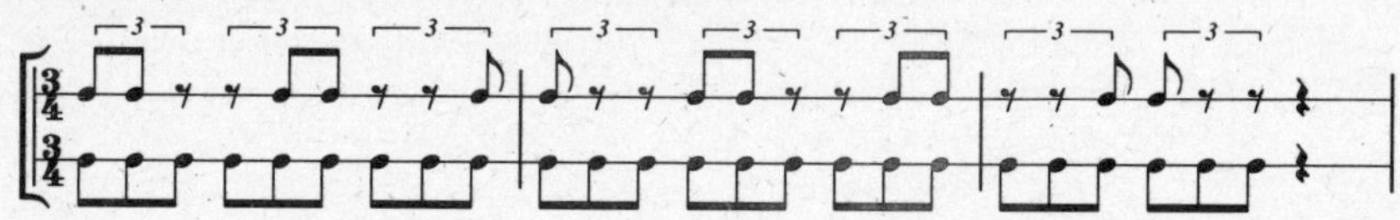

Typický je i způsob rušení tématu s trylkem v rozmezí taktu. V následující ukázce čtyřtaktového postupu je zřetelně znát promyšlenost i přesný časový odhad pro následnou změnu.

Ukázka č. 73: IV. smyčcový kvartet. Tamtéž, s. 4.

Melodizované myšlenky z dílčích obratů výchozího tématu jsou provázeny neustálým pohybem ostatních protihlasů. Princip stálého dialogu zahušťuje fakturu místy v akordických vertikálách se zřetelnější centrickou preferencí.

Myšlenkový vrchol v závěrečném zlomu žalostného vzlyku ostinátního tématu ve vysoké poloze smyčcových nástrojů připraví rovněž akcentovaná akordika tóniny a moll (alterovaný frygický akord, alterované obraty septakordu 3. a 6. stupně, tónika). Úryvek zachycuje fázi alterovaných akordů, směřující k dominantě.

Ukázka č. 74: IV. smyčcový kvartet. Tamtéž, s. 11.

Sestupný motiv se znovu opakuje a pak navážou další témata z expozice v původní podobě. Závěr věty svou naléhavostí a úzkostným otazníkem i s tím pootevřením k durovému kvintakordu zasahuje něco bytostného v posluchači. Otázky byly položeny, následuje jejich řešení.

Druhá věta začíná harmonizací chorální písně Hospodine, všech věcí Pane,[148] jejíž poloha dává barvě smyčců mírně portativní nádech. V patnácti taktech je obsažen veškerý tematický materiál věty. Vedle akordického úvodního tématu jsou to melodická jádra a další témata, jakož i akordické rytmické akcenty. (Ukázka č. 75 na následující straně.)

Druhá věta je myšlenkově centrální osou díla. Teprve v ní se naplno rozvíjí konflikt, naznačený v úvodu díla. Po bouřlivém vzepětí tone v beznaději. Jako jakási nabídka – či ztracená možnost – tu zní z velké dálky chorální část z úvodu.

Tato chorální citace se objevila v Bořkovcově *klavírní suitě* v roce 1929. Je zajímavé sledovat nejen její myšlenkovou souvislost s koncepcí stavby, ale právě takové totožné místo po téměř dvaceti letech, kdy skladatelský rukopis prošel delším vývojem, přímo vybízí k srovnání, v čem se autorský jazyk změnil a v čem lze spatřovat ono oprošťování jazyka, jež je v Bořkovcových dílech od čtyřicátých let tak zřetelné.

Ukázka č. 75: IV. smyčcový kvartet. Tamtéž, s. 12.

Takovou komparaci učinil velmi důkladně Emil Hradecký.[149] Zkoumal harmonické vazby, poněvadž jsou právě zde mimořádně nakupeny. Hradecký oprávněně tvrdí, že se myšlenka chorálu organicky začleňuje do nové souvislosti. Akordika vykazuje mnohé shody s hudbou *klavírní suity*. Zůstaly zejména typické čtyřzvuky Bořkovcovy harmonie, tj. akordy, v nichž je současně zastoupen durový i mollový trojzvuk např. g–h–f–hes. V jejich zvuku zní půltónová střetnutí, která však nemají přílišné napětí, jež by připomínalo disonantní tvrdost.

Proti přímé syrrytmičnosti *klavírní suity* se ve *smyčcovém kvartetu* odvíjí zároveň i melodický pohyb, který stabilizuje harmonii více k tonálnímu centru a snižuje i zvukovou ostrost. Melodický obrys písně zůstává zachován. Hradecký dospívá k závěru, že celý tento úsek je „ve skutečnosti prost pravé chromatiky a je tonální i v nejtradičnějším smyslu toho slova, ačkoli vedení hlasů a struktura souzvuků je místy krajně netradiční".[150]

Další posun lze spatřovat také v užití souzvuků s tritónem. V *klavírní suitě* je rozložen do krajních hlasů (zní tím drsněji) a rozváděn byl opačně než v klasické harmonii, zde je v jiné poloze hlasů a jeho rozvedení se děje podle klasických pravidel. Studie uvádí ještě jeden případ těchto souzvuků v závěrech, kde se objeví útvar v tritónovém vztahu k základnímu tónu. Bořkovec s takovým akordem zachází jako při rozvodu frygického trojzvuku.

Z ostatních souzvukových preferencí se nic nezměnilo, jen se zvýraznily stopy inklinace k tonální determinovanosti.

Třetí věta energickým vstupem zažehnává obavy, vyřčené v předchozích větách. Její podivuhodně bohatá akordika poněkud připomíná předehru k opeře *Paleček*.

Ukázka č. 76: IV. smyčcový kvartet. Tamtéž, s. 20.

Je to opět virtuózně vystavěná věta, jejíž rondový obrys skýtá dobré možnosti pro reminiscenci témat z první i druhé věty, mihnou se přitom i další obraty z Palečka. Závěr vyzvedne harmonii chorálu, která je výrazně změněna tepem triolového pohybu v basu. Vířivý pohyb zůstane i po odeznění této fráze až do konce.

Vítězí tedy myšlenka, která přehlušila úzkost a bolest. Myšlenka chorálu se stala součástí lidského rozměru a vyplnila spolu s ostatními dimenzemi jakousi duchovní konstantu, která obepíná lidský život, ale dává i sílu k dalším činům.

V Bořkovcově tvorbě lze sledovat, jak se v charakteristických fázích jeho tvůrčího vývoje v některém díle koncentrují určité kompoziční elementy, jež nacházejí další uplatnění a mnohé permutace v jiných skladbách.

Také Bohuslav Martinů komponoval na podobném principu série skladeb v analogické orientaci. Zatímco u Martinů v oboru instrumentální hudby některé z jeho četných prací mizí v propusti času, u Bořkovce přísná autokritika nedovolí, aby z jeho dílny vyšla věc narychlo zkomponovaná. Vede to přirozeně k menšímu počtu opusů. Poznatky, jichž nabyl v jedné kompozici, střádá, a účinně formuluje to, co jej zaujalo, v novém kontextu.

O Bořkovcově syntetičnosti a přísném výběru svědčí i jeho soudy o hudbě. V tomto smyslu je velmi výstižný jeho názor na hudbu Césara Francka.[151] *„Mluvíme-li již o tom Franckovi, Vám se zdá, že nebyl vynálezce? Snad myslíte, že neobjevil nějaké nové konkrétní hudební elementy. V tomto směru máte pravdu: staré formy, wagnerovská chromatika, francouzské nonové akordy – to vše asi přejal, ale jeho syntéza toho všeho je něco docela nového. Ovšem to nové nelze nějak vyjádřit, to je prostě jeho styl, jeho svět. I jeho melodika je nová...“*

Pro první romanticko-secesní atmosféru má v Bořkovcově tvorbě nejvíc příznačných konstant *I. smyčcový kvartet*, pro období přelomu na konci dvacátých let je to atonální *klavírní suita*, humornou, břitkou melodizaci hlasů s jejich polytonálním vedením na diatonickém podkladu našel poprvé v *Rozmarných písních*, emocionální výrazovost ve vytříbené podobě obsahuje *Krysař*. Pro čtyřicátá léta je charakteristická výrazovost v koncertantních žánrech. Zde je takovým klíčovým opusem *Concerto grosso*. Od něho vede cesta k opeře *Paleček* a druhá ke všem instrumentálním pracím.

POUTA DOMOVA

II. KLAVÍRNÍ KONCERT vznikl v letech 1948–1949. Na první poslech zaujme stylovou vybroušeností, proporčností vztahu sólového nástroje a orchestrálního partu, v němž zřetelně převládá aspekt symfoničnosti celku. Dokonce chybí i obvyklá kadence sólového nástroje. Klavír však zní zřetelně v symfonickém proudu i v krátkých sólových pasážích. Koncertantní charakter díla, jeho posluchačská přehlednost a především podmanivě lahodná hudba tvoří bezprostřední rovinu při vnímání.

Detailnější pohled na celou strukturu odhalí vedle vnějších prostředků řadu vnitřních souvislostí, které odpovídají monotematismu – veškerá tematická práce se odvíjí od prostinké lidové písně Ó hřebíčku zahradnický – a podílu jiných intonací z předchozích kompozic, zde v roli protihlasů, posléze včleněných do komplexu monolitu.

Koncert zní evidentně „českou notou“. Jaroslav Kasan[152] pociťuje tuto českost nejen v citaci lidové písně, ale zejména jako součást Bořkovcova dobudování vlastního stylu. Připomíná blízkost s hudební řečí B. Martinů, Iši Krejčího. Eduard Douša[153] mimoto poznamenává, že kontakt s lidovou písní „byl jednou z tvůrčích deviz doby, v níž koncert vznikl“, a i když skladatel vyhověl požadavku doby, nenarušil tím svůj sloh.

Zdá se, že volba lidové písně odpovídá stále oproštěnější faktuře s proměnlivostí emocionálních odstínů pastelových barev. Série instrumentálních skladeb působí dojmem jakéhosi ověřování komunikativnosti.[154]

K obvyklým postupům a autorským konstantám tu přibyla častěji užívaná polyrytmie v kombinaci klavíru a nástrojových bloků. Melodika nabývá stále více významových a výrazových odstínů.

Klavír je sice součástí symfonického proudu,[155] je však zvukově v popředí a jeho part je virtuózní. Jako obvykle je tematický materiál situován v hutném úvodu, avšak poprvé ne kompletně. Na samém počátku koncertu známěji zazní dvojhlas fagotů, který je stejného rodu jako úvodní paralelní tercie ve *IV. smyčcovém kvartetu*. Jelikož je částečně jinak rytmizován, má odlišnou barvu a navíc je tento motiv doprovázen imitací ve spodních smyčcích, není tato spojitost zjevná na první poslech.

Ukázka č. 77: II. klavírní koncert. Partitura. Praha 1964. Part fagotu, s. 1.

Harmonickou a rytmickou jednolitost rozruší neklidné trioly ve violovém partu, které vzápětí (6. takt) provázejí zpěvné téma s typickým autorským postupem při rozšiřování melodie. Tento melodický obrys je obsažen ve více kompozicích, jak na to poukázal V. Holzknecht.[156]

Ukázka č. 78: II. klavírní koncert. Tamtéž, s. 2.

Nervní triolové dělení prostupuje stále více nástrojů, až je převezme klavír a právě jimi zahájí expozici. Druhé téma i jeho předtím ničím nepřipravený nástup je v Bořkovcově stavebné práci novum. Sólový klavír uvádí stylizovanou lidovou píseň Ó hřebíčku zahradnický.[157]

Ukázka č. 79: Ó řebíčku zahradnický – varianta lidové písně je blízká tomuto záznamu Karla Plicky (Český zpěvník, Praha 1949, s. 198).

Ukázka č. 80: II. klavírní koncert. Tamtéž, s. 7.

Techniku při rozšiřování melodického oblouku (zvlášť 7. a 8. taktu) i s tím zamlžováním základních funkcí aplikoval později ve svých stylizačních postupech také Petr Eben.[158]

Provedení zpočátku rozvíjí triolovou figuraci, kterou přebírá od smyčcových nástrojů klavír, a společně se podílejí na její synkopaci. Výrazně soustředným prvkem je přitom krátký zlomek písňového tématu.

Ukázka č. 81: II. klavírní koncert. Tamtéž, s. 11.

Triolová rytmizace nabývá zvláštního trhavého rytmu , který s terciemi dechových nástrojů vytváří harmonicko-melodický opar rachmaninovských barev. Mihne se tu i analogie s džezovou synkopací G. Gershwina, která je na jiném místě dále harmonizována s typickými českými postupy v paralelních terciích.

Výrazové napětí této věty je stupňováno protikladem triolové rytmizace k sudému obrysu „hřebíčku". Gradace je posílena i sordinovaným tónem trubky, k níž vytvářejí smyčcové nástroje akcentaci pochodu. Tu však poněkud zamlžují akordické rozklady v klavírním partu. Nejmarkantnější střetnutí obou pólů je nesmiřitelné. (Ukázka č. 82 na následující straně.)

Řešení nepřináší ani repríza, v níž se ozvěnou mihne i okruh tanečního tématu z *Concerta grossa* a některé další tematické vztahy. Problém střetnutí českého živlu s cizími byl otevřen.

Volná věta navodí lyrickou atmosféru klavírní mollovou harmonizací písně Ó hřebíčku. Klavírní akordika má charakteristické znaky klavírní faktury Pavla Bořkovce i s rodově obojetnými akordy, melodickými tóny a s neustálým přeléváním napětí mezi souzvuky. Protihlas k ní v šestnáctinových figuracích vznáší klarinet a fagot. Teprve pozdější užití fagotového tématu z první věty koncertu ukáže jejich tematickou blízkost. Skutečnou logiku a příbuznost témat ozřejmí až část *L'istesso tempo*, kde se rozvíjí již známé nezpěvné téma z druhé věty *Concerta grossa*. Toto šestnáctinové téma je melodizováno písňovým obrysem v klavírním partu pravé ruky (proti šestnáctinovým figuracím v levé). Proti tomuto okruhu se postupně prosadí triolový pohyb ve smyčcových a dřevěných nástrojích s melodikou „hřebíčku" v průrazných žestích.

Dialogizace věty je zcela zřetelná, iniciátorem nových impulzů je klavír. Myšlenkový vrchol této věty spojuje rytmické šestnáctinové téma v mírně přerývaném, ale nezadržitelném postupu ve skupině smyčců a dřev s akordikou zmenšených septakordů v žestích (postupují v terciích, analogických se *IV. smyčcovým kvartetem*) s následně pokřivenou melodikou písně v jakémsi nedořečeném otazníku. Kóda krouží stále kolem písňového obrysu. Teprve závěrečná citace písně svým projasněním z mollové tóniny do durové symbolizuje něco přetrvávajícího.

Ukázka č. 82: II. klavírní koncert. Tamtéž, s. 28.

Třetí věta opět připomene Bořkovcovo mistrovství ve stavbě allegrových vět. Začíná energickým vstupem tématu vcelku nezpěvného, které se rozběhne v klasicistní instrumentaci a krocích, silně připomínajících orchestr z předehry Pozdvižení v Efesu, ale i pozdějších symfonických opusů Iši Krejčího v padesátých letech.

Motivickým základem je zde opět píseň Ó hřebíčku zahradnický, jež prochází četnými proměnami, ubrání se nárazům rachmaninovské lyrizace, nabývá stále větší monumentality.

Hlavním iniciátorem pohybu je i v této větě klavír. K místům s neobyčejnou působivostí patří hned první vstup klavíru, jímž melodicky vrcholí proměny písňového obrysu v takřka signální podobě. Výrazové razance se mu dostává tím, že nastoupí proti D dur v orchestrálním partu v tónině B dur.

Ukázka č. 83: II. koncert pro klavír a orchestr. Tamtéž, 3. věta, s. 78.

Poslední sólová harmonizace písně osvětlí její jinou melodizaci v téže větě, a také další tematizaci některých předtím doprovodných prvků.

Ukázka č. 84: II. koncert pro klavír a orchestr. Tamtéž, s. 73.

Avšak klavír není reprezentantem idejí. Přichází i s protikladnými figuracemi, které zejména svou synkopací vnášejí vzruch a kontrast k diminuovaným prvkům v orchestrálním partu. V klavírním zvuku postupně stále více zapouštějí kořeny různé druhy akordických paralelismů i martinůovské sledy akordů s terciemi v decimách, které jsou zde svébytně rozvíjeny. Skladba spěje k mohutnému vyvrcholení, v jehož síle se všechny protimluvy k tematice „hřebíčku" jeví jako přechodné. Dílo vplyne do jadrného optimistického závěru.

Eduardu Doušovi[159] připadá poslední podoba písňového obrysu (ukázka č. 85) pastorální a srovnává toto téma se vstupním čtyřtaktím z Beethovenovy 6. symfonie. Učiníme-li rovněž toto srovnání, ukáže se, že ve zvonivosti a výbušnosti této Bořkovcovy věty lze těžko pociťovat pastorální atmosféru. Mimo to je Bořkovcovo téma postaveno na dominantní funkci, zatímco u Beethovena spočívá téma na tónice.

Ukázka č. 85.

Zosobnění krásy domova prostřednictvím poetiky folklóru velmi připomíná básnickou inspiraci Jaroslava Seiferta[160] v témž období. Osudovou shodou se oba lyrikové sešli i v občanském životě, když po roce 1948 přijali kulturní patronát na Benešovsku.

Bořkovec si tehdy zvolil Benešov jednak kvůli Seifertovi, jednak kvůli Sukovi, který tam žil a jehož jméno mu poskytovalo dostatečně široké téma rozhovorů eventuálních přednášek.[161]

Básníkův vztah k české zemi, k domovu, který vidí v zamlženém obrazu svého dětství a své maminky, okouzlil Bořkovce natolik, že si vybral několik básní ke zhudebnění. Šťastná volba padla na sbírku pro děti, kterou Seifert právě psal – Šel malíř chudě do světa. Je to také Bořkovcova první a jediná sbírka pro dětský sbor. Verše sbírky ŠEST PÍSNÍ z roku 1949 přímo volají po zhudebnění, neboť v nich převládá ona „seifertovská písňová intonace“,[162] která překrývá i rytmus a strofické členění veršů. Lyrické kouzlo Seifertových veršů zůstává i nadále skryto především ve znepokojivé zkratce a mnohovýznamovosti jeho verše. V tom smyslu pro vnitřní pouta jazyka je něco nenapodobitelného a nepřeložitelného do cizí řeči.

Bořkovec komponoval písně pro dětské hlasy a nechal je zpívat písně o dětech, jež však svým obsahem jsou určeny především pro poslech dospělých. Velice jemně dovede vyjádřit onen básníkův láskyplný vztah k domovu a ke všemu kolem nás, jeho dar úsměvného pohledu i přes slzy.

Skladatel musel vědomě snížit požadavky vzhledem k možnostem dětského hlasu a psychiky. Proti rychlým nezakotveným tóninovým změnám v ostatních vokálních cyklech je v této sbírce vždy několik taktů v určité tónině, pak přichází nenásilný přechod do jiné tóniny, což je vyznačeno i předznamenáním.

Postupy melodie jsou mnohdy nečekané, jsou zde i místa intonačně dosti obtížná, ale melodie nikdy nepostupuje proti možnostem dětských hlásků.

Písně mají opět velmi promyšlenou strukturu, jejíž logika vynikne až při poslechu všech hlasů. Vzhledem k autorovu úsilí o maximální zjednodušení prozrazují vlastně tyto miniaturní kompozice to, co se v jiných opusech rozvíjí zpravidla na větších plochách a v mnohem zašifrovanější podobě.

Jednou z nejzdařilejších ale i nejrozsáhlejších písní tohoto cyklu je *Starý mlýn.* Báseň je blízká dětskému světu říkadel a pohádek. Přechody mezi tóninami jsou plynulé a vcelku dobře zapamatovatelné. Velmi přirozeně a nenásilně a ve zvuku půvabně znějí sekundy, napodobující klapání mlýnského kola:

Ukázka č. 86: Šest písní. Starý mlýn. Praha 1949, s. 4.

Celá píseň je spjata hlavně obdobným rytmem:

Grafické schéma písně vypadá takto: (čísla označují počet taktů v určité tónině, jejich spojnice motivickou shodu mezi tóninami)

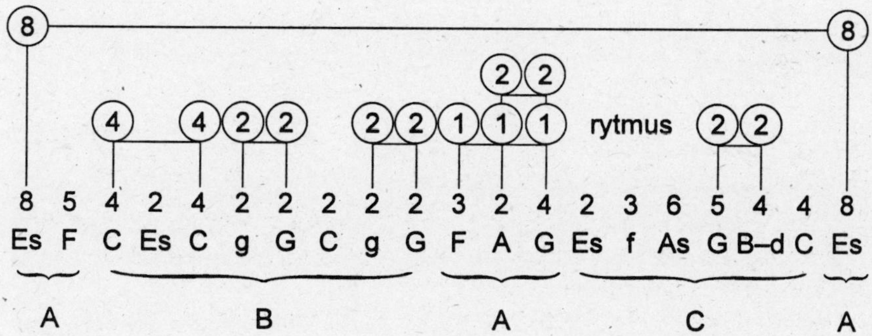

Z uvedeného schématu je patrna opět celková propojenost skladby i tendence společného materiálu pro úvod a závěr, opakování rozšířených úryvků znovu, i jejich propojování v nových situacích.

Píseň *Mateřídouška* je hudebně právě tak jemná jako slovní podklad. Některá místa mají až impresionistické ladění, je přitom obdivuhodné, jak mnoho dovede skladatel vytvořit takřka z ničeho.

Ukázka č. 87: Šest písní. Mateřídouška. Tamtéž, s. 9.

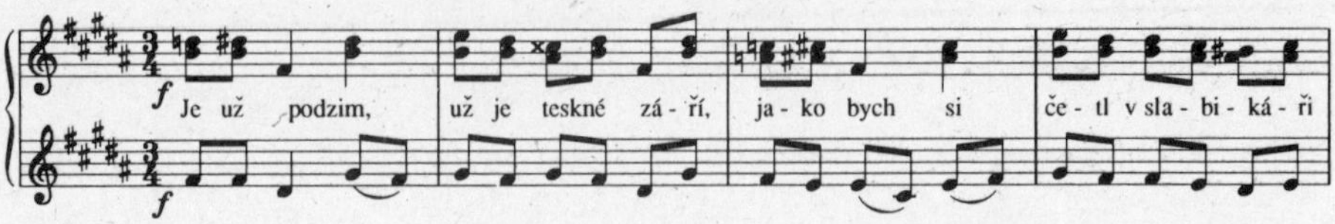

Petr Eben ve své studii o vokálním slohu Pavla Bořkovce[163] vyjádřil názor, že melodičnost a větší harmonická měkkost nebyla vyvolána výlučně dětským světem Seifertových básní, že to byl jen článek zcela zákonitého vývoje, ke kterému se Bořkovec propracovával ruku v ruce se světovou modernou (včetně Hindemitha), která „šla touto cestou". Tento náhled dokládá i tematickou shodu mezi uvedeným úryvkem písně a tématem v sólovém partu druhé věty violoncellového koncertu:

Ukázka č. 88: Koncert pro violoncello a orchestr. Partitura. Rukopis, s. 61.

Interpretačně nejobtížnější ze sbírky dětských sborů je *Vlajka republiky*. V její střední kontrastní části užívá autor lineárnější vedení hlasů než v obou krajních částech. Jsou zde opět místa, která zní ve sborové reprodukci neodolatelně:

Ukázka č. 89: Šest písní. Vlajka republiky. Tamtéž, s. 14.

Vlajka republiky mohla patřit v padesátých letech mezi tzv. budovatelské písně. Na rozdíl od mnohých lacině koncipovaných a vcelku uniformních písní se zde prozrazuje zkušená ruka tvůrce, který zná možnosti lidského hlasu a klade na něj nemalé reprodukční nároky. Proto i přes vítaný námět bylo v minulosti tuto píseň více slyšet z gramofonové nahrávky než v přímém sborovém provedení.

Rok 1949 je patrně posledním rokem, kdy bylo dílo Pavla Bořkovce jako reprezentativní hodnota české soudobé hudby zadáno k interpretaci v zahraničí. Na mezinárodním festivalu v Palermu se hrál jeho *IV. smyčcový kvartet*.[164]

V této době začínala na Bořkovce těžce doléhat nucená politika poúnorových let, která jej připravila o dosavadní existenční jistoty a o mezinárodní úspěch v umělecké oblasti, jíž věnoval všechny své životní síly a do níž po způsobu soustředěných romantiků ukládal to nejlepší ze sebe pro své posluchače.

Frekvence uvádění Bořkovcovy hudby od tohoto kulturního zlomu prudce poklesla a nikdy už nedostoupila předválečné publicity ani oficiální stavovské podpory.[165]

V tomto ovzduší vznikal Bořkovcův *KONCERT PRO VIOLONCELLO*, který psal v letech 1951–1952. Koncert je věnován prvnímu interpretovi, Františku Smetanovi.

I v jeho tematickém materiálu nalezly uplatnění některé z motivických idiomů předchozích prací, především *Concerta grossa*, a také z opery *Paleček*. Zajímavé jsou tu mnohé analogie s písňovou sbírkou na verše Jaroslava Seiferta.

Koncert je lyričtější než klavírní. Z části je to dáno sólovým nástrojem, jehož part je pojat virtuózně a s dokonalým využitím jeho možností. Skladatel i zde postupuje tak, že na počátku vět exponuje několik tematických jader, z nichž pak jeho fantazie vytváří onen pestrý prostor se stále novým barevným nasvěcováním známých obratů. Jaroslav Kasan[166] o *II. klavírním a o violoncellovém koncertu* píše, že pro jejich „symfonický dech a šíři jsou vlastně symfoniemi se sólovým nástrojem".

Nebylo by správné, kdyby zůstala neobjasněna situace s produkcí Bořkovcovy tvorby. Nelze říci, že by se nehrála. Např. jeho *Nonet* interpretoval na svých koncertech Český nonet.[167] *IV. smyčcový kvartet* nastudovalo Ondříčkovo i Pražské kvarteto. Konzervatoř realizovala absolventské představení baletu *Krysař*. V roce 1951 měl premiéru jeho *II. klavírní koncert*. Uvedla jej Česká filharmonie se sólistou Františkem Maxianem a s dirigentem Witoldem Rowickim. V roce 1954 provedl dětské sbory poprvé Komorní ženský sbor Českého pěveckého sboru[168] a Česká filharmonie se sólistou Františkem Smetanou za řízení Karla Ančerla uvedla *Koncert pro violoncello*. Uvádění jeho skladeb bylo až na výjimky vázáno pouze na Prahu.

Mimoto se mračna začínala stahovat zveřejněním úderných postulátů padesátých let, ať již v manifestech, nebo na sjezdech a v reprezentativních časopisech. Bořkovec dobře věděl, že kdykoli mohla být jeho díla označena za formalistická, a to znamenalo jejich exkomunikaci z české hudby zároveň i s existenčním ohrožením.

V prvních letech po Únoru začal být Bořkovec oficiálními místy doceňován víc jako pedagog než skladatel. Zatímco jeho díla se v produkci omezovala, hvězda jeho žáků začínala stoupat. Značnou publicitu měly první koncerty posluchačů z Bořkovcovy třídy. 2. 3. 1948 a 29. 4. 1949 se na koncertech Akademie múzických umění hrály komorní skladby Vladimíra Sommera, Oldřicha Flosmana a Radima Drejsla. 28. 2. 1950 se hrály kompozice Jiřího Grepla, Alexeje Frieda, Lubomíra Železného, Jaromíra Hrušky, Jana Tausingera, Vladimíra Sommera.

Bořkovcův styl byl v té době již stabilizován a autor ve své tvorbě lhát nemohl a ani nechtěl. V práci nastala odmlka.

Tehdy, krátce po konverzi ke katolické církvi byl skladatel požádán knězem Ivanem Slámou o zhudebnění několika písní, jež by bylo možné zařadit do plánovaného kancionálu římsko-katolické církve se zachováním autorské anonymity. Pavel Bořkovec si vybral sedm z předložených textů a zhudebnil je harmonicky blízko chorálu. *SEDM DUCHOVNÍCH PÍSNÍ* (1953) nebylo publikováno, zvláště když později z plánu na vydání kancionálu sešlo. Bořkovcovi také tento žánr kompozice svým přílišným omezením nevyhovoval. Písně byly nalezeny až v skladatelově pozůstalosti. Způsob maximálního zjednodušení harmonie i obsahové ladění písní doloží následující úryvek z písně k sv. Václavu podle Svatojiřského kancionálu I, s. 296, č. 368:

Ukázka č. 90: Sedm duchovních písní. Rukopis.

Další orchestrální dílo vzniklo až v roce 1955. Byla to *II. SYMFONIE.*

Neoklasicističtí skladatelé, ale i tvůrci tzv. nové hudby se dosti dlouho vyhýbali žánru symfonie, který jim připadal příliš spjatý s romantickým patosem. Většinou přistupovali k této reprezentativní symfonické tvorbě až v době své kompoziční i lidské zralosti.[169]

II. symfonie je významným mezníkem v Bořkovcově tvůrčím období, jež lze nazvat syntetizujícím.[170] Skladatel jím vstoupil do stylové fáze, jež vývojově spíná velký oblouk od secesní atmosféry symfonické básně *Stmívání* až po tragickou symboliku *Silentia turbata.*

Dokonale zvládnutý kompoziční styl je orientován zčásti na nové klima padesátých let, jež se promítá do letmých barevných intonačních doteků (např. partitura s. 13, 31), avšak zásadní řešení spočívá na zdánlivé přehlednosti a transparentnosti myšlenek, jež jsou obvyklým autorským způsobem včleněny do multidimenzionální struktury neoklasicistní orientace.

Bořkovcova harmonie, melodika, rytmika i tektonika byly v této době dostatečně stabilizovány. To podstatné o nich bylo řečeno již v předchozích analýzách. Kompozičním problémem v tomto případě bylo překonání jisté aforističnosti hudební řeči a vystavění nosných témat na velkých plochách spolu s adekvátním hudebním vyjádřením myšlenek.

Koncepce díla dodržuje formu čtyřvětého sonátového cyklu, byť s nezanedbatelnými posuny. První sonátová věta *Allegro–moderato* opět v počátečních taktech exponuje základní prvky, z nichž se vzápětí vyvine lyrické téma s výrazně mozartovskou stylizací[171]: Téma je svým založením dvojlomné, neboť může samostatně rozvíjet melodii hoboje i dvojhlas zmenšené akordiky smyčcových nástrojů.

Ukázka č. 91: II. symfonie. Praha 1955. 1. věta, s. 2, takt 7.–11.

Hlavní téma je odvozeno z hybných elementů Bořkovcova stylu, k nimž patří figury s tečkovaným rytmem:

Bylo by jistě možné v této větě i v celém díle poukázat na mnohé tematické souvislosti, autorské konstanty v nových kontextech. Připomeňme si aspoň tak výraznou autorskou konstantu, jakou je např. melodicky sestupná malá tercie s následnou sekundou, která má nepochybně svůj původ v obraze průvodu dětí se starostovou dcerou v baletu *Krysař* (partitura s. 100, takt 174). Ovšem užití této konstanty je mnohem širší, jak ostatně dokládá i Václav Holzknecht[172] dalšími příklady v *Concertu grossu*.

Melodických idiomů je zde více. Patří k nim např. malá skupinka k notě s prodlouženou hodnotou, z níž později vykrystalizuje ikonický obraz nárazu letu můry v cyklu *Zvířata*, ale stejného rodu je i začátek druhé houslové sonáty.

Ukázka č. 92: II. symfonie. Tamtéž, s. 4.

Ukázka č. 93: II. sonáta pro housle a klavír. 1. věta, houslový part.

K jinému typu melodických idiomů patří i sestup v rozmezí septimy. Může to být i smyčcové glissando.

Ukázka č. 94.

Expozice je výrazně evoluční; po šestnácti taktech rozvoje lyrického tématu skladatel uvádí skupinu hybných témat, pestře propojovaných mezi nástrojovými bloky. Jejich návaznost je naprosto plynulá. Věta má dvojí provedení s reprízami. V prvním provedení se pracuje převážně s vedlejšími lyrickými tématy, jen krátce se ozve i jedno z hybných témat. Obojí se propojují a postupně vyústí do nového výrazného manifestačně optimistického tématu v plénu orchestru. V jeho harmonii nelze přeslechnout blízkost s tzv. „janáčkovskou kadencí“ z Tarase Bulby.[173]

Ukázka č. 95: II. symfonie. Praha 1955, s. 23.

Po tomto tématu následuje první stručná repríza, jež pracuje s lyrickými tématy z expozice. Druhé provedení je rozsáhlejší i ostřejší. Je orientováno až na skryté izolované prvky na okruh hybných témat. Druhá repríza je zrcadlová. Koresponduje s první reprízou tím, že se v ní znovu vracejí obě výrazná lyrická témata z expozice. Je však rozsáhlejší a v plynulém toku uvede také hybná témata v kratších obrysech. Ze vzájemného prostoupení obou tematických okruhů znovu vyroste ono optimistické akordické téma, po němž následuje kóda s lyrickým tématem z úvodu. V grafickém schématu věty je dobře patrna i symetrická proporčnost stavby.

Expozice		Provedení			Repríza			Kóda
B	A	B	A	R1	A	R2	A	B
1–16	17–81	82–101	102–113	114–125	126–210	211–226	227–250	251–276
81		31		11	84	47		17

Druhá věta je *Scherzo*. Těží ze střídání šesti–pěti–čtyřčtvrťových taktů, jejichž základní metrickou hodnotou je čtvrťová nota. Vzniká tak osvěžující synkopace proti klasické pravidelné a průzračné akordice tria v dřevěných nástrojích, později rozšířených o smyčcové. Zde se také objeví citace svatováclavského chorálu v obdobné harmonizaci jako ve čtvrtém smyčcovém kvartetu.

Cyklické propojení se jeví v průraznější akordizaci smyčcových nástrojů z první věty (pizzicatové akordy na těžkých dobách) a v rozšíření původních glissandových vzdechů mezi částmi sonátové formy, zde v melodizovaných krocích.

Adagio třetí věty působí dojmem ryze hudební úvahy o kráse a snech minulosti, jež je prostoupena soudobým pohledem. Ač není příliš rozlehlé, je myšlenkově nejzávažnějším zamyšlením. V úvodu se autor zlehka dotkne svých hudebních lásek – A. Dvořáka, L. Janáčka, J. Suka – a teprve pak po pravidelné šestnáctinové figuraci klarinetu, provázené akcentovanými tóny harfy, pizzicata smyčcových nástrojů, což barevně velmi evokuje obraz tlukotu srdce v ubíhajícím čase, přechází k melodizovaným konstantám, užitým v předchozích větách. Hned vstupní dvořákovské modální téma anglického rohu je doprovázeno akordikou, jež pro Bořkovce charakteristickým způsobem spojuje akordy dvou sousedních funkcí v neúplném seskupení, aby v nich vynikl sekundový interval a tonální neurčitost. Sekundovou příkrost zmírňuje barva strunných nástrojů a dvořákovská intonace je posílena i rozvíjena následnými terciemi lesních rohů. Podstatnou plochu zabírá tematická práce, odvozená z chorální citace z 2. věty, prostoupené některými dílčími obraty. Harmonicky je již plně tonalizována.

Ukázka č. 96: II. symfonie. Tamtéž, s. 96.

Poslední věta, *Finale*, má kombinovanou podobu ronda s dílčími znaky sonátového tvarování. V kontrastním dílu k hlavnímu tématu se znovu objevuje chorální harmonizace, která se vrací v posledním návratu hlavního tématu a tam nejen spěje k účinnému monumentálnímu vyvrcholení věty, nýbrž zároveň vytvoří i most pro vstup synkopického dílu ze *Scherza*. Mimo to se zde ozve i vedlejší myšlenka z první věty. Symfonie získává tímto řešením novou myšlenkovou dimenzi, která teprve v závěru objasňuje pozadí některých vedlejších témat a jejich proměn. A také až v tomto okamžiku symfonie definitivně nabývá i přesvědčivosti katarze a pocitu životní síly a nezdolnosti.

Tektonika v tomto díle má ještě jednu zajímavost. Bořkovec postupuje při stavbě každé věty velmi důkladně. Hudební průběh v prostoru je natolik propojen dílčími tématy, že utvářejí poměrně obtížně přehlédnutelné pasáže. Bořkovec si toho byl velmi dobře vědom a s pozoruhodným odhadem pro hudební čas přechází v určitých fázích k projasnění faktury, nebo k výraznému motivu v některém z hlasů. Proto i přes vnější lyriku a emocionálně pojatá místa není v průběhu věty vnitřního klidu, neboť v pozadí se neustále odvíjejí nové impulzy. To, co Janáček dělá rapsodickým porušením formových schémat, Bořkovec činí právě všudypřítomností polyfonického rozvoje vedlejších motivů, jež jsou jakýmsi podhoubím celé věty, a čím dál organičtěji prorůstají i do základu kompozice.

Tento postup práce přes značné zvnějšnění partitury byl v estetice padesátých let, která hledala signální témata, v jasném epickém vyvedení, poněkud nebezpečný. Velmi příznačná je proto kritika Ljudmily Poljakovové na moskevské provedení této symfonie v roce 1959.[174] V symfonii slyšela především „poetické Adagio s úchvatnou kantilénou lesního rohu a jeho duetem s violoncellem". První větu považovala za nejméně zdařilou, „jíž se nedostává vnitřní jednoty".

V našich podmínkách byla symfonie uvedena v jubilejním roce České filharmonie (1956), jíž je opus věnován, za řízení Karla Ančerla. Ohlasy byly opatrně kladné.[175]

Po rozsáhlé kompozici se skladatel obrátil opět ke komorní tvorbě a v roce 1956 napsal *II. HOUSLOVOU SONÁTU*, kterou věnoval prvnímu interpretovi, Ladislavu Jáskovi.[176] Sonáta je čtyřvětá (*Poco allegro, Adagio, Allegro giusto, Grave, Agitato assai*). Ve vztahu houslí a klavíru navazuje na dřívější princip tematické propojenosti i vyšší míry cyklického prostupování témat mezi větami. Jsou zde i tematické obraty ze třicátých let a samozřejmě i některé další z *Concerta grossa* i leckterá harmonická projasnění, jež jsou stále markantnější od *IV. smyčcového kvartetu*.

Lineární osa tektoniky není na překážku ani ornamentice v klavírním či houslovém partu, ani akordice, v níž se ozve ve 3. větě dokonce znovu chorální stylizace, známá nyní již ze *IV. smyčcového kvartetu*. Stoupající vroucnost kantilény, která zejména v první větě prodlužuje svůj polyfonní rozvoj sekvencemi nebo obměnami posledního taktu periodicky stavěných témat o další tektonická čtyřtaktí, prohlubuje akordizace i synkopizace doprovodu.

Avšak od druhé věty se zdá, že skladatel tento způsob melodiky opustil. Stále obratněji utváří tematický obrys tak, že se odpoutává od výrazové gestičnosti, jíž ve vyhraněné podobě dosáhl v *Krysaři*. Zde na malé ploše chce ještě silněji vyvolávat nejednoznačné emoce, jež ozvěnou rozechvívají nejhlubší citovou membránu duše. Zdá se, že na této cestě ušel značný kus. Jeho *II. houslová sonáta* je lyrická v pravém slova smyslu, je výrazově působivá, je neobyčejně kantabilní, ačkoli neobsahuje jedinou zapamatovatelnou melodii.

Sonátu provedli poprvé Ladislav Jásek s Alfrédem Holečkem v cyklu komorních koncertů Skladatelské přehlídky 21. 3. 1958.[177] V roce 1959 bylo toto dílo poctěno státní cenou Klementa Gottwalda.

Nové společenské poměry nutily skladatele znovu poměřovat své dosavadní názory a zvažovat své další postoje. Tuto situaci velmi dobře ilustruje jeho korespondence, neboť v debatách mezi přáteli byl otevřenější a občas se snažil některé ze svých glos při rozhovorech dodatečně písemně upřesnit. A. Waulinovi napsal: „*Pokud jde o ty problémy v hudbě, které nás všechny pronásledují, vždycky mne jako opak toho, čemu se říká formalismus, napadne: opravdovost, prožitost. Např. všechno, co napsal Janáček, je... pravdivé. Vezmi Tarase Bulbu, – tam není jediné nepravdivé, neprožité (lépe) noty, proto ta nezvyklost a ta nesmírná intenzita. Lidé jsou zvyklí na přechody, pasáže i u největších mistrů, aby si oddychli. Myslím, že všude se najde trochu ‚šutru', jenom u Janáčka ne, leda že to časté opakování by bylo místo nějakých přechodů, atd.*

– Nu a s tím obsahem. Jednou, už dávno jsem četl, že hudba začíná tam, kde končí pojem nebo slovo. Něco na tom je, ne? Vezmi zase Tarase Bulbu. Každá nota je přímo nabita něčím, co je více než zvuk. Život? Obsah? Proč ne? Ale co to je?“[178]

V roce 1956 se na Bořkovce obrátil Miroslav Venhoda[179] s prosbou o nějakou skladbu pro svůj právě založený sbor Nových pěvců madrigalů. Bořkovce zaujala myšlenka na soudobou kompozici staré vokální formy, v níž se nemusel cítit tolik vázán homofonní sborovou tradicí ani budovatelskými ideami.

V době ohraničené daty 30. 9. 1957–14. 1. 1958 vznikly MADRIGALY O ČASE na verše skladatelovy dcery Hany Proškové. Madrigaly jsou básnickým zamyšlením nad uplývajícím časem – tu bolestným, úzkostným, jindy zas smířeným, mírně úsměvným i vyrovnaným s lidským údělem. Verše jsou hudebně cítěny a mají moderní strukturu. Vzhledem k tematice i žánru je vyznění madrigalů světské. Ve vzácné symbióze umocňuje Bořkovcova hudba básnické slovo.

Poměr polyfonického vedení hlasů a tonálně cítěné kantilény je tu v dokonalé rovnováze, kterou Petr Eben[180] charakterizoval: „kdyby byla harmonická řeč ještě ostřejší, ztrácely by jednotlivé souzvuky ve sborové reprodukci již svou zřetelnost, srozumitelnost, a tím i funkční napětí, kdyby však byla mírnější, nevyznělo by dílo už tak naprosto soudobě“.

Bořkovcův smysl pro detailní práci zde přinesl pozoruhodné výsledky. K zajímavým místům patří i renesancí pěstovaná zvukomalebnost, kterou připomínají některá místa v madrigalech.

Jednou z nejlepších skladeb tohoto cyklu je madrigal Vteřiny. Hudba vystihuje pomíjivost stále ubíhajícího času.

...Ten čas, ten čas, ten čas nám stále mění
průvody zítřků v dávný včerejšek.
Člověk i růže i pták má svůj věk,
čas léčí vše, jen na čas léku není.
Přítomná chvíle už se propadává.
Zachyť ji! Už je z ní minulost.
Čas moře je i most.
Než po něm přejdeš, zešediví hlava.

Ve verši „Přítomná chvíle už se propadává" lze přímo cítit, jak to charakterizoval P. Eben, „vanutí větru". Hudební řešení tohoto výrazného místa spočívá ve zvláštním zvukomalebném efektu paralelního postupu tří spodních hlasů proti sopránu, přičemž neruší ani kvintový chromatický postup spodních hlasů, který je sice častý u neoklasicistních skladatelů v instrumentální hudbě, avšak ojedinělý v hudbě vokální. V tomto místě nepůsobí ani stereotypně ani zvukově tvrdě. Ostatně přitom vzniká i řada zajímavých harmonických spojů.

Ukázka č. 97: Madrigaly o čase. Praha 1973. Vteřiny, s. 7.

Forma madrigalů je do detailu řešena ve všech šesti číslech. Bořkovec užívá účinné polyfonie i rytmizační charakteristiky. V tomto smyslu je např. velmi zdařilá evokace ptačího letu stoupající imitační melodikou s třídobou tečkovanou rytmizací.

Ukázka č. 98: Madrigaly o čase. Tamtéž. Ptáci, s. 15.

Jednotlivé písně jsou prokomponované. Ovšem skladatel ani zde neustoupil od charakteristického znaku své tektoniky, v níž závěr opakuje v nové atmosféře to, co bylo v úvodu. Jedinou výjimkou je páté číslo tohoto cyklu, *Pošetilost.* Je to strofická, mírně ironická píseň s mozartovskými názvuky na téma o věčné touze člověka zastavit čas.

Bořkovcovu originalitu v tomto žánru ocenila i vídeňská kritika, která hodnotila provedení díla Novými pěvci madrigalů: *„Pavel Bořkovec, der auf schöne Texte seinen sicheren Satz baut, ...schreibt mit feinstem Sinn für Stimmungen und für Stimmführung gestaltete Vokalmusik.*"[181]

Z podnětu M. Venhody napsali ještě další skladatelé kompozice pro tento soubor. Mezi nimi jsou také Madrigaly Bohuslava Martinů a Klementa Slavického, obojí z roku 1959. Časová shoda nepřímo vybízí k porovnání. Martinů i Slavický psali své madrigaly na texty lidové poezie. To do určité míry ovlivnilo i jejich modální základ a zvukovou barvitost. Také náladový kontrast mezi jednotlivými čísly je u nich větší. Madrigaly Martinů mají nejblíž janáčkovské sborové faktuře s převahou homofonie a občasnými imitacemi. Slavického madrigaly střídají více deklamační a rytmizované úseky s bohatě prokomponovanými partiemi. Jsou psány s velkým citem pro šťavnatost i smyslovou působivost sborového zvuku. Vedle nich jsou Bořkovcovy madrigaly křehčí, komornější celým svým laděním. Jejich formování vychází především z vnitřní potřeby kompozice a až poté z vokální materie. Proto je v nich sice víc instrumentálního rozvíjení hlasů, avšak promyšlená i prožitá stavba se neoposlouchá a dosahuje neúchylné zvukové i pocitové adresnosti. Přirovnání odlišnosti obou pólů by ve výtvarném umění postavilo vedle sebe olejomalbu a křehkou grafiku.

Cyklus byl proveden Novými pěvci madrigalů se sbormistrem Miroslavem Venhodou 18. 4. 1959. Poněkud macešsky se čas zachoval k poslednímu z nich s názvem *Paměť,* který poprvé zazněl v interpretaci téhož ansámblu (Pražští madrigalisté) až 12. 11. 1969 na koncertě k poctě skladatelových pětasedmdesátin.

Období 1948–1959 zpravidla v našem povědomí splývá jako pojem „padesátá léta", který je nerozlučně spjat se ždanovovskými tezemi a jejich aplikací v naší hudební kritice, vědě i tvorbě. Avšak uvnitř tohoto odbobí byly občas činěny pokusy o proražení tvrdého krunýře zkamenělých představ, motivované politicky i umělecky. Ovšem druhá polovina padesátých let přinesla dílčí obrat i v přístupech rozhodujících činitelů v oblasti hudební a zejména široká diskuze před druhým sjezdem skladatelů prolomila některá tehdejší tabu.

Již v roce 1954 se objevil v Hudebních rozhledech rozsáhlý příspěvek tehdejšího předsedy operní komise[182] Jana Seidla o soudobé operní tvorbě.[183] V souhrnném přehledu uvedených a neuvedených oper je nejvýše hodnocena Suchoňova Krútňava, jménem Smetanovým a Dvořákovým zdůrazněn odkaz klasiků, lakonicky se konstatuje, že dílo Janáčkovo jde vítězně světem, k dílům novější tvorby je přiřazen Ostrčil a Martinů s dovětkem, že by se měly uvádět i opery skladatelů nejmladší generace.

Mezi díly, zasluhujícími pozornost, „jež všechna byla přijata k provedení a některá dokonce závaznou smlouvou, avšak k jejich provedení dosud nedošlo", se uvádí Trojanův Kolotoč, Bořkovcův *Paleček*, Hanušovy Plameny, Sokolův Návrat ztraceného syna.[184] Komise navrhla koncertní provedení ukázek z těchto děl.

J. Kándl – Bořkovcův Paleček

Ledy se tedy hnuly. Zdá se, že právě tento vývoj situace přispěl k tomu, že se Bořkovcův *PALEČEK* mohl po 11 letech konečně objevit na scéně. Byl uveden v roce 75. výročí Národního divadla.[185] I při tom se projevila mocenská politika. *Paleček* byl situován na scénu Smetanova divadla, zatímco na první scéně ve staré budově se dávala Pauerova Zuzana Vojířová.[186]

Ohlas Bořkovcovy opery byl v tehdejších našich poměrech mimořádný. Vyšlo na 40 recenzí a řada hudebníků poslala skladateli své písemné gratulace. Na představení reagovala i zahraniční kritika vídeňská, německá (východní i západní) a anglická.[187]

Uvedení Bořkovcovy opery bylo zřejmě tím pravým kamínkem, který pohnul horou operních dogmat a klišé. *Paleček* zapadal svým vnějškovým historickým námětem do vlny historismu padesátých let, ovšem svou odlišnou koncepcí dramatu jde mimo tradiční schéma.

Bořkovcovo pojetí dramatu sleduje dramatickou dějovou linii, jejíž situace jsou zároveň můstkem k zevšeobecňujícím úvahám. K té filozofující rovině směřují působivě vypjaté momenty děje i závěry obrazů – ať už je to zpěv mládí, nebo Palečkovo zklamání z odmítnutí, později po Madlenčině baladě jeho díkůvzdání životu, a opět závěrečná apoteóza Palečka.[188]

Bořkovec důsledně dodržuje tuto koncepci. Tam, kde mu to situace dovoluje, umí být i tradičním dramatikem. Např. jeho komická charakteristika soudce nebo Morosuse je neodolatelná, vytvořená s jevištní rutinou. Stejně tak výstižně jsou kresleny i odlišné portréty žen v této opeře.

Deformované představy o jedině možném dramatu na jevišti poznamenaly i scénickou podobu *Palečka*. Ve snaze „zdivadelnit" operu uplatnil režisér Hanuš Thein tehdy oblíbený způsob divadla na divadle. Na jevišti bez opony umístil Josef Svoboda otáčivou krychli s dřevoryty staré Prahy, kterou na začátku obrazů otevírali dva panoši. Na vnitřních stěnách krychle byly zvětšeniny těchto dřevorytů. Děj se odehrával v krychli i mimo ni. Kostýmy Marcela Pokorného byly vcelku slušivé a občas se v nich mihla i barevná symbolika (červené ladění kostýmů Palečka, černožluté pro Viléma). Barevně se doplňovalo i oblečení tanečních párů. Choreografie sborů a baletu byla svěřena osvědčenému Antonínu Landovi.

Scénické řešení bylo kritikou přijato nejednotně. Někteří v něm viděli jistý druh klišé (např. Bohumil Karásek), jiní to považovali za výborný nápad (např. Václav Holzknecht, Jaroslav Procházka).

Jestliže scénické řešení vyvolalo jisté rozpaky, pak v kladném a nadšeném hodnocení hudební složky opery se shodovali všichni.

V tehdejší šedi třídně motivovaných dramatických operních konfliktů ne vždy zdařile hudebně zvládnutých, zazářila Bořkovcova hudba ve své osobitosti i modernosti hudební řeči. Hudební drama, které nebylo ani wagnerovské, ani cele operou s uzavřenými čísly, zapůsobilo po deseti letech půstu soudobé evropské opery na našich scénách jako meteor. I ti kritikové, kteří trvali na svém modelu dramatu, jako např. Jarmila Brožovská,[189] přiznávají dílu neobyčejnou hudební působivost: *„Je to spousta krásné, nádherné, uchvacující hudby, která se vám líbí tím více, čím více ji posloucháte... Bořkovec nevede své postavy průběhem děje, nevyvíjí hudebně jejich* *charakteristiku, ale řadí k sobě jednotlivé hudební celky. Nepracuje s dramatotvorným materiálem, ale postihuje okamžitou náladu, rozpoložení osoby.“*

S velkým pochopením pro strukturu díla psal o *Palečkovi* Bohumil Karásek.[190] Nejpregnantněji se k této otázce vyjádřil Iša Krejčí:[191] *„Jde o operu, kde vše vychází z hudební formy. Nad plynulým tokem hudby je zpěvně deklamován text opery. Není to však ani deklamační ‚Sprechgesang‘, ani to nejsou janáčkovské nápěvky, ba ani ariózní bel canto. Je tu jakýsi plynulý recitativ nad orchestrálním partem, který se řídí zákony čistě hudebními.“*

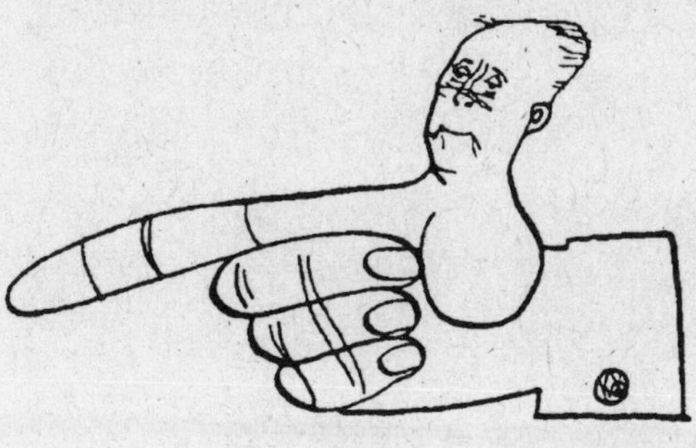

J. Kándl – Bořkovcův Paleček

V nastudování dirigenta Jaroslava Vogla kritika většinou oceňovala to, že dodržel výrazovou jednotu zpěvní a instrumentální složky, tolik závažnou pro Bořkovcův styl.[192] Pěvecké obsazení bylo zřejmě velmi šťastné. Titulní roli rytířského Palečka zvládl s pěveckou a jevištní přesvědčivostí Rudolf Jedlička, vrchnostenské karikatury sudího Eduarda Hakena a Morosuse Karla Bermana byly považovány za skvělé, z ženských postav byla výborná a půvabná Marie Podvalová. Mimořádně překvapila tehdy začínající Ivana Mixová v roli klamané Madlenky, k níž vytvářel žádoucí kontrast elegantní podvodník Vilém Přemysla Kočího. Dobře působila i milenecká dvojice Miloslavy Fidlerové a Viktora Kočího a Antonín Votava jako Janek.

Odezva díla u publika byla srdečná, a když na premiéře nechali Bořkovce, aby se jako autor poděkoval, přišli mu spontánně z postranních závěsů zatleskat i všichni účinkující.

Bořkovec sice prolomil strnulé uvažování o opeře, avšak jako každý průkopník (paradoxně i po 11 letech od vzniku díla) v ještě nezralé době na to osobně doplatil. Kritické ohlasy dávaly nepokrytě přednost Bořkovcově opeře před Pauerovou.[193] Na českých operních scénách se hrála Zuzana Vojířová s různými úpravami ještě několikrát, zatímco o Bořkovcově opeře se dodnes traduje, že je málo divadelní, nedramatická. A to přesto, že se hned v době jejího uvedení objevily názory, že je jedním z nejreprezentativnějších děl soudobé české tvorby.[194]

Předsjezdové diskuze Svazu československých skladatelů prorážely koncem padesátých let novou optiku na měření hudebních kvalit. O síle setrvačnosti svědčí i nadále obava z tragismu v symfonických žánrech, která se přímo čítankově projevila zákazem Sommerovy Vokální symfonie v roce 1958, a také na způsobu, jak obtížně a mnohomluvně museli umělci probojovávat své právo na svobodu uměleckého projevu. Stále ještě platilo heslo „Skladatelé jdou s lidem“, pod jehož štítem se těžko mohl prosadit pól individua. Také proti výtce technického profesionalismu bez socialistického obsahu se jen obtížně mohl někdo hájit.

Paleček – 1. jednání (celková scéna)

Paleček – Karel Berman (Morosus), Eduard Haken (sudí), Přemysl Kočí (Vilém)

Paleček – Přemysl Kočí (Vilém), Karel Berman (Morosus), Eduard Haken (sudí)

Paleček – Ivana Mixová v roli Madleny, Přemysl Kočí v roli Viléma

NÁRODNÍ DIVADLO

NOSITEL ŘÁDU REPUBLIKY

V BUDOVĚ SMETANOVA DIVADLA

V sobotu dne 3. ledna 1959 v 19 hodin

PAVEL BOŘKOVEC

PALEČEK

Opera o 5 obrazech na slova zasloužilého umělce FRANTIŠKA KUBKY

Paleček	Rudolf Jedlička
Janek, jeho sluha	Antonín Votava
Morosus, profesor lékařství	Karel Berman
Aleš, student	Viktor Kočí
Alena, švadlenka	Miloslava Fidlerová
Sudí	Zasloužilý umělec Eduard Haken
Zdena, jeho žena	Zasloužilá umělkyně Marie Podvalová
Vilém	Přemysl Kočí
Madlena, krčmářka	Ivana Mixová
Opilý student	Jiří Joran
Královský posel	Jiří Schiller
Děvče	Sylvia Kodetová
Hlas	Josef Celerin
Písař	Jaroslav Rohan
První biřic	František Farka
Druhý biřic	Rostislav Zeman

DIRIGENT: JAROSLAV VOGEL, nositel Řádu práce
REŽISÉR: Zasloužilý umělec HANUŠ THEIN
VÝTVARNÍK: JOSEF SVOBODA, laureát státní ceny

Sbormistr: Vladivoj Jankovský — Choreograf: Antonín Landa

Kostýmy: Marcel Pokorný
Asistentka: M. Brabcová

Hudební příprava: Josef Čech, Přemysl Charvát a Rudolf Zeman

Pomocný režisér: Ladislav Štros — Představení řídí Ladislav Szabó

Účinkuje orchestr, operní sbor a balet Smetanova divadla

Po třetím obraze hlavní přestávka

Dekorace, kostýmy a masky vyrobil umělecký kolektiv dílen Národního divadla pod vedením Květoslava Bubeníka, Jana Kropáčka a Karla Haška.

Mládeži přístupno — Konec o 21.15 hod.

Zítra v neděli dne 4. ledna 1959 v 19 hodin BOHEMA

F 293228 — St 08 - 6938

Není proto příliš překvapivé, že do zorného pole zájmu vstupovala generace třicátníků, dostatečně aktivních a ve svém formování ovlivnitelných. Pětašedesátník Bořkovec byl sice svou neoklasicistní (protože na tradici stavěnou) orientací přijatelný, avšak jednak on sám nebyl bojovník, ani nebylo žádoucí si brát právě jeho vysoce intelektuální vybroušený sloh jako štít. Polemiky se vedly mezi mladší generací a o jejích dílech.[195]

V roce 1959 dokončil Bořkovec svou *III. SYMFONII.* Václav Holzknecht[196] charakterizoval to podstatné v ní příměrem, že skladatel zde nabyl moci nad hmotou materiálu a technikou, a mohl si položit cíl jinde, výš.

Bořkovcova technika dozrála k pozoruhodnému tvarování materiálu, které je na rozhraní montáže a klasické tektoniky. Exponování témat v úvodu díla působí zpočátku nepřehledně a jakoby nahodilým dojmem invenčního odpoutávání. Avšak další odvíjení těchto prvků ukazuje jejich skrytou emocionální působivost i logiku. Bezprostřední nárazy drobných úryvků, nebo jindy dramatických, neústupných rytmických frází s vypjatou kantilénou ve vysokých polohách smyčců či dřevěných nástrojů, jsou zároveň propojeny klasickou čtyřtaktovou tematickou stavbou, která odkrývá překvapivé vnitřní souvislosti.

Bořkovec formuje svébytný organický celek, v němž velmi promyšleně posiluje specifickou atmosféru každé věty. Posluchač se tak dostává do předurčené psychické příjmové vibrace. Hudební líčení se mu stává stále zřejmější, třebaže nemůže zachytit vždy všechny vedlejší hlasy a tím i další roviny struktury. Zdá se, že právě zde je jedna z příčin, proč se Bořkovcova hudba tak rychle neoposlouchá a proč může být zdrojem nových prožitků.

Zralost techniky spočívá v nadhledu, který mu dovoluje svěřit roli zodpovědné vazby harmonii, aniž by se musel vzdát polytonality a pestré rytmiky. V hierarchii vazeb má rovněž nezastupitelné místo časová organizace, jež vládne rozvětveným rytmometrickým derivátům.

Z hlediska této fáze tvorby je zde několik nových momentů, jež nepochybně souvisejí s tvarováním látky v tomto posledním tvůrčím období, a také se stavbou završujícího monumentu autorského odkazu, jímž je tato symfonie.

Bořkovec buduje první větu nikoli jako sonátovou, ale rondovou se zrcadlovým syntetizujícím návratem:

A – B – A – C – A – CD – A – BC – A – XCB – A

Hlavní téma je (*Allegro moderato*) akordické. Dokumentuje zároveň i Bořkovcovo uvážlivé přejímání podnětů zvukových (Honegger) a harmonických (Martinů), dokonale transformovaných do vlastní stylizace.[197] Také zde se na ploše patnácti taktů exponují základní prvky dalšího rozvoje.

Ukázka č. 99: III. symfonie, Partitura. Praha–Bratislava 1964, s. 15.

Faktura této symfonie je mnohem hutnější než v *II. symfonii*. Způsob polyfonního článkování (některé prvky se objevují společně jen na některých místech – např. držený trylek v posledním taktu před změnou bloku; jiné procházejí různými bloky a jsou paralelně rozvíjeny vedle hlavních témat v určité fázi, atd.) ústí až ke stratofonii. V neustálém evolučním vývoji se násobí také rytmické vrstvy. K přehlednosti faktury přispívá propracovaný způsob užití ostinátních vzorců – někdy rytmických, někdy melodickorytmických. V této větě je dostředivým centrem výchozí akordické téma. Plocha D vnáší jako novou myšlenku téma „hřebíčkové" akordiky z *II. klavírního koncertu*, v ploše se rozvine známý valčík z baletu *Krysař*, zde v odlišné instrumentaci a v 6/4 taktu. Také protihlasy jsou jiné. Postupně se stále více prosazuje hlavní téma, jež v závěru vyústí v majestátním kánonickém zvukovém prostoupení, v němž původní linie smyčcových nástrojů je rozložena do modelu po čtyřech šestnáctinách, harmonicky podepřených žesťovými nástroji.

Druhá věta je *Scherzo*. Její kontrastní motivický základ je převzat z první věty. Zde však tato témata, rozložena v jiných nástrojích, působí zvukově nově, zvláště tam, kde jsou zčásti odlišně rytmizována. V triu vnáší anglický roh chorální melodiku, spoře provázenou dřevěnými dechovými nástroji s violoncellovými kroky spolu s ostinátní pochodovou figurací tympánů. S pozvolným narůstáním podílu smyčcových nástrojů, později i žesťů, se téma zahušťuje a poprvé postupnou melodizací napovídá vznik akordického shluku na počátku symfonie.

V Bořkovcových cyklických formách mají volné věty značnou myšlenkovou závažnost. Také ve třetí symfonii je volná věta (*Molto adagio*) další ukázkou svébytného tvarování námětového okruhu, který hudba napovídá neúchylně koncizním tvarem. Skladatel prý o ní napsal, že po celé trvání nese charakter putování.[198]

Kontrapunktické téma fagotu a hoboje působí jako jakási spojnice mezi menšími i největšími dvěma evolučními plochami. Věta roste z naléhavých a bouřlivých gradací několika dílčích témat, až dospěje k mocnému zvukovému vrcholu. Na některých místech se i v této části pracuje s dílčími obraty chorálního tématu, které je vždy přehlušeno akordikou dechových nástrojů nebo figuracemi ponejvíce ve smyčcových nástrojích. Po novém výrazném nástupu kontrapunktického tématu následuje chorální harmonizace, nejprve v dřevěných nástrojích, a pak přechází do měkkého zvroucnělého zvuku smyčcových nástrojů. Stává se jedinou soustřednou silou, prostupující v různých permutacích nástroje celého orchestru. Okamžik, v němž se ozve chorální harmonizace v dřevěných nástrojích, působí jednoznačně jako velká katarze po předchozím bloudění. Putování skončilo v nalezení cíle, avšak není ještě u konce. Jeho připomínkou je závěrečné exponování kontrapunktického tématu.

Finální věta (*Allegro vivace*) má sonátovou formu, jež roste ze čtyř vstupních elementů, exponovaných v úvodních taktech věty. Tvoří je tečkovaný rytmus trubky, rozložené kroky fagotového tématu, šestnáctinové běhy ve smyčcových nástrojích a chorální harmonizace nejdřív v dřevěných nástrojích. Jsou to vlastně prvky společné i pro materiál, rozvíjený v předchozí větě. Přesto má tato symfonická věta odlišnou podobu. Spočívá to v jiné rytmizaci i harmonizaci vedlejších témat a zejména v její koncepci. Provedení i reprízu uvádí v této větě akordická pasáž klavíru, rytmicky čerpající z variací „hřebíčku" v *II. klavírním koncertu*, zde k tomu s harmonizací, která má blíž k chorální kadenci. Provedení je neseno pochodovou energií, která jen místy připustí odlišné vsuvky chorálního původu. Přesto však do melodie houslí právě v tomto razantním pochodu vrůstá obrys původní chorální linie, kterou přinesly smyčcové nástroje jako dílčí melodii „chorálního" tématu již v *Scherzu*. Proti některým tvrdým žesťovým chorálním souzvukům vnese po klavírním sólu měkká harmonizace ve smyčcových nástrojích chorální téma zjevně z okruhu někdejší harmonizace v *klavírní suitě*, zde v oproštěných souzvucích, tonalizovaných ještě více než ve *IV. smyčcovém kvartetu*. Teprve rozvíjení obratů z této rozšířené harmonizace (vůči předchozím taktům) dokonale ozřejmí cestu gradace a akordické kombinace v závěru i na počátku díla.

Bořkovcova *III. symfonie* má náboženské východisko.[199] Je přitom obrazem hluboce niterného zápasu člověka, který již není zmítán malichernostmi dne, ale o nic snadněji se mu neuvažuje ani o otázkách lidského bytí a vztahu k věčnosti. Zápas, který se odehrává v symfonii, je zápasem každého jedince o svou humanitu v lidském společenství. Symfonie tím, jako ostatně každé velké syntetizující dílo, přerůstá užší rámec religiózního zřetele.

III. symfonie byla poprvé provedena 7. 10. 1960 Českou filharmonií s Karlem Ančerlem, jemuž je věnována. Dílo bylo poctěno cenou druhého stupně v umělecké soutěži k 15. výročí poválečné republiky.

K tomuto výročí byla v Hudebních rozhledech publikována anketa vybraných osobností české hudby,[200] jež měly odpovědět na otázky, co je nejvíc inspiruje v poválečném období, jak usilují ve své tvorbě o zachycení současnosti, co je nejvíc zaujalo na vývoji a novém uspořádání hudebního života, jaké vidí perspektivy dalšího vývoje. Pavel Bořkovec se ve své odpovědi zaměřil na oblast hudebně-kulturní praxe a zdůraznil své krédo psát hudbu životní intenzity.

MÍRA SRDCE

V roce 1961 napsal Bořkovec vedle dvou písňových sbírek též svůj poslední *V. SMYČCOVÝ KVARTET*. Tato kompozice je i mimovolným skladatelovým dokladem technické svrchovanosti a zejména smyslu pro žánrovou únosnost. Jestliže v písních se přece jen cítil vázán slovní předlohou, jejím vyzněním, možnostmi lidského hlasu a dával přednost vertikálním komponentám, byť samostatné melodiky a rytmu, zde ve smyčcovém kvartetu se na nic takového ohlížet nemusel. Kvartet je podle jeho vlastních slov syntézou materiálu a metod, jakých užíval, a právě zde se snažil spojit „přísný řád" s největším možným účinkem, který zůstává přece jen v tom, jak hudba vzrušuje.[201]

Bořkovec nikdy neuplatňoval polyfonii bez ohledu na harmonický souzvuk jednotlivých hlasů, neboť spatřoval řád kompozice v souladu těchto složek. Ostatně on sám, ač zřídka se nechal přimět k veřejným projevům, reagoval na tento problém kompoziční techniky v rozhlasové besedě s Jaroslavem Kasanem před uvedením *V. smyčcového kvartetu* v roce 1963: *„Otázka současnosti v hudbě je otázka dost složitá a myslím si, že skladatel se může k ní konkrétně a srozumitelně vyjádřit jen v tom, co se týká tónového materiálu a jeho zpracování. Z tohoto stanoviska vidím podstatný znak současnosti v jakési deformaci hudebních elementů (rytmické, melodické i harmonické), která zvyšuje jejich účinnost a současně dává tušit jejich původní podobu, jež jakoby se stávala touto změnou žádoucnější. Ovšem není žádných pravidel nebo teorií o tom a všechno závisí na fantasii, instinktu, rozumu a kultuře skladatele.*

Deformace, o které hovořím, nemůže být nahrazena schválností nebo nahodilostí, třebaže těchto deformovaných a tím nezvyklých, ale jakoby napovídajících možností je nesčíslné a nevyčerpatelné množství. A přece v určité skladbě na určitém místě, dá-li si skladatel práci, aby je domyslil k jakési (v lidské možnosti) dokonalosti, skutečně se zdá, že se to nedá jinak udělat, než tvar díla, a takové elementy se pak stávají národním nebo vůbec obecným majetkem. Vzpomeňme na známou kadenci v závěru Janáčkova Tarase Bulby, kterou dnes slyšíme leckde, a která kdysi při svém vzniku byla objevem. Tyto deformace dávají hudbě napětí a nutí k součinnosti posluchače. Je to cosi jako linie v kresbách Františka Tichého, které diváka inspirují, aby dotvářel malířem naznačenou linii. Není to nic společného se skicou, než to, že divák (posluchač) jest svým dojmem zneklidněn a vyrušen v tom, aby podle svých schopností doprovázel tvůrce v jeho úsilí.

V bohatství tónového materiálu a jeho možností vidím jeden z hlavních znaků současnosti. Ale jedna zásada spojuje současnost s minulostí i budoucností. Že ve všech složkách uměleckého díla je nutný řád, který musí vyplynout z každé tvůrčí práce, aniž by byl zamýšlen, jsa vprostřed úsilí umělce."[202]

Pavel Bořkovec s Věrou Soukupovou

Jestliže ve *IV. smyčcovém kvartetu* bylo možné spatřovat skladatelův výraz intimní lyriky, pak *V. smyčcový kvartet* znamená v Bořkovcově tvůrčím odkazu s určitou licencí to, co kdysi obnášela pro Mozarta jeho Jupiterská symfonie.

V tomto kvartetu Bořkovec v maximální míře slučuje svůj lineární sloh s postupy stabilizovanými ve třicátých letech, s harmonicky projasněnými homofonními úseky, jež se rozplývají v dalších polyfonických úsecích s již osvědčenou rytmizací. Jejím východiskem je stabilizovaná rytmická figura v sudém taktu, která přejde v poslední době na triolové členění, a to je dále synkopováno. Např.:

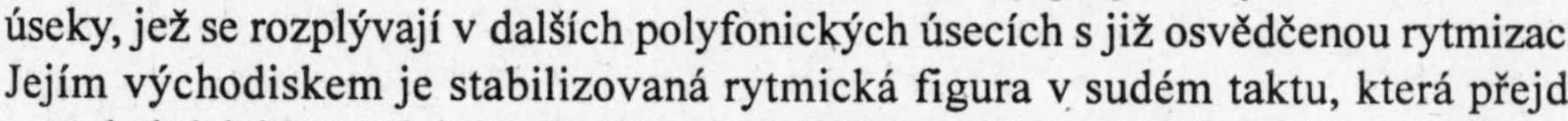

Harmonie spočívá na ověřených akordických spojích víceznačných kvartkvintových obratů s dalšími alteracemi. Některá místa překvapí poměrně zřetelným kadencováním, jako je to např. v paralelismech ve třetí větě: (Ukázka č. 100 na následující straně.)

Ukázka č. 100: V. smyčcový kvartet, Partitura. Praha 1961, s. 36.

Také v tomto sonátovém cyklu Bořkovec umísťuje do úvodních čtrnácti taktů expozice (*Poco allegro*) základní stavebné prvky celé věty a vzhledem k jistému monotematismu vlastně celého kvartetu. Úvodní část se beze změn opakuje v závěru věty. Celá první věta není budována konfliktně, ale výrazně evolučně nastupují stále nové tematické varianty, i motivy již rozvinuté tematickou prací se obohacují novými nástupy dalších prvků z expozice. Rytmické modely jsou stejné jako v předchozích opusech. Zde však se uplatňují mezi nimi plynulé přechody tím, že zpravidla jsou hlasy rytmizovány postupně k určitému modelu a ten je vzápětí logicky spolu s jinou melodikou měněn.

Ukázka č. 101: V. smyčcový kvartet. Tamtéž, 1. věta, s. 2.

Významnou roli přitom má individualizace melodických hlasů, jejichž nezpěvné kroky jsou provázeny harmonizovanými spoji, v jejichž pozadí lze pociťovat rozšířenou tonalitu. Akordické spoje jsou rytmizovány, přecházejí do ostře synkopovaných bloků, z nichž se stále odvíjí melodie v některém z hlasů, nebo v obou krajních hlasech s akordickým doplněním vnitřních hlasů. Ačkoli lineárnost celé faktury je ustavičná, přece také zde plní roli zodpovědné vazby právě harmonie, a to ponejvíce akordy se sekundovými intervaly, tritónem ve vnitřních hlasech a zejména s akordy rodové neurčitosti.

Ukázka č. 102: V. smyčcový kvartet. Tamtéž, 1. věta, s. 1.

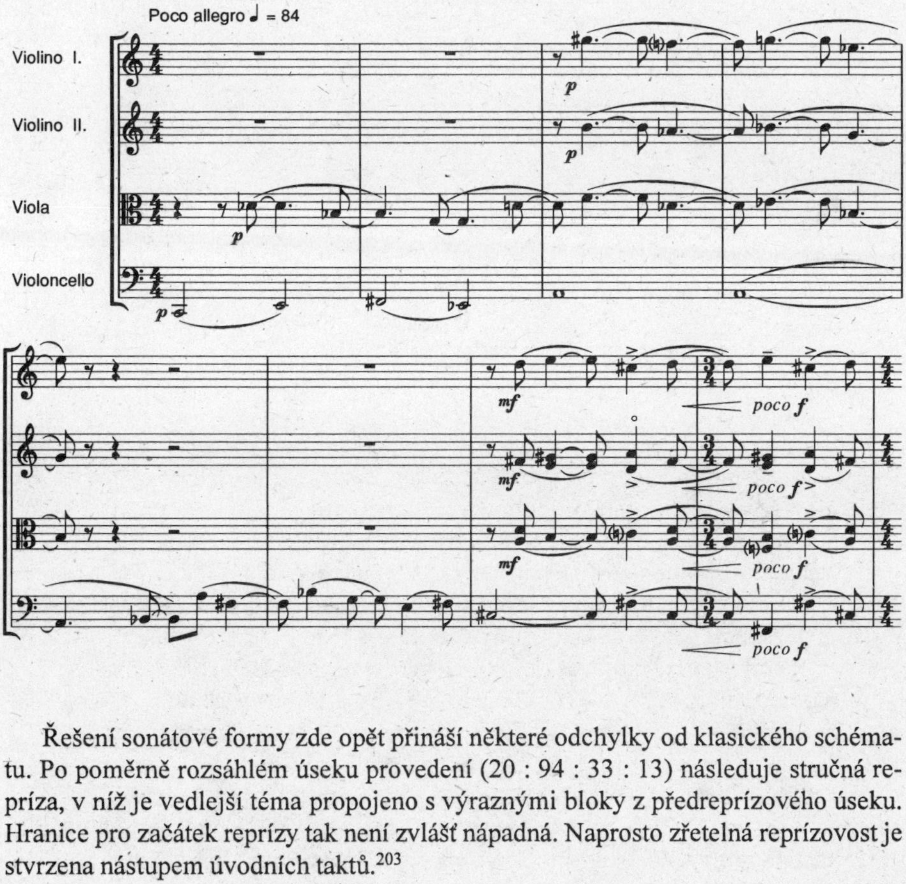

Řešení sonátové formy zde opět přináší některé odchylky od klasického schématu. Po poměrně rozsáhlém úseku provedení (20 : 94 : 33 : 13) následuje stručná repríza, v níž je vedlejší téma propojeno s výraznými bloky z předreprízového úseku. Hranice pro začátek reprízy tak není zvlášť nápadná. Naprosto zřetelná reprízovost je stvrzena nástupem úvodních taktů.[203]

Schéma 1. věty V. smyčcového kvartetu. (Čtyři úseky k reprízování A, B, C, D.)

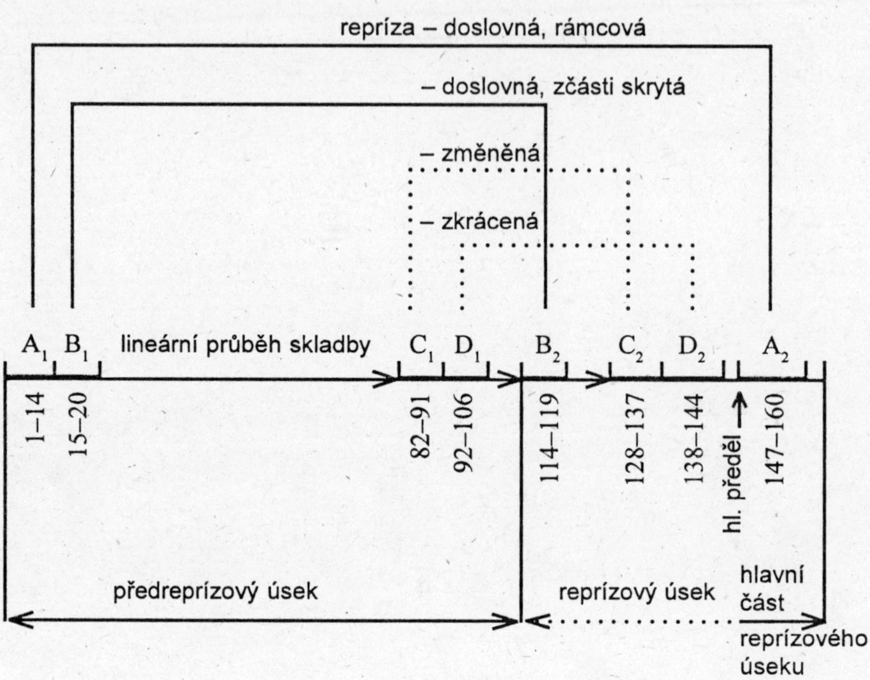

Syntetizujícím slohovým prvkem je i převaha tónů ve vysokých polohách nástrojů. Tato tendence se projevila již v *I. smyčcovém kvartetu*, ve *III. symfonii*, a velmi výrazně v *V. smyčcovém kvartetu*.

Druhá věta *(Molto adagio)* nejzřejměji kombinuje polytonální části s jasně diatonickými akordickými vazbami. Je opět ukázkou minuciózní tematické práce, která neponechá žádnou notu mimo vývojové řečiště. Z akordického souzvuku roste stále neústupnější myšlenka, proti níž se jako vlákénko života s úzkostným tepem ozývá motiv narážené skupinky k jednomu tónu. (Ukázka č. 103 na následující straně.)

Téma třetí věty (*Vivo*) má nejblíže k dvanáctitónové řadě, ale pracuje se s ní jako s tématem. Je děleno do tří úseků a postupně propojováno s dílčími obraty témat z první věty i vzdálených či zřetelnějších názvuků témat z *Concerta grossa*, *II. klavírního koncertu*, *IV. smyčcového kvartetu*, *III. symfonie*, atd. Variační věta končí opět tématem, jímž začala, ovšem s harmonickým zpevněním tóniny E dur.

Čtvrtá věta *(Agitato assai)* se znovu vrací k sekundovému tématu z první věty, které je vzápětí vystřídáno ostrou akcentovanou akordizací, z níž se vyvine velmi charakteristická harmonie i melodika tanečního tématu z *Concerta grossa* bez jeho kvintové prodlevy (toto téma se uplatnilo i v tancích v *Palečkovi*), zde ve významovém závanu kypícího života. Hybná témata se v bujarém rozmaru střídají, zvolňují svou výrazovou jednoznačnost augmentací a tím, že se s nimi ozývají již zmíněné motivické prvky ze *III. symfonie*. Jako zřetelné oslovení víry ve smyslu naděje v životních blouděních se ozve harmonizace obrysu melodie z *Te Deum*, jež Bořkovec tehdy rovněž promýšlel. Když pak zazní onen úzkostný tón z druhé věty, zní jako jisté memento. Věta končí syntézou „témat života", jež vplynou do chorálního motivu.

V. smyčcový kvartet byl věnován Vlachovu kvartetu, které jej provedlo poprvé v rozhlase 1. 4. 1963 a koncertně 7. 12. 1963.[204]

Ukázka č. 103: V. smyčcový kvartet. Tamtéž, 2. věta, s. 17.

Na počátku šedesátých let Bořkovec napsal dva písňové cykly, opět na texty Hany Proškové. Cyklus *ZVÍŘATA* je z roku 1961, druhý cyklus *SNY* vznikl v roce 1961–1962. Snad právě pro časovou blízkost jsou oba cykly psány ve stejném duchu.

Verše Hany Proškové si uchovávají také zde onu konkrétnost básnického obrazu, spojenou s hlubokým filozofickým dosahem, který míří k nejzazším zákonům lidského bytí, jež patří do oblasti tzv. věčných pravd. Většina těchto básní vznikala v přímé spolupráci básnířky a skladatele.

Všechny básně sbírky *Zvířata* mají jediný společný námět; jsou obrazem lidské touhy, ať již po svobodě, poznání, lásce, po prvotním dětsky čistém pohledu na svět.

Touha je básnickým viděním síly, která člověka neustále pobízí a vzrušuje, pomocí níž by chtěl uskutečnit nesplnitelné, přesáhnout sám sebe.

Bořkovec velmi jemně dovedl ve výsledném výrazu písně odstínit pocity, jež báseň vyvolala. A mezi tyto pocity nepatří jen palčivá touha, přání po dosažení nemožného, nýbrž i strach, nejistota z této touhy, naděje, úžas spojený se ztrátou iluzí, stísněnost, ale i vzdor proti duševnímu pohodlí a na pozadí všech písní zůstává stesk, způsobený jistě i tematikou.

V obdobném ladění je psána i sbírka *Sny*. I zde je možné vidět jeden spojující aspekt. Všechny básně jsou jakýmsi pozdržením chvíle zachycující silný prožitek okamžiku, v němž si člověk plně uvědomí svou existenci. Čas od času jej prožívá každý, když náhle uvidí to, co dosud vedle sebe tak ostře nevnímal. Tyto momenty nenastávají v lidském životě příliš často, ale dostaví-li se, zasahují celou bytost až do nejzazších míst.

V české poezii se o něco podobného snažil Oldřich Mikulášek ve sbírce „První obrázky“.[205] Jeho básně jsou rovněž zachycením chvíle silného prožitku, který člověka znenadání překvapí a ovládne jeho mysl. Mikulášek dovede čtenáři vsugerovat svůj zážitek a člověk si jej může uchovat jako lék, když se ozve smutek. Obrazy Hany Proškové revoltují proti smíření se životem, tak jak je nalézáme u Mikuláška. Básně sbírky *Sny* zasahují především oblast lidského myšlení, není možné je zasunout do skrýše paměti, neboť jsou znepokojivé a vynucují si, aby o nich člověk přemýšlel a zaujal vlastní stanovisko.

Je myslím zajímavé, že skladatel se dovedl při tak značném žánrovém a tematickém omezení ubránit jednostrannosti. Jestliže u madrigalů chtěl postihnout specifičnost madrigalové formy a možností, jež skýtá tato stará forma v nové době, měl v písňových cyklech jiný záměr.

Oba cykly postihují vlastně v jisté determinaci to, co v ostatních žánrech zůstává v mnohem volnější významové symbolice. Podle autorova vyjádření měly právě tyto cykly ze všech vokálních opusů nejblíže k jeho srdci. Bylo to patrně proto, že se v nich promítalo i jeho osobní účtování se životem,[206] ale v nemenší míře snad i proto, že se v jejich tvarování vydal po nevyšlapané cestě. Budoval vlastně v miniatuře to, co činil předtím v makrostruktuře symfonie.

Jednotlivé písně již nemají někdejší objektivní horizontální sazbu „a tre“, v níž oba hlasy klavíru tvořily se zpěvním hlasem propojený celek, plný vzájemných permutací a skrytých vazeb. Oba cykly se vyznačují vyzrálým složitým tvarem a zároveň měkčím a vroucně zpěvným hudebním obrazem. V těchto písních nenalézáme běžné dělení na kontrastní části písňové formy, celá píseň se zdá být monolitní, vše vyrůstá jakoby z jediného prvku, dokonale propojeno a prohněteno.

Bořkovec se nebojí využít klavírního doprovodu pro programní stylizaci, a nejen to, právě klavíru je svěřena ona stmelující role, kterou plní znamenitě. Často zde nacházíme shodné rytmické figury, melodické obraty, harmonii, která objasňuje logiku melodie. Slova se opakují jen výjimečně, bývá tak z důvodů dramatických (např. v písni *Rackové*). K programním ikonickým prvkům doprovodu patří např. nápodoba křiku, letu ptáků, dupání ježka, poskakování dětského míče atp. Melodie sleduje zpravidla deklamačně narativní linii, od níž se ve shodě s myšlenkovými a emocionálními podněty odpoutává k široce klenutému obrysu, vycházejícímu opět z vnitřní tektoniky, nikoli z primární představy lidského hlasu.

Vroucnost kantilény roste ve spojení s oproštěnou harmonií diatonického základu, která spoluvytváří její souzvukovou barevnost, celistvost i výrazovou jímavost. Tento způsob formování snad přiblíží ukázka z písně *Vlaštovka.*

Ukázka č. 104: Zvířata. Vlaštovka. Rukopis.

Uvnitř cyklů jsou některé tematické souvislosti, jež odpovídají určitému myšlenkovému a pocitovému okruhu. Občas se objeví i některé ze starších autorských konstant, zejména z vokálních sbírek ze třicátých let. Nejde však o nějakou citaci. Tak např. v písni *Rackové* klavírní úvod vzbuzuje dojem ptačího letu. Charakteristický prvek se objevuje v průběhu písně v klavírním doprovodu ještě vícekrát s různým stupněm naléhavosti. (Ukázka č. 105 na následující straně.)

Při motivu, který se pozvolna připravován ozve v klavíru, není možné nevzpomenout na villonovské písně a na jejich názvuky v nezvalovské sbírce. Ovšem zde již nejde o rozmarně veselý refrén. Nad motivem se vznáší otazník o letu ptáků, nad tajemstvím jejich letů. (Ukázka č. 106 na následující straně.)

Z hlediska myšlenkových postupů je tu ještě jedna pozoruhodná souvislost v písni *Stromy*. Také zde můžeme sledovat onen charakteristický motiv z villonovských písní, který ztrácí prvotní bezstarostnost a je postupně stále více zatěžkáván, až nakonec v této písni je užito ve vrcholně vzrušujícím symbolickém obrazu výzvy, jež poruší spánek a nehybnost stromů, kráčejících „zelenou zádumčivou cestou". Působí to dojmem, jako by se v některých místech soustředila stavebná jádra, jejichž rozvíjením dochází skladatel teprve k jejich plnému postižení technickému i významovému. Tento motiv je jedním z nejkonstantnějších v jeho tvorbě. (Ukázka č. 107 na následující straně.)

Ukázka č. 105: Zvířata. Rackové. Rukopis.

Ukázka č. 106: Zvířata. Rackové. Rukopis.

Ukázka č. 107: Sny. Stromy. Rukopis.

Bořkovec vytvořil svými posledními sbírkami písně osobité nejen z hlediska hudebního, ale i z hlediska uchopení a zhudebnění textu. Po někdejší lehkosti a veselosti dospěl k vyzrálé podobě posledních cyklů, jimiž rozšířil v české vokální lyrice námětovou oblast filozofických úvah o originální symboliku. Spojením se soudobým výrazem přispěl rovněž k překonání tradičního typu novákovské písně.

Cyklus *Zvířata* byl poprvé proveden na přehlídce nové tvorby 18. 2. 1962 Věrou Soukupovou a Petrem Ebenem. Cyklus *Sny* zazněl poprvé v orchestrální úpravě 5. 3. 1964. Pěvecký part interpretovala Věra Soukupová, Českou filharmonii řídil Martin Turnovský.

V Bořkovcově tvůrčím procesu byly tyto písňové cykly jakousi vnitřní přípravou před větší kompozicí.[207] Právě v tom čase pomýšlel znovu na operu. Zaujala ho legenda o kejklíři, který předvádí Panně Marii v kostele své nejkrásnější kousky. Bořkovec tento námět chápal jako obraz víry i jako osobní vyznání umělce. Hlavní postavou měl být němý mim – tanečník. Libreto mu psala Hana Prošková.[208]

Po všech svízelích s *Palečkem* si patrně nebyl zcela jist nosností tohoto námětu, a proto se radil s Františkem Bartošem, jehož úsudku i přátelské nezištnosti si vysoce vážil. František Bartoš jej od tohoto záměru odradil.[209]

Není známo, kdy přesně vznikla drobnější čtyřruční skladba s názvem *KEJKLÍŘ*, jejíž stopa končí v roce 1965 a nyní je dílo nezvěstné.[210]

V roce 1962 Bořkovec napsal své jediné liturgické dílo *TE DEUM* pro smíšený sbor, sóla, varhany a orchestr. Středověké oslavné díkůvzdání svým obsahem i formou plně vyhovovalo pocitům, jež Bořkovec spojoval s křesťanskou vírou. Zvolil latinskou verzi, která mu dovolila volnější práci s textem, než by tomu mohlo být u mateřského jazyka. Sborová sazba je až na drobné kadenční odchylky stejná jako v *Madrigalech o čase*. Instrumentální doprovod je velmi skromný.[211]

I v této rozsahem nevelké, kompozičně sevřené jednolité skladbě lze sledovat výchozí stavebné prvky, jež spolu s danou melodií tohoto chvalozpěvu vytvářejí komplexní celek. Bořkovcovy původní elementy harmonické i melodické stavby jsou dobře sledovatelné v jedné varhanní mezihře, v níž lze sledovat kadenci in B s výraznou rolí zmenšeného čtyřzvuku a zamlžováním subdominantní primy.

Ukázka č. 108: Te Deum. Rukopis. Part varhan.

Te Deum bylo provedeno v roce 1969 Československým rozhlasem. Nahrávka byla pořízena se Symfonickým orchestrem Československého rozhlasu v Praze, řídil Alois Klíma, na varhany hrál Jaroslav Vojtek, zpívali Marie Mrázová, Milada Boublíková, Jindřich Jindrák, Miroslav Frydlewicz a Pěvecký sbor Československého rozhlasu v Praze.

Z inspiračního okruhu náboženské mystiky vychází i jeho další práce z roku 1965, *SILENTIUM TURBATUM.* Podnětem k ní byla objednávka mezinárodního hudebního festivalu Pražské jaro, který se v roce 1964 obrátil na přední české skladatele s žádostí o novinku, jež by byla provedena na koncertech v příštím ročníku festivalu. Autoři byli omezeni pouze dobou trvání skladby do dvaceti minut. Pavel Bořkovec napsal pro tuto příležitost symfonickou větu pro orchestr, elektrofonickou kytaru, alt sólo, na verše Hany Proškové, jíž dílo věnoval.

Bořkovcovi vyhovoval text, který nebyl poután na liturgii, ani přímočaře konkrétní, přitom však odpovídal pocitové sféře, kterou chtěl hudbou zachytit. Náboženskému výkladu se vyhýbá i komentář k partituře, v němž se píše, že autorovi šlo o vyjádření protikladu *„ticha a hluku, klidu a nepokoje, tedy o jakýsi nepokoj v klidu, který prožívá každý člověk".*[212]

Verše *Silentia* jsou podle přání autora psány na starozákonní apokryfní knihu Moudrosti,[213] ponejvíce podle její 17., 18. a 19. kapitoly. I když výklad těchto veršů je mnohostranný, všem interpretacím zůstávají některé momenty společné: v hluku a shonu člověk nezískává vyrovnanost s vlastním svědomím, a tím ani klidu duše, právě poznání ticha dává poznání pravdy. Lidé jsou raněni slepotou, nemohou vidět pro tmu v sobě i kolem sebe pravdu a spravedlnost, nechtějí vidět marnost svého nesmyslného konání, ztratili cestu ke „dveřím ticha" – k pravdě.

Hudební imaginace nachází v obou těchto pólech formotvorné prvky. V druhé polovině věty se ke všem proměnám, jež prodělává člověk v reakci na nárazy světa, který ho obklopuje, i v cestě hledání „prastavu", jehož obrazem je klid, ticho v životě fyzickém i duševním, připojí ještě lidský hlas, který ač nejkonkrétnější, přece básnickými symboly zhmotňuje tuto myšlenku.

V *Silentiu turbatu* skladatel rozšiřuje orchestrální aparát o elektrofonickou kytaru.[214] Svou motivaci k volbě vyjádřil písemně[215] a odpověď se tak po letech stává dokladem Bořkovcova tvůrčího rozvažování: *„Slyšel jsem před lety jakousi orientální skladbu s neobyčejně dlouhým a mimořádně působivým uměním jediného tónu po drnknutí na hlubokou strunu. Vzdálenou obdobou tohoto neobvyklého výrazového prostředku jsou tzv. Martenotovy vlny, jež však u nás nemáme. Harfou se tohoto nejen zvukového, ale i výrazového prvku pro malou nosnost tónu docílit nedá, a proto jsem se rozhodl pro elektrofonickou kytaru s tónem neomezené délky a libovolné síly.*

Užívám ji nikoli akordicky a doprovodně, ale převážně melodicky, tj. jen na jednom tónu, ovšem bez tremola a vibrata, jak je u tohoto nástroje jinak obvyklé. Zní od druhého taktu, a to průběhem celé skladby. Je pro svůj dynamicky neobyčejně tvárný, nicméně nevtíravý zvuk představitelem principu ticha. Znovu však připomínám, že je jen jedním z členů velkého symfonického orchestru ve skupině příbuzných nástrojů, tj. klavíru, harfy a xylofonu, mezi nimiž nejen v partituře, ale i na pódiu má figurovat jen jako první mezi rovnými."

V rozvržení díla Bořkovec uplatnil svůj osvědčený model s umístěním rozhodujících prvků do introdukce a s jejich postupným začleňováním a prostupováním v průběhu skladby. Drobné, ostře vyhraněné částečky jsou amalgamovány v pevně utvářeném celku, plném tempových, dynamických i náladových kontrastů.

Stavba první – orchestrální poloviny *Silentia* kombinuje variace s jinak evolučně budovanými částmi, v nichž se pólu světského ruchu dostává stále menší pozornosti, až po trojím náporu zcela převáží propojená témata z akordických obratů, blízkých již vícekrát uplatněné chorální harmonie.

Druhá, kratší část díla (poměr taktů 172 : 113) má obrysově třídílné členění, v němž chorální téma je myšlenkovým svorníkem ve shodě s apokalyptickým obrazem ztráty cíle.

Orchestrální barvy této části jeví velkou citlivost vůči altové barvě výrazné melodie slova; ani v nejvypjatějším okamžiku fortissima není slovo přehlušeno. Bořkovec stále nachází nové možnosti barevného odstínění ostrých ostnů i opalizujících plošek své průzračné tkáně. K zajímavým místům v tomto smyslu patří např. s. 30–31 v partituře. V úseku sedmi taktů dojde ke třem výrazným a přece vnitřně návazným proměnám. Po dvou taktech ostinátně opakovaných oktáv se sekundou v klavíru a harfě, po jejichž svítivém zvuku se ozvou sordino pozouny a tuby, zvukově vyvolávající efekt vzdálené ozvěny již dříve zřetelného varování, hrozby; vzápětí v dalších třech taktech se celá ploška zklidní v akordickém „chorálním“ tématu v dřevěných nástrojích, jež velmi přibližuje tón odevzdanosti.

Ukázka č. 109: Silentium turbatum. Praha 1967, s. 30.

Ukázka č. 110: Silentium turbatum. Tamtéž, s. 31.

Jiným momentem je třeba rozkolísání rytmu synkopací ve všech blocích. (Ukázka č. 111 na následující straně.)

Ukázka č. 111: Silentium turbatum. Tamtéž, s. 23.

Ačkoliv *Silentium turbatum* psal sedmdesátiletý autor, je to dílo bohaté invence, výsostného nadhledu a koncentrace.

Na počátku šedesátých let došlo k oživení zájmu o Bořkovcovu hudbu. Jednou a ne zanedbatelnou příčinou byla zřejmě změna hodnotové orientace koncem padesátých let. Do určité míry k tomu přispělo i Bořkovcovo postavení mezi českými skladateli, spojené s všeobecnou úctou k jeho lidskému i uměleckému profilu.

Nepřímo tento posun u oficiálních míst signalizovala již státní cena v roce 1959. V roce 1960 provedla Česká filharmonie jeho *III. symfonii* (říjen) a na dalším abonentním koncertu vzbudil velkou pozornost Antonín Jemelík svou interpretací *II. klavírního koncertu* (listopad). Na sklonku roku zazněl v abonmá Košického symfonického orchestru Bořkovcův *houslový koncert* se sólistkou Bedřiškou Seidlovou. V roce 1962 byla premiéra cyklu *Zvířata*.[216]

V roce 1963 se znovu objevily v repertoáru mladých barytonistů *Rozmarné písně*, a to dokonce v pěvecké soutěži R. Schumanna ve Zwickau (Pavel Červinka, Petr Eben) a na koncertě Akademie múzických umění v interpretaci Otavova žáka Jaroslava Marka s klavíristou Alfrédem Holečkem. Z Wigmore Hall došlo sdělení, že tam hrál Jan Stirling (10. 12.) *houslovou sonatinu*.

V březnu 1963 uspořádala pražská konzervatoř z podnětu Václava Holzknechta Večer skupiny Mánesa, na němž zazněly vedle komorních skladeb Iši Krejčího, Jaroslava Ježka, Františka Bartoše také Bořkovcovy *Rozmarné písně* (Pavel Červinka, Jiří Ruml) a *Sonatina pro housle a klavír* (Jiří Tomášek, Libuše Hamplová).

Rok 1963 je i rokem prvního uvedení *V. smyčcového kvartetu*, před jehož rozhlasovou premiérou se vysílal pořad o Bořkovcově komorní tvorbě.

V roce 1964 se dostalo Bořkovcovi společenské pocty udělením titulu zasloužilý umělec. K Roku české hudby se tehdy konala výstava Nad rukopisy mistrů, jejíž vernisáž byla v Divadle hudby 17. 2. Byly tam autografy B. Smetany, A. Dvořáka, L. Janáčka, J. Suka, V. Nováka, K. Ostrčila, O. Zicha, B. Martinů, E. F. Buriana, K. B. Jiráka a P. Bořkovce. Výstava byla koncipována i s hudebními přehrávkami těchto mistrů.

K životnímu jubileu uspořádala Akademie múzických umění 18. 4. 1964 vskutku reprezentativní Komorní večer Pavla Bořkovce s programem: *Sonatina pro housle a klavír* (A. Plocek, A. Holeček), *Sonáta pro violu* (L. Černý), *Zvířata* (M. Krásová, A. Holeček), *Rozmarné písně* (Zd. Otava, A. Holeček), *Smyčcový kvartet č. 4* (Pražské kvarteto, j. h. – K. Šroubek, J. Baxa, L. Černý, A. Večtomov), *Madrigaly o čase* (Noví pěvci madrigalů, M. Venhoda).

Měsíc předtím (5. 3.) zazněla premiéra cyklu *Sny* s Českou filharmonií (V. Soukupová, dirigent M. Turnovský).

Svaz skladatelů zajistil (23. 9.) rovněž koncert z díla Pavla Bořkovce s úvodním slovem Karla Janečka, klavírním *Přáním* Pavlu Bořkovcovi od Karla Šroma a dále: *Smyčcový kvartet č. 4* (Vlachovo kvarteto – J. Vlach, V. Snítil, J. Koďousek, V. Moučka), *Sny* (V. Soukupová, A. Holeček), *Sonatina pro housle a klavír* (V. Snítil, Z. Zichová), *Smyčcový kvartet č. 5* (Vlachovo kvarteto).

V roce 1964 vyšel sborník o Pavlu Bořkovcovi,[217] v němž psali skladatelovi přátelé a žáci o jeho tvorbě i osobnosti. V tomto roce skončila rovněž Bořkovcova pedagogická činnost. Snad právě v této souvislosti připadl někdo v rozhlase na nápad uvést pořad Bořkovec – učitel, v němž o svém učiteli hovořili Vladimír Sommer, Petr Eben, Pavel Blatný, Jaromír Hruška, Luboš Sluka, Jan Klusák, Jan Ducháň. Rozhlasový záznam tohoto pořadu patrně dnes již neexistuje, avšak vzpomínky na Bořkovcovo učitelské působení tvoří jednu kapitolu i ve zmíněném sborníku.[218]

Ze vzpomínek i z korespondence Pavla Bořkovce je zřejmé, že se svými žáky skutečně žil a poskytoval jim nejen během studia, ale i později pomoc, kdykoli se na něho obrátili. S mnohými z nich zůstal v trvalém písemném i přátelském styku. Jeho žáci svorně oceňovali jeho výsostně taktní jednání při usměrňování mladých talentů. Bořkovcovy korekce začínaly zpravidla slovy „tedy vy vlastně chcete...“, někdy, když to bylo naléhavé, „doporučoval“, ale většinou se jen „domníval“. Jan Ducháň píše: *„Nikdy neřekl: tohle udělejte tak a tak a toto zas takhle (což bývá ostatně – žel – jedinou formou výchovy příštího skladatele). Ale jak duchaplně, laskavě, moudře – ale zároveň naprosto neodvolatelně dovedl nainfikovat pochybnost o něčem, nebo k místu, které – ač zaručeně špatné – zdálo se nám do té chvíle jako dokonalost sama. A právě v tom, jak Pavel Bořkovec místo autoritativního mentorování dovedl přivést žáka na správnou cestu jeho vlastní pochybností, úvahou a hledáním dokonalejšího řešení, v tom vidím Bořkovce jako velkého učitele.“*

Vladimír Sommer ve své vzpomínce připomíná i důkladnost Bořkovcova přístupu k tvorbě svých žáků. Jejich problémy promýšlel mezi konzultacemi a v mezičase jim posílal lístky s náměty na řešení.

Ještě o jednom momentu Bořkovcovy povahy se zmiňují všichni jeho žáci, a to o schopnosti pěstovat v každém z nich úctu a smysl pro vnitřní řád hudební látky, pro čistotu práce harmonické i instrumentální. Bořkovcova osobní orientace nebyla ani v pozdním věku uzavřena odlišným kompozičním technikám, i když se k nim nepřiklonil. Ale měl pro své žáky stejnou míru tolerance a pochopení, jako kdysi projevil vůči němu Josef Suk.

Z Bořkovcových osobních vlastností obdivovali žáci nejen jeho dokonalé vystupování („nikdy nevybuchl“), neobyčejnou píli a nesmlouvavou poctivost v práci, ale i odvahu bez rozpaků přiznat svůj omyl. A ještě jedna zmínka mimoděk odkrývá něco o jeho ryzím charakteru. Pavel Blatný se zmínil, že za mnohé půldny i celé dny práce s žáky, kteří navštěvovali profesora Bořkovce v jeho bytě, nikdy nebral od nikoho honorář. A bylo to v době, kdy on sám nebyl ušetřen finančních problémů.

O Bořkovcově vlivu prohlásil veřejně[219] ještě v roce 1990 ve svém zralém věku Čestmír Gregor, že mu právě Bořkovcova hudba objevila svět moderní hudby a stala se mu životním stigmatem.

V roce 1965 zaslal Bořkovec odpověď na anketu Filharmonické společnosti v Bruselu o chef d'oeuvrech dvacátého století. Zařadil mezi ně tato díla: I. Stravinskij: Oidipus rex, A. Honegger: 2. symfonie, L. Janáček: Sinfonietta, B. Martinů: Dvojkoncert, B. Bartók: Koncert pro orchestr, P. Hindemith: Symfonie Malíř Mathis, L. Janáček: Glagolská mše, A. Roussel: 3. symfonie g moll, O. Messiaen: Exotičtí ptáci (Oiseaus éxotiques), B. Britten: Válečné requiem, L. Janáček: Káťa Kabanová.

„Čas šel a stárnul“ – Bořkovec v roce 1944, 1954, 1964

Bořkovcova inklinace k těmto autorům vcelku nepřekvapí, neboť jde o skladatele i díla, která v určitých analogických parametrech sleduje i on sám. Pozoruhodný je však jeho zjevný obdiv pro Janáčka, kterého jmenuje třikrát a zařazuje do přehledu jedinou operu – právě od něho.

V roce 1965 byl Bořkovec zaujat prosbou hornisty Josefa Brázdy o dílo pro tento koncertně méně uplatňovaný nástroj. Shodou okolností vypsal také Český hudební fond objednávku skladeb pro méně frekventované nástroje v koncertní praxi. Vzniklo tedy *INTERMEZZO* pro hornu (violoncello) a klavír, jehož premiéry se ujali Josef Brázda s Janem Marcolem na komorním koncertu Svazu skladatelů 7. 12. 1966. V přibližně desetiminutové skladbě Bořkovec uplatnil svůj vycizelovaný styl, našel nové nástrojové barvy. V kompozičních postupech má dílo některé tematické souvislosti s *V. smyčcovým kvartetem*.

Bořkovcova tvůrčí dráha se zvolna chýlila ke konci. Poslední díla nevznikala lehce, skladatel musel přerušovat svou práci. Přesto tyto překážky neovlivnily kvalitu práce. Bořkovcova *SINFONIETTA IN UNO MOVIMENTO* vznikala v letech 1963–1964, definitivní podobu dostala až v dvouletí 1967–1968.

V šedesátých a sedmdesátých letech vznikla celá řada jednovětých orchestrálních skladeb s programním zaměřením. J. Havlík[220] ve své studii upozornil na to, že v oblasti neprogramní symfonie (symfonietty) uplatnil jednovětou formu u nás poprvé Pavel Bořkovec.

Na rozdíl od *Komorní symfonietty*, která ve svém plánu sledovala formu klasického sonátového cyklu, chtěl zde autor vytvořit pro velký orchestr „nepříliš rozlehlou větu, volnou ve výraze i formě, v jednotném tempu s výrazně symfonickým založením“.[221]

Druhá symfonietta má završující význam v Bořkovcově tvorbě. Z hlediska stavebné práce v ní s dokonalou suverenitou užívá svého způsobu modelace látky z nejjednodušších elementů (třítónový motivek, dvaatřicetinová figurace, sled čtyř až osmi akordů, atd.) k jejich rozvinuté podobě a stoupající tematické propojenosti v poslední třetině díla. Přitom však při prvním poslechu se zdá, že hudba plyne zcela volně jakoby jen z toho, co předcházelo, někdy jako kontrast, jindy jako evoluční pokračování exponovaných myšlenek.[222]

V proudu neutuchajících stále nově se utvářejících témbrových odstínů kontrastní vzruchy rozněcuje někdy stabilně formovaná synkopace, polyrytmie, jindy také velmi pravidelně akcentovaná melodicko-rytmická ostináta.

Dělení obrysově respektuje čtyři věty sonátového cyklu. *Symfonietta* do určité míry navazuje na myšlenkový okruh *Silentia turbata*, jehož symbolika je zde viděna z odlišného úhlu. Je-li první část v okruhu témat „ztráty cest ke dveřím ticha“ (chorální akordika, dvaatřicetinová figurace, triolový model, lyrická melodie zde v klarinetu), v *symfoniettě* se dotýká těchto témat jakoby zlehýnka, zdaleka. Teprve v druhé části *symfonietty* následuje koncentrace k akordickému chorálnímu tématu, napětí a tempové kontrasty se na způsob střihových zlomů stupňují až k vrcholnému výkřiku části třetí (partitura s. 31–34). „Čtvrtá věta“ má odpočátku ráz prosby, kterou podtrhuje citace písně Svatý Václave, vévodo české země – nejprve v poněkud zastřené melodice smyčcových nástrojů (s. 34), vzápětí přerušené tematizovanými rytmy z počátku skladby, jimiž postupně prorůstá oproštěná chorální akordika i melodika až do závěrečné průhledně tonalizované akordiky (s pestrými kombinacemi postupu od VII. stupně v Des dur s alterovanými obraty a moll).

Ukázka č. 112: Sinfonietta in uno movimento. Partitura. Praha 1982, s. 46.

Bořkovec tu užil stejné symboliky jako v době německé okupace.

Touto jednovětou skladbou se uzavírá vývojový okruh, spojující hledání nové hudební řeči a tvaru v jednovětých symfonických dílech ve třicátých letech *(Start, Partita)*, přes vnášení nových prostředků hudební řeči do tradičních forem *(koncerty, Concerto grosso)* ve třicátých a čtyřicátých letech, k monumentalizaci žánru symfonie v padesátých letech až po nové formování jednověté symfonické skladby, spojené s vokální složkou, jíž navázal na žánr někdejší symfonické básně, a žánr jednověté symfonie s výsostně hudební významovou symbolikou.

Bořkovec se na své tvůrčí cestě nezastavil a v každém díle své zralosti postoupil o kousíček dál ve svém směřování. Zdá se však, že duch byl silnější než fyzická stránka. Z posledního plánu na *třetí symfoniettu* zůstalo pouze 60 taktů expozice, vypracované do nejmenších podrobností. Karel Šrom při porovnávání mnohonásobného počtu taktů ve skice s počtem taktů v partituře dokládá,[223] že se skladba rodila pracně a těžce. Ve výsledku čistopisu zůstal sloh i jeho lehkost uchována.

Stáří Pavla Bořkovce se ozvalo po sedmdesátce stoupající cukrovkou, oční chorobou a nervovou labilitou. Tyto problémy však znali jen jeho nejbližší, doma. Ve styku s lidmi si Bořkovec vždy udržel dokonalé vystupování, noblesu jednání a nikdy, ani svým přátelům, si nepostěžoval ani nežehral na nepřízeň osudu.

Tvůrčí pokora jej vedla k pevné křesťanské víře a k přátelským vztahům se svými „lékaři těla i duše".[224]

Ve vzpomínkách Bořkovcova syna Aleše je velmi zajímavý postřeh o povahových rysech otce: *„Nikdy, ani v pozdním stáří, neměl otec rád nostalgické návraty do minulosti... Otec znal jenom intenzivní duševní činnost, a to prakticky každodenní komponování – a uvolnění: v mládí sport, společnost a odpočinek – procházky nebo četbu. Fyzickou práci nepoznal nikdy... a také nepoznal žádné hobby. Když jeho energie na nervové vypětí při tvůrčí práci již nestačila a v roce 1968 přestal definitivně komponovat, neměl již posilu v jiné aktivní činnosti, a to přispělo k rychlému zhroucení jeho duševních sil."*[225]

V srpnu 1968 Bořkovec porušil svůj odmítavý postoj k veřejným projevům, ale jeho kratičký projev, odkazující na zvuky Janáčkovy Symfonietty, již nebyl vysílán, protože přišel do rozhlasu pozdě.[226]

Ačkoli Pavel Bořkovec obdržel v roce 1969 Řád republiky, při výměně členských legitimací KSČ již své členství neobnovil.

Zemřel 22. 7. 1972 po krátké nemoci na interní klinice prof. Charváta na Karlově náměstí. Byl do posledních okamžiků života obklopen láskyplnou péčí své ženy i dětí. Je pohřben v rodinném hrobu na bubenečském hřbitově.[227]

Bořkovcova rodina je početná, avšak mezi deseti vnuky se skladatelské vlohy neobjevily.

Bořkovec s Due Boemi (Ema Kovárnová a Josef Hórák) v roce 1968

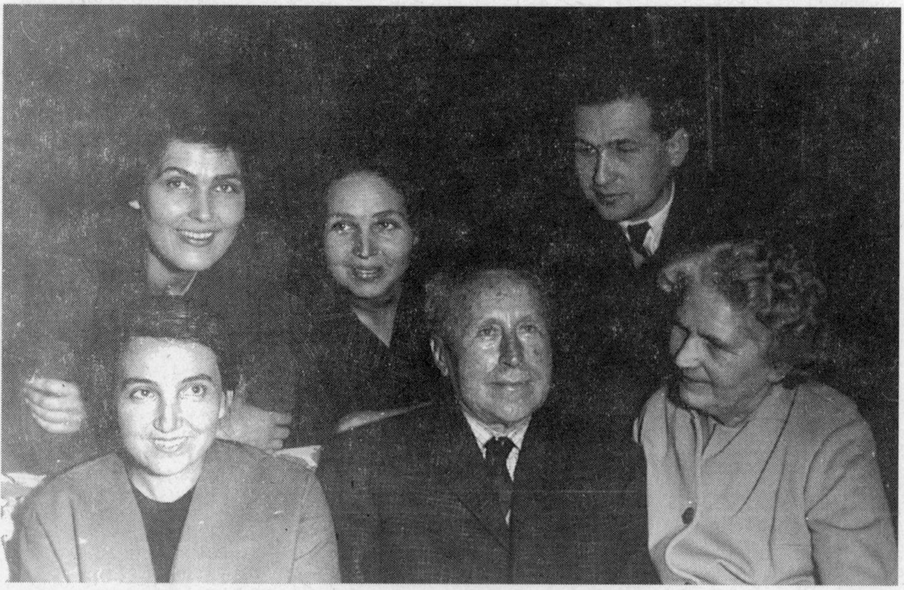

Bořkovec s manželkou a dětmi v roce 1962 (zleva nahoře Hana Prošková, Dana Frelová, ing. Aleš Bořkovec, jeho žena Hana Bořkovcová a P. Bořkovec se ženou)

ZÁKLADNÍ RYSY BOŘKOVCOVA TVŮRČÍHO TYPU

Jedním z hlavních znaků tvůrčí osobnosti Pavla Bořkovce je úporná snaha po nalezení pevného postoje a svobodného prostoru pro člověka.

V bouřlivých dvacátých letech našeho století vše kulturně rašilo. Stoupala úroveň české kultury, nastupovala optimismem naplněná mladá generace, která unikla válečným zákopům, i ta, která v nich unikla smrti. Pro její příslušníky je přímo příznačné opojení životem, jeho bohatostí. Jsou okouzleni vším, co je obklopuje, a nadšeně přijímají vše nové, avantgardní... S nekonečnou důvěrou věřili v možnost dohody všech lidí na zemi, horlivě studovali vše, co bylo dostupné.

Duchovní klima člověka 20. století se změnilo. S kultem rychlosti – prožitků, přesunů z místa na místo – souvisí do značné míry i těkavost a povrchnost zájmů, a také ztráta opory o tradiční cesty. Stabilizované hodnotové i tvůrčí struktury jsou rozrušovány novými teoriemi.

Umění si volí svá pole podle příklonu k různým filozofickým směrům. Proto se vedle avantgardních teorií o umělecké tvorbě uplatňují i tradicionalistické koncepce, vedle orientace na artismus se všemi jeho atributy se pronikavě rozlišuje sféra hudby užitkové.[228]

Ve stavitelském rodu Bořkovcovy rodiny zřejmě nebylo to nejvítanější prostředí pro hudební říši svobody, odpoutané od neustálých povinností. A přesto právě zde si osvojil Pavel Bořkovec celoživotní postoje; odpor k povrchnosti v životě i v umění a přes svou vnější plachost odvahu k mravnímu činu. Toto hledání hodnot v sobě, v lidském nitru, jej spojuje s učením tzv. filozofie života.[229] Orientace na vytříbenost práce, dokonalé zvládnutí látky jej sbližuje s úsilím o novou útvarnost, jež je v české hudbě nejvýraznější v linii neoklasicismu.[230]

Bořkovcův tvůrčí vývoj je poznamenán východiskem romantika, a to nejen v hudební invenci, ale i v blízkosti se secesními stylovými znaky, které lze spatřovat v analogiích s postupy Sukovými.[231]

Na počátku své skladatelské dráhy viděl v hudbě možnost poeticky vyjádřit otázky života. Později, pod vlivem avantgardních teorií, se načas zajímal víc o techniku práce. Ovšem svůj základní vztah k hudbě jako prostředku duševního postižení světa nezměnil. Měnily se pouze otázky, které svou hudbou sledoval. V tomto smyslu lze Bořkovce charakterizovat jako reflexivního lyrika.

Intelekt vedl skladatele k radikální stylové proměně a k odpoutání od stabilizovaných norem. Z nových směrů tehdejší doby jej zaujala především tvorba Igora Stravinského, Paula Hindemitha, Sergeje Prokofjeva, Arthura Honeggera, ale také Arnolda Schönberga a dnes již téměř zapomenutého Ernsta Tocha. Z našich autorů dvacátého století byl trvalým obdivem a zájmem poután k Josefu Sukovi, Leoši Janáčkovi, Bohuslavu Martinů, Ladislavu Vycpálkovi a Karlu Boleslavu Jirákovi.[232] Stal se členem avantgardní hudební skupiny Mánesa, v níž našel další umělecké a osobní přátele. V průběhu třicátých let vytvořil svůj osobitý styl.

Tehdy vznikala i nejprůbojnější Bořkovcova díla po stránce skladatelské – tvůrčí i námětové. Jestliže ve čtyřicátých letech a hlavně později ustoupila bezprostřednost jeho hudebního projevu, dar úsměvného bezstarostného humoru, bylo tomu tak nejen vlivem osobního lidského vyrovnávání a dozrávání, nýbrž i situací ve společnosti, v níž žil.

V Bořkovcově tvůrčím vývoji lze vymezit čtyři relativně samostatná období.[233] ***Výchozí období*** zahrnuje skladatelova první díla a vrcholí *I. symfonii* (1927). Je to fáze, v níž autor užívá tradičních vyjadřovacích prostředků pozdního romantismu v sukovské melodizaci nástrojů a ve vzrůstajícím podílu rytmické složky na tvarování celku.

Období stylových výbojů časově přibližně od *Suity pro klavír* (1928–1929) po operu *Satyr* (1937–1938) je charakteristické příklonem k neoklasicistním principům, z nichž si autor vybírá materiál pro svou nezaměnitelnou hudební řeč s osobitým propojením linearismu, motorismu a svébytné akordiky. Bořkovcův styl je mezi skladatelovými vrstevníky nejčistší[234] a je nejdůsledněji propracován. Toto údobí označil Karel Janeček jako školu zvukové kázně.

Třetí období tvoří díla od *Krysaře* (1939) po *IV. smyčcový kvartet* (1947). Zde se koncizně budovaný tvar pojí rovnomocně s výrazovou emocionalitou. Je to fáze ***formového zrání.***

Čtvrté období je ***syntetizující.*** Časově zahrnuje dvě desetiletí, v nichž lze díla od *II. klavírního koncertu* (1948 až 1949) po *III. symfonii* (1959) považovat za údobí ***zralosti projevu*** s rysy nové lyriky nápěvné lidové tradice, dokonale vkomponované v moderním lyrismu. V posledním desetiletí vznikla díla, která lze charakterizovat jako ***stvrzování hodnot.*** Stále výrazněji se tu jeví linie filozofického vyrovnání a dosažení souladu emocionálního dosahu s řádem tvaru.

Bořkovcův vskutku klasicistní smysl pro harmonii a proporcionalitu dokládá i frekvence žánrů uvnitř jednotlivých tvůrčích fází. V prvních třech fázích je číselný poměr orchestrálních kompozic vůči komorním žánrům jedna ku třem (1 : 3), a to přes stoupající počet opusů v jednotlivých fázích, který je dán čísly 8; 16 (plus jedno scénické dílo); 11 (plus dvě scénická díla). Ve čtvrté fázi se tento vztah mění na jedna ku dvěma (1 : 2), přičemž v jednom desetiletí je tento poměr ve prospěch orchestrálních prací (2 : 1) z šesti opusů a v posledním desetiletí naopak převažují v témž poměru komorní díla (2 : 1) opět z šesti opusů.

Pro tvůrčí styl Pavla Bořkovce je charakteristických několik faktorů, které jsou bytostně spjaty s jeho hudebním myšlením. Exponování materiálu ve všech opusech je důkladné, je vesměs in nuce obsaženo v úvodní části díla a teprve evolučním rozvojem se odpoutává fantazie, s níž hudební proud spěje k zvukově novým obrazům, z jejichž propojení plyne myšlenkové a pocitové klima přesně cílených gradací spolu se stupňováním výrazu i elegantními pregnantními závěry.

Bořkovec koncipuje určitou myšlenku přímo pro konkrétní hudební nástroj, s představou jeho zvuku. V jeho hudbě se nesetkáváme s barevnými shluky či šumy. Vše jsou reálně vedené hlasy, často v pásmové instrumentaci.

Jeho melodická invence se odpoutává z určitých melodických jader, z nichž dovede rozvinout polyfonicky samostatné hlasy. Od syntézy na konci třicátých let se melodika rozvíjí s respektem vůči zákonitostem melodie (vytratily se záměrné velké skoky ve prospěch plynulosti melodie), což se ostatně děje také v dílech významných evropských neoklasicistů.[235] S motivy Bořkovec pracuje jako s myšlenkami, přidělenými v určité situaci určitým nástrojům. Podle potřeby postupným rozpracováním malého základu může taková myšlenka vyrůst do velké šíře. Fantazie, s níž vede jednotlivé melodické hlasy, je sice podrobována tektonickým zřetelům, avšak neztrácí přitom širokou variabilitu. Ve zralém období se setkáváme i se stabilizovaným rozšiřováním závětí v zřetelné dvou-, tří- nebo čtyřtaktové periodicitě stavby. Zvuková složka melodického tvarování je do té míry prioritní, že i dílčí melodické shody působí v jiných kontextech odlišně.

K autorským melodickým konstantám patří např. melodicky sestupná malá tercie s následnou sekundou s prodlouženou hodnotou, nebo sestupný interval kvinty s nějakým průběžným sekundovým krokem. Časté jsou také opakované figurace čtyř šestnáctin, nebo malá skupinka k notě s prodlouženou hodnotou. Jiným typem melodických konstant jsou výrazné melodické obraty, které procházejí dalšími díly s proměnami výrazového zabarvení. Patří k nim např. intonace z *Rozmarných písní*, obrat s textem „Hospodyňko“ z *Lidových říkadel*, motiv krysařovy flétny, honičky myší z baletu *Krysař*, atd.

Rytmus zasahuje do výstavby celého díla. Přerýváním hudebního toku, změnami taktů, přesunováním těžkých a lehkých dob uvnitř svébytných obrazců buduje strukturu díla. V Bořkovcových skladbách je rytmus nerozlučně propojen s vnitřní tektonikou díla. Může vytvářet složitější obrazce, polyrytmii v některých úsecích, stejně jako rytmizovaná pásma. Vždy ovšem zůstává v pozadí stabilizovaná metrická norma, na jejímž půdorysu se tyto proměny odvíjejí.

Velmi charakteristický model rozkolísání pravidelné rytmické pulzace si Bořkovec osvojil ve třicátých letech v souvislosti s poetismem. Tento postup jeví vnější shody s jazzovou rytmizací, avšak právě jeho mikrostruktura prokazuje pozoruhodnou paralelu s rytmickou intonací veršů poetistických básníků.[236] V některých případech (např. ve folklórních stylizacích) poněkud připomíná rytmizaci v lidových tancích s proměnlivými takty.

Harmonie zkraje tvůrčí cesty má všechny charakteristické rysy rozšířené tonality pozdně romantického slohu. Po tvůrčím zlomu v roce 1929 se zčásti uplatnila nehierarchická modalita v atonálním dvanáctitónovém chromatickém systému, která záhy ustoupila centrické hierarchii. Skladatel užíval dráždivých souzvuků, jež zamlžují tonální inklinaci akordů. Emil Hradecký[237] prokázal, že Bořkovec při hledání nového zvuku nešel cestou deformace tradičního zvukového materiálu, ale vytvářením akordických jader, která jsou tvořena z neopakovatelných tónů tak, aby mohla vhodnými kombinacemi vyvolat dojem určité základní tóniny. Funkci akordických disonancí tvoří nejčastěji čtyřzvuky, které vedle půltónového střetnutí obsahují ještě zvětšený trojzvuk. Přitom nejčastějším trojzvukem bývá rodově obojetný a relativně samostatný akord se sekundou.

Jinou možnost skýtá spojení durové či mollové diatoniky s modálními prvky a s pentatonickou melodikou.

V závěrech se objevuje vybočení do příbuzné tóniny k dominantnímu akordu, který po zaznění působí nečekaně překvapivě a neotřele. Harmonie je podřízena témbrovému spojování akordů, nebo lineárnímu vedení hlasů či vrstev, pomocí nichž skladatel může dospět až k bitonalitě nebo střídání tónorodu v obratech, které značně znejasní tonální centra. Bohatá polyfonická práce uvnitř bloků i mezi nimi, jež může být podle potřeby prostupována dílčími ostináty nebo akordickými paralelismy, nabývá občas rysů stratofonní faktury.

Harmonie je podle potřeby polytonální, avšak nejčastěji diatonická. Skladatel užívá dráždivých souzvuků, jež zamlžují tonální inklinaci akordů.

Emil Hradecký se v téže studii vyjádřil, že Bořkovec vytvářel díla výjimečné slohové jednoty,[238] avšak přesto lze jeho hudební jazyk dobře postihnout rozborem právě jeho harmonické stránky. Ta plní „normativní funkci gramatiky tonálně založeného hudebního jazyka“.

Úsilím o věcný a nesentimentální projev se Bořkovec ve dvacátých letech vřadil do slohového proudu se skladateli evropské moderny, jako byli např. Igor Stravinskij, Darius Milhaud, Paul Hindemith, Sergej Prokofjev. Hradecký přitom zdůrazňuje, že Bořkovcův historický význam pro českou hudbu je v tom, že to učinil souběžně se světovým vývojem, přitom však se samostatností, která je zřetelná v autorském odklonu od Schönbergovy dodekafonie. Osobitost a snadná rozpoznatelnost Bořkovcovy hudební mluvy plyne z pevných zákonitostí harmonické stránky hudebního výrazu, založeného na tradičním tonálním základu. Jaroslav Jiránek navazuje na tuto úvahu vyjádřením, že Bořkovec vlastně nahradil harmonicko-funkční vazby akordů melodicko-témbrovými plochami.[239]

Pozdější oprošťování hudební řeči se v harmonických vazbách projevuje v preferenci souzvuků, které obsahují půltóny, avšak v takových vztazích, že nemají přílišné napětí, jež by připomínalo ostré disonance. Některé disonance jsou zmírňovány melodizováním akordiky tak, že melodický pohyb stabilizuje harmonii víc k tonálnímu centru. Také v souzvucích s tritónem je tritón rozložen do krajních hlasů a rozváděn v souhlasu s klasickými pravidly, nejčastěji jako při rozvodu frygického trojzvuku. Přitom platí, že určité harmonické postupy jsou významově podmíněny a spojeny také s určitou melodikou. Právě harmonické pozadí v rozvoji melodiky je patrně jedním ze základních zdrojů Bořkovcova stylu a je to zřejmě tento specifický rys hudební řeči, který způsobuje, že se v posluchačově paměti nevytváří melodický obrys, neboť je plně překryt výrazovou gestikou (později lyrickými odstíny). V paměti vnímatele se vytváří buď celostní obtisk struktury, nebo jen emocionální prožitek.

Ve srovnání s klasicisty první vídeňské školy[240] Bořkovcova melodie roste na klasickém podkladu, avšak její rytmická pulzace je odlišná (víc znepravidelněna, dravěji synkopizována, apod.). V rámci rozšířené tonality harmonie preferuje diatoniku s určitými akordy, což zvukově vytváří dojem blízkosti s modálními řadami.

Myšlenková souvislost mezi opusy určitého období, ale i v průběhu celého díla, utváří některé výrazné autorské konstanty, jejichž rozvíjením je obměňována invenčně bohatá látka stejnorodého základu.

Ke konsťantním rysům Bořkovcovy tektoniky patří smysl pro časový průběh i rozsah (jeho orchestrální díla zpravidla nepřesáhnou limit 20–30 minut), stejně jako pro potřeby kontrastu uvnitř jeho vět.

Bořkovcova technika dozrála k pozoruhodnému tvarování materiálu, který je na rozhraní montáže[241] a klasické tektoniky. Exponování témat v úvodu díla působí zpočátku nepřehledně a jakoby nahodilým dojmem invenčního odpoutávání. Avšak odvíjení těchto prvků ukazuje jejich skrytou emocionální působivost i logiku. Bezprostřední nárazy drobných úryvků, občas i značného dramatického napětí, neústupných rytmických fází s vypjatou kantilénou, jsou zároveň propojeny přesnou tematickou stavbou, která odkrývá překvapivé hlubinné souvislosti.

Charakteristické rysy mají bloky při budování základních formových typů. Bořkovcovy skladby dávají přednost schématu úvodů (pomalá introdukce poprvé chybí až v *Komorní simfoniettě* z roku 1945, od té doby je uplatnění pomalého úvodu různé), kód (často totožných s introdukcí), evolučnímu provedení v sonátových formách, kombinaci sonátové a rondové formy v sonátovém cyklu, velké dvoudílné či třídílné formě stejně jako variační v lyrické větě.

Provedení v dílech Pavla Bořkovce nemívá obvykle charakter probíhajícího dramatu, ale svědectví o něm. Látka je transformována do symbolu a tím v sobě nese i pečeť katarze. Od počátku komorní tvorby jeví autor sklon k monotematismu. Uvnitř sonátové formy je příznačná motivická propojenost úvodu (ať již introdukce nebo začátku expozice) s dalším průběhem věty i cyklu. Provedení dává přednost jednomu z témat (často méně hybnému). Bořkovec dospívá k osobitému řešení dvojího provedení, zrcadlové reprízy.[242]

Instrumentace využívá originální barevnosti nástrojů. Nikdy nedochází k zvukové přebujelosti, nástroje se ve vhodném čase uplatňují sólisticky stejně jako v blocích. Ke konstantním barvám patří spojení smyčcových nástrojů s dřevěnými; nepřehlédnutelná jsou tu místa průzračně svítivého lesku, jehož Bořkovec dosahuje sloučením vysoké polohy houslí s flétnami a hoboji, terciové postupy žesťových nástrojů v okamžicích napětí, výrazné je i přičlenění klavíru k bicím nástrojům. Vedle tradičních nástrojů se nerozpakoval pro svůj tvůrčí záměr užít i elektrofonické kytary. V pozdním věku se stejně tak nebál uplatnit prostředky tónomalby např. v písňových cyklech *Zvířata*, *Sny*, a také v *Silentiu turbatu*.

Mimořádná zvuková představivost mu umožňovala, aby podle záměrů vyvolával vždy nové barevné odstíny, vrstvil různá zvuková pásma s neustále přítomnou melodikou. Přesto je barevnost do té míry včleněna do struktury, že nestrhává na sebe prvořadou pozornost.

Z hlediska tektoniky má zvláštní funkci sólový klavír, který byl několikrát vybaven mimořádnou sémantickou funkcí. Dále lze v hudební řeči Pavla Bořkovce sledovat několik klíčových konstant (např. motiv brány, stromů, chorální píseň, Ó hřebíčku, melodické obraty), jejichž uchopením se autor dostával stále přesněji k cíli svého tvůrčího směřování.

Inspirativní okruh donauenschingenských produkcí zejména P. Hindemitha, E. Tocha, lze zaznamenat v krátkém údobí 1929–1930, kdy se Bořkovec zcela soustředil na objektivní ztvárnění dvanáctitónového materiálu s novými postupy nevázaných disonancí, novou melodikou kontrapunktické práce, atd.

Při použití archaických forem je Bořkovec důslednější než Stravinskij, Prokofjev nebo Martinů.[243] Zde se sbližuje v přístupu k materiálu s Paulem Hindemithem.

Karel Janeček charakterizoval Bořkovce jako skladatele senzualistu, jehož bezprostřední zvukové východisko je spolu s fantazií podřízeno kategorii času, do níž musí skladatel vpravit svou látku. Při srovnávání Bořkovcova typu s ‚velmistrem antiromantiků' Igorem Stravinským dochází Janeček k závěru, že zatímco Stravinskij je bezohlednější k tradičním zafixovaným hodnotám, oslnivější v hudebním zvuku, Bořkovec je ‚niternější, uhlazenější a hudebně vybraný'.[244]

Rovněž porovnání s hudbou Arthura Honeggera ukáže cílevědomou volbu prostředků českého autora. Přesto lze říci, že právě s Honeggerem má Bořkovec nejvíc styčných momentů. Oběma je společná vážnost, s níž přistupovali k filozofickým otázkám svých symfonických prací, i jistý lyrizující neklid. Oba rovněž prošli v meziválečném údobí fází neoklasicistní odpoutanosti, jasu a optimismu, o níž svědčí jejich symfonické věty i humorné aspekty v některých komorních skladbách. Dále mají obdobný přístup k tvůrčím komponentám, tj. v preferenci melodie, rytmu (individuální řešení odlišné), tematické práci s uplatněním centrické harmonie.

Avšak i uvnitř těchto momentů jsou odlišnosti. Markantní je to např. ve vztahu k užití folklórních prvků a velmi výrazné třeba v oblasti žánrů. Zatímco Honeggerovi vyhovovaly nejlépe takové žánry, v nichž se jeho inspirace nesla od literárních a vizuálních předloh, Bořkovec pro svou fantazii nepotřeboval slov. Bořkovec na rozdíl od Honeggera nemá velkou kantátu, ale má skvělý balet. Dovedl se rovnomocně vyslovit v orchestrálních i komorních dílech. K originálnímu řešení sonátové formy dospěl Bořkovec vstřebáním podnětů nejen Honeggerových, ale i dalších autorů, např. C. Francka, A. Dvořáka, J. Suka, P. Hindemitha, I. Stravinského.

Ostinátní ostré motivy v Bořkovcově díle dávají podnět k srovnání jejich role v hudebním tvarování s dílem Leoše Janáčka. U Janáčka souvisí melodická ostinata s rapsodičností jeho formy, v níž prohlubují silnou emocionální eruptivnost. V Bořkovcově důsledně klasicistní stavbě ostinata fungují jako jeden z idiomů tektoniky při projasňování tematické roviny struktury.

V mikrostruktuře souvisí s tektonickou konvencí, blízkou Janáčkovi tím, že jejich opakování je nekontrapunktické, je vkomponováno jako jistá izolovaná struktura do ostinátní či tematické plochy většího rozsahu a je zdrojem vnitřního pohybu. V makrotektonice lze spatřovat blízkost Janáčkovy metody s jeho naukou o sčasování, když právě tyto ostinátní motivické jednotky uplatňuje s přesahem mezi zvukovými bloky, ve variačních postupech i v montáži.[245]

Ostinata v Bořkovcově autorském stylu zčásti utvářejí zvukový ornament, čímž účinně napomáhají při gradacích a proměnách orchestrálních barev. V kontextu díla nejsou uplatňovány libovolně. Některé z těchto motivků jsou obdařeny sémantickou funkcí a v takovém případě procházejí v proměnách několika díly, někdy všemi následujícími. Právě těmito významovými spojnicemi a jejich stálým upřesňováním v jiných kontextech (někdy nastupují postupně připravovány, někdy přímo bez příprav) nabývá Bořkovcova hudba výrazné emocionální dynamiky, symbolistní dimenze a stylové soustřednosti. Bořkovec, jak dokládá i jeho korespondence a veřejné projevy, Janáčka obdivoval, ale nenásledoval. Jeho životní postoje i tvůrčí orientace směřovaly jinam.

Slohovým společenstvím i osobním celoživotním přátelstvím byl Bořkovec spjat s Bohuslavem Martinů.[246] Přes zřetelné stylové odlišnosti lze mezi nimi nalézt mnoho společného. Vcelku dobře to lze ukázat srovnáním techniky kompozic z konce dvacátých let, kdy oba psali díla s archaizujícími tendencemi. Martinů si tehdy osvojil postup tzv. „pattern" – „buněk", jež se melodickorytmickými obměnami přiblížily předklasicistnímu způsobu tvarování se soudobou harmonií. Bořkovec v téže době budoval své věty důsledně lineárně „cestou nepřetržitých drobných změn základního motivického jádra", přičemž k archaizaci užíval formových vzorců (např. fuga).

V tomto smyslu Martinů formuje ve svých dílech drobné melodickorytmické buňky, jež rád dál drobil, čímž narušil metrum, ale uchoval i těmto malým motivkům zřetelnost dikce. Kadencováním pak utváří z těchto dílčích útvarů výrazné myšlenky s neobarokní monumentalitou.

Bořkovcovy tematické idiomy jsou včleněny do polyfonicky otevřené formy, v níž jsou materiálem jako stavebnina. Teprve jejich plynulost, propojenost jim dává oprávnění a smysl při pochopení celku. Bořkovec je tektonicky důslednější a zákonitost proporčnosti složek u něj dominuje natolik, že jeho hudba tím získává přídech jisté aristokratičnosti.

Pavla Bořkovce spojují s Bohuslavem Martinů také mnohé principy tvůrčí estetiky, zejména v názorech na emocionální působivost hudby, na řád uměleckého tvaru, na duchovní stránky hudební poetiky.[247] V tomto smyslu je velmi příznačná Bořkovcova zaměřenost na překlenutí oné poutající vazby vědomí a fantazie v pevné zákonitosti tvaru. Touto ideou byl poután od prvních symfonických prací, poznamenaných secesní atmosférou, avšak nevzdal se jí ani v době největšího odklonu od výchozího způsobu tvarování. V období, kdy ve shodě s převládající tvůrčí poetikou byl zaujat technikou práce a dával přednost kompozičnímu umění, zašifroval[248] do své klavírní suity chorál, jímž pootevřel znovu tuto významovou vrstvu. Vedle poetistických rozmarných veršů Nezvalových zhudebnil symbolistní lyrické básně Pasternakovy. Po *Lidových říkadlech* a *Satyrovi* napsal *Krysaře*. Vybraného smyslu pro zvukovost řeči dosáhl při pozdější lyrizaci projevu v komorních i orchestrálních žánrech. V pozdním období tvorby je tato linie nejmarkantnější v kompozicích s přímým slovem, neboť v poetické symbolice mohla hudba pokročit dále za text a zasahovat další tušené vrstvy vědomí i poznání. V této výseči pohledu je Bořkovec originálním tvůrcem, který hudebním jazykem naší doby zachytil něco z pomíjivosti času i věčných lidských nadějí.

Pavel Bořkovec nikdy nemohl patřit k skladatelům obecně populárním. Byl však v muzikantské obci vysoce ctěn a vážen. Stabilitou ponoru, výrazovou adekvátností, myšlenkovou neochvějností, originalitou a perfekcí práce má jeho tvorba evropskou úroveň, což se ukázalo, kdykoli v průběhu let pronikla za domácí luhy.

Bořkovcovo dílo není příliš četné. Avšak ve všech žánrech, jichž se dotkl, zanechal díla trvalé hodnoty, jimiž rozhojnil domácí tradici i v jejím vřazení do evropského kontextu.

Českou hudbu meziválečného období obohatil o typ symfonické věty a dialogického nástrojového koncertu se svébytným řešením sonátové formy. Ve válečných letech se k těmto žánrům přičlenilo neobarokní *Concerto grosso*. V poválečných letech Pavel Bořkovec svou *Komorní symfoniettou* rozšířil neoklasicistní pól tvůrčího zájmu o žánr symfonie a tím posílil kontinuitu české hudby s předválečným obdobím, a zároveň vytvořil dílo, které svými parametry bylo plně srovnatelné s evropskou modernou neoklasicistní orientace.

V symfonické tvorbě dozrálo osobité tektonické myšlení, jímž v české symfonické tradici posílil linii symboliky transcendentálních idejí s vírou v pozitivní antropologické konstanty. K této linii se váže vedle koncertů také jednovětá symfonická skladba s vokální složkou a žánr jednověté symfonie, jímž vlastně (v závěru své tvůrčí cesty) uplatnil u nás poprvé jednovětou formu v oblasti neprogramní symfonie.

V komorní instrumentální tvorbě lze sledovat postupné oprošťování od zvukových příkrostí, zjemňování barev i prostoupení zjevnou komunikativností prostřednictvím žánrových stylizací, a zároveň také vzrůstající lyrizaci dokonale skloubeného tvaru, který realizuje v mikro i makrostruktuře zákonitosti tektoniky Bořkovcovy hudební řeči.

Ačkoli hlavní proud Bořkovcova tvůrčího zájmu směřoval k instrumentální hudbě, projevil také smysl pro vokální kompozici. Svými cykly rozšířil českou vokální lyriku o hudební humor a později o námětovou oblast filozofických úvah. Spojením se soudobým výrazem přispěl k překonání typu novákovské písně. Dodnes jsou neprávem opomíjena jeho sborová díla.

Novou kapitolu v historii české a evropské tvorby vnáší do stabilizovaných hodnotících klišé jeho balet *Krysař* a dosud nedoceněné opery *Satyr* a *Paleček*.

Uvažujeme-li, proč Bořkovcova hudba tak pomalu pronikala do zahraničního repertoáru, ukáže se několik příčin. On sám se přiřadil k avantgardě až koncem dvacátých let. Svou nevýbojnou povahou nebyl uzpůsoben k tomu, aby si zavazoval své propagátory, netoužil po družné společnosti, necestoval, nedirigoval, ani nebyl interpretem svých děl.

Byl plně koncentrován na své dílo, jemuž podřídil vše ve svém každodenním režimu. Když se začalo jeho dílo šířit do světa svými kvalitami, přišla válka. Po válce nastalo krátké oživení zájmu. Avšak poúnorová politika prosazovala v zahraničí jiné autory. Bořkovec byl zcela odkázán na podporu svých přátel v zahraničí – B. Martinů, R. Firkušného a příležitostné zájemce, kteří se občas dožadovali písemně jeho prací.

Násilné přerušení navázaných kontaktů postihlo skladatele podruhé a systematické vytlačování jeho tvorby z repertoáru předních těles a reprezentativních koncertů vedlo k tomu, že za jeho života byli preferováni skladatelé, jejichž tvorba víc odpovídala vytčené ideové orientaci.

Nelze říci, že by jeho dílo zcela přestalo být hráno. Jeho jednotlivé opusy po uvedení v Praze se prakticky v repertoáru jiných těles neobjevily. Také v rozhlase byla jeho hudba vysílána jen sporadicky.[249] V šedesátých letech sice v souvislosti s jeho sedmdesátinami došlo k novému dílčímu oživení zájmu a teoretickému docenění jeho slohu v kontextu české hudby, avšak nic to nezměnilo na celkové praxi a kulturní non-propagaci. Brněnská škola plnou vahou své erudice prosazovala Janáčka a Martinů – skladatele, o jejichž jména jevila zájem cizina. Ostatní oficiální instituce byly zahleděny zcela jiným směrem.

Česká muzikologie i interpreti ulpívají na proslulých jménech, u nichž zpravidla první kroky k mezinárodnímu i domácímu docenění učinila cizina. Snad tato neblahá tendence bude v jubilejním roce stého výročí narození Pavla Bořkovce prolomena.

POZNÁMKY

[1] Janeček, K.: Umělecká osobnost Pavla Bořkovce. Rukopis 1948. Tiskem in: Pavel Bořkovec, osobnost a dílo. Praha 1964, přejato později in: Tvorba a tvůrci. Praha 1968.

[2] Ignác Haušild (v matrice psáno Ignaz Hauschild) byl advokát, kancelář měl v Kinského paláci. Byl členem tajného politického klubu REPEAL, v němž se scházeli pokrokově smýšlející příslušníci pražské inteligence, Češi i Němci. Byl poslancem říšského sněmu v Kroměříži.
Portréty I. Haušilda a jeho ženy od Josefa Mánesa jsou v majetku Národní galerie, umístěny jsou v Anežském klášteře. Styky s Mánesovou rodinou byly zřejmě širší, existuje např. miniatura Václava Grunda od Quida Mánesa.

[3] Nejstarší doklady sahají až k Janu Bořkovcovi ze Křtěnovic, který je uveden v roce 1556 v soupisu české šlechty mezi rytířským stavem. V roce 1562 jeho syn Jan Bořkovec ze Křtěnovic vložil do zemských desk poplužní dvůr ve Vyšeticích, který mu připadl jako dědictví. Téhož roku vložil Václav starší ze Křtěnovic do zemských desk poplužní dvůr v Bořkovicích, který zdědil po svém otci Mikulášovi již v roce 1556. V roce 1567 je také on uveden v soupisu české šlechty mezi rytířským stavem.
Václav Bořkovec starší prodal v roce 1578 dvory v Čečkově a v Bořkovicích svému bratranci Václavu Bořkovcovi mladšímu. Dvůr v Čečkově byl po dvě století v majetku rodu Pavla Bořkovce. Erb rodu Bořkovců (je zachycen na kresbě v Národním muzeu) je čtvrcený, v diagonálních polích je ruka s měšcem, v protějších zlaté veslo.

[4] Citováno z rukopisných vzpomínek pro tisk. Uloženo v pozůstalosti Pavla Bořkovce v Muzeu české hudby. Dále MČH.

[5] Navštěvoval gymnázium v Praze v Žitné ulici.

[6] Lili Wachsmannová byla sestra avantgardního malíře Aloise Wachsmanna. Jejich strýcem byl literární kritik Arnošt Procházka (vyd. Moderní revue), bratrancem byl Jiří Voskovec. Bořkovec se znal s Jiřím Voskovcem povrchně, více se stýkal s jeho starším bratrem.

[7] Cit. z rukopisného článku pro tisk. Uloženo v pozůstalosti v MČH.

[8] Literární symbolismus časově i obsahově koresponduje s posledním z univerzálních uměleckých slohů, secesí. Secese vytvořila módu i životní styl v Evropě v přelomových desetiletích 19. a 20. století (Modern Style, Jugendstil, Art Noveau, Style Modernista). Tento umělecký trend chápe umění jako autonomní manifestaci vnitřního světa člověka nové doby. Umělci zdůrazňovali pevnost kontury, plošnost ornamentu, linii, barvu, čistotu kresby. Symbolismus chtěl prostřednictvím výtvorů člověka nacházet jeho podstatu. Umění mělo přitom vyvolávat skutečnost, avšak cestou fantazie, prožité z poetického náznaku jevů světa.

[9] Sňatek Pavla Bořkovce s Olgou Zárubovou se konal 22. 6. 1922. Byl to pouze civilní obřad. Teprve po konverzi k římskokatolické církvi došlo i k církevnímu sňatku.

[10] Jiným vzácným případem sebereflexe v tvorbě byla píseň Madlenky ve třetím obraze opery *Paleček*. Srov. pozn. č. 130.

[11] Pod jménem Hana Prošková je známá především jako autorka detektivek a povídek, psala také básně, knihy pro děti, televizní scénáře, překládá z němčiny.

[12] Ondříčkovo kvarteto tehdy hrálo ve složení: J. Pekelský, K. Vyskočil, V. Zahradník, B. Jaroš.

[13] Ohlas těchto básní v české kultuře byl skutečně mimořádný. Mathesiovo přetlumočení čínské poezie je dodnes normou v této oblasti.

[14] Kompoziční dovednost ocenil F. Pala (Prager Presse 20. 3.), ale také V. Petrželka (Tribuna 18. 3. 1928), který mu ovšem vytkl přílišnou uměřenost na úkor spontaneity, dále A. Hába (Československá republika 20. 3. 1928), který označil Bořkovcovu symfonii za „vážný projev umělecký". Přímo o talentu se pochvalně zmiňuje O. Šourek (Venkov 20. 3. 1928), který přes některé výhrady vyzvedl *Scherzo* a „temperamentně vržené a vystupňované finale; obdobně K. B. Jirák (Národní osvobození 20. 3. 1928) opět po připomínkách k tektonickému řešení symfonie a k pastózní instrumentaci zdůrazňuje talent a zejména závěr poslední věty. Menší samostatnost vytkli dílu Hubert Doležil (České slovo 20. 3. 1928) a Jindřich Pihert (Národní listy 20. 3. 1928), i když oba píší o talentu a dobré kompoziční průpravě autora.

[15] Tribuna 6. 2. 1927.

[16] Srov. Čapek, K.: RUR 1920, Krakatit 1924, Továrna na absolutno 1922, později Weis, J.: Zrcadlo, které se opožďuje 1927, Dům o tisíci patrech 1927.

[17] Dokonce i pro knihu o nové sovětské hudbě, která vyšla v roce 1926, získal E. F. Burian dostatečné množství notovin přímo ze SSSR.

[18] Srov. in: Holzknecht, V.: Hudební skupina Mánesa. Praha 1968, s. 61.

[19] Ernst Toch 7. 12. 1887 Vídeň – 1. 10. 1964 Santa Monica, USA.

[20] Srov. in: Pozůstalost P. Bořkovce. MČH Praha.

[21] Národní osvobození 20. 3. 1930.

[22] Konstanta ve smyslu jak ji uvádí Jan Kapr (Konstanty. Praha 1967). Za konstanty jsou považovány takové prvky a útvary, které se častěji objevují na určitých místech dané skladby, resp. jejího úseku, popř. i v celé tvorbě určitého skladatele. Jsou to stálé konstantní poznávací znaky jeho hudebního myšlení.

[23] Srov. Hradecký, E.: O technických prostředcích hudební mluvy Pavla Bořkovce. – In: Živá hudba, sborník Akademie múzických umění, Praha 1973.
Na s. 92 uvádí, že soprán je melodicky příbuzný s počátkem chorálního nápěvu Kyrie incidentale ze 14. století, jehož použil Dobroslav Orel v kombinaci s textem z kancionálu šamotulského jako podkladu pro mešní píseň Hospodine, všech věcí pane.

[24] Termínu „půltónové střetnutí" užívá E. Hradecký. Tamtéž, s. 99. Pojmu „chromatické střetnutí funkcí" užívá K. Janeček in: Harmonie rozborem. Praha 1963, s. 147.

[25] Autoři akademických Dějin české hudební kultury I (Praha 1972, s. 121) uvádějí tento odklon od romantismu u tzv. generace české hudební moderny 1890–1918.

[26] Bořkovec svůj názor na linearismus vyjádřil slovem v dopise paní Vaňkové v roce 1957: „S atonalitou to máte podobně. Pokud vím, píše Prokofjev předznamenání, tj. sleduje tonální plán, nicméně má i v téže skladbě (např. v klavírních sonátách) místa vyloženě atonální. Ostatně dvanáctitónový materiál nevylučuje tonální zaměření, to je jen volná práce s chromatickým materiálem, která může být také zcela nebo částečně atonální, kdežto dodekafonismus, pokud vím, přibírá k tomu jako podmínku tematickou práci s řadou tónů, které jsou skladatelem voleny předem v určitém sledu a v určitých intervalech. Tuto řadu lze obměňovat např. inverzí nebo račím způsobem, ale její melodickou kresbu, až na nějaké výjimky nelze měnit. Je to velmi složitá doktrína a vím o ní pramálo... Praktický výsledek je velmi strohá hudba, takže ani Alban Berg si netroufal ve své lyrické Suitě psát dodekafonicky všechny věty. Paul Hindemith se o celém tomto směru vyslovil odmítavě, zatím co Ernst Křenek v něm napsal operu."
Dopis byl psán do vězení pro dr. Mojmíra Vaňka, který byl před válkou tajemníkem České akademie a měl hluboký zájem o hudbu. Po osvobození pracoval v kanceláři prezi-

denta republiky, byl osobním tajemníkem prezidenta Beneše. Po Únoru byl akčním výborem na hodinu propuštěn a v r. 1949 byl zatčen a odsouzen na 11 let těžkého žaláře. V r. 1969 se habilitoval v Ženevě v oboru dějin umění a hudby, učinil mnoho pro propagaci české hudby.
Korespondence uložena u ing. Bořkovce.

[27] Jde o melodické obraty v moravské lidové písni, jež tvoří malá sekunda, velká tercie, velká sekunda, a mohou harmonicky směřovat buď k tónice nebo snížené septimě, nebo ke čtvrtému stupni v durové tónině. Blíže o tom in: Trojan, J.: Moravská lidová píseň, Praha 1980, s. 34–39.

[28] Srov. např. Ottův slovník naučný nové doby, 1935, 3. díl, sv. 2, s. 721–722.

[29] Srov. Příruční slovník naučný, 1923, 2. díl, s. 596.

[30] Srov. Příruční slovník jazyka českého, 1937–1938, 2. díl, s. 255.

[31] Janeček, K.: Umělecká osobnost Pavla Bořkovce. – In: Pavel Bořkovec, sborník v redakci J. Kasana, Praha–Bratislava 1964, s. 13.

[32] Jiránek, J.: Pavel Bořkovec a Ervín Schulhoff. – In: Muzikologické etudy. Praha 1981, s. 151.

[33] V tomto smyslu jsou zvlášť pozoruhodné soudy o *Corale* ze *Suity pro klavír*, které Jaroslav Jiránek charakterizuje jako „konstruktivistické úsilí zaměřené na čistě zvukovou vynalézavost", zatímco Emil Hradecký upozorňuje na jeho souvislost s katolickou duchovní písní, což je zvlášť u Bořkovce obsahový podklad par excellence.

[34] Hoffmeister, K.: Klavír. Praha 1936, s. 296.

[35] Soudobé komorní hudbě se v Praze věnovaly zejména tyto korporace: Spolek pro moderní hudbu (1920–1932), autorské sdružení Přítomnost (1924–1949), Česká hudební společnost (1936–1949), Hudební sekce německého literárně uměleckého spolku (1923–1938), redakce německého časopisu Auftakt (koncerty 1927–1933), hudební skupina Mánesa (1932–1938).

[36] Hudební skupina Mánesa přejala své jméno podle výtvarného spolku Mánes, v jehož prostředí mohla pořádat své koncerty. V inspirativním prostředí se tak prolnuly postuláty výtvarného kubismu (Osma s Emilem Filou), hudebního neoklasicismu s originálním programem českého literárního a divadelního poetismu.
Skupina Mánesa zde uspořádala celkem 17 koncertů s novinkami domácími i zahraničními.
Blíže o její činnosti in: Holzknecht, V.: Hudební skupina Mánesa. Praha 1968.

[37] Čeští neoklasicisté nacházejí stejně jako ostatní evropští skladatelé této orientace svou základní inspiraci v tvarové a tektonické přesnosti, ve vztahu k adaptacím forem a postupů barokních, klasicistních, folklórních, džezových atd. Skladatelé reagují především na I. Stravinského, P. Hindemitha, skladatele Pařížské šestky zejména A. Honeggera, S. Prokofjeva.

[38] Činnost Devětsilu začala již v roce 1920 a u jeho začátku stáli: Karel Teige, Jaroslav Seifert, Vladislav Vančura, Adolf Hoffmeister, Artur Černík. Spolu s Nezvalem se přidali k hnutí ještě Konstantin Biebl, Karel Konrad, na čas i Jiří Wolker s A. M. Píšou.
Významná byla pro básníky i účast výtvarníků a divadelníků, např. J. Frágnera, J. Krohy, B. Feuersteina, Toyen, J. Štýrského, J. Honzla, J. Frejky, E. F. Buriana, J. Voskovce, J. Wericha, J. Ježka.
Skupina vydávala časopisy Pásmo a Red. Stanovisko Devětsilu bylo ve své revoluční podobě poprvé formulováno v programovém hesle proletářského umění. Prohlášení koncipoval Karel Teige a na přednášce Devětsilu přednesl Jaroslav Seifert.

Avšak Nezvalova básnická imaginace se rozvíjela do větší šíře, což dobře ukázala jeho skladba Podivuhodný kouzelník, otištěná ještě ve sborníku Devětsilu. Básník zde propaguje fantazii, imaginaci s metodou volné vazby, s uplatněním podvědomí a snů, s radostným životním elánem a optimismem. V průběhu roku 1923 uveřejňoval Vítězslav Nezval i Karel Teige články, v nichž zdůrazňovali právě volnou obraznost proti přísné ideologii a myšlenkové stavbě, což vedlo nakonec k rozchodu se stanoviskem Devětsilu. Karel Teige v roce 1924 publikoval v Hostu stať Poetismus, ve které formuloval základní znaky tohoto básnického směru.

[39] Po stránce tvůrčí metody kladl poetismus důraz na básnické formy. Rým nepovažovali za redundantní prvek, ale za významný stavebný prostředek. Rým měl, jak je uvedeno v Nezvalově studii Papoušek na motocyklu – 1924 –, „sbližovati vzdálené pustiny, časy, plemena a kasty souzvukem slova". Měl uzavírat mezi slovy „podivuhodná přátelství". Také asonance se stala přímým prostředkem spojení mezi básníkovým vědomím a obrazností na základě zvukových asociací.

[40] Pro Bořkovce znamenala tvorba v tomto období něco podobného jako pro Stravinského: pracovat a nalézat. Nevěřil na inspiraci stejně jako on, čistota práce mu poskytovala uspokojení a dala vzniknout dílu. V tomto smyslu přirovnává V. Holzknecht skladatelovu neúhybnost v klavírní suitě k zákonitosti Kubištových pláten, jako např. Koupání, „kde autor sleduje přísnou logiku tvarů a nedbá na jejich ladný nebo lichotivý účin... Poutavost plátna je ve vnitřním pocitu malířské logiky a zvládnutého tvaru". Srov. Holzknecht, V.: Cit. ob., s. 220.

[41] Orchestr má složení: flétna a pikola, hoboj, 2 klarinety, fagot, kontrafagot, 2 horny, 2 trubky, 2 pozouny, tympány, 3 membranofony (tam–tam), malý buben, velký buben, talíř, xylofon, housle I, II, viola, violoncello, kontrabas, klavír.
Postupnou lyrizaci projevu a její odstíny od naléhavé kantability milostných zpěvů (písně na Pasternaka) až ke zniterněnému prožití citu i duševnímu smíření (písně na Seiferta, Proškovou, *Silentium* ad.) sleduje práce v této i dalších kapitolách.

[42] Srov. Jiránek, J.: Cit. ob., s. 152.

[43] Blíže o tom při charakteristice Bořkovcova baletu *Krysař*.

[44] Helfert zde mylně uvádí letopočet 1935, koncert je z roku 1931.

[45] V roce 1936 byl uveden v rozhlasovém pořadu Česká hudba ve Francouzském rozhlase. V roce 1937 ho provedla Česká filharmonie s Rudolfem Firkušným v Amsterodamu, kde u dirigentského pultu zaskočil za náhle onemocnělého Talicha Eduard von Beinem. V roce 1937 byla vydána tiskem úprava koncertu pro dva klavíry, ovšem v této podobě dílo zaznělo až v roce 1941 v interpretaci Václava Holzknechta a Stanislava Pfeifera. Za války se koncert dával 18. 4. 1943 opět s Českou filharmonií, řízenou Jaroslavem Krombholcem a s klavíristou Zdeňkem Jílkem. V březnu (24. a 25.) 1955 byl tento koncert zařazen v abonentním cyklu České filharmonie s Karlem Ančerlem a Janem Panenkou. V lednu 1969 vybral toto dílo k svému vystoupení s Českou filharmonií Zdeněk Košler. Sólistický výkon Jana Panenky hodnotil tehdy Ivan Jirko v Hudebních rozhledech přívlastkem – brilantní.

[46] Jako první postřehl tento princip Karel Šrom, který jej pregnantně formuloval v originálním analytickém příspěvku k Bořkovcovým padesátinám v Rytmu č. 9, 1944, s. 101. Šrom tam píše: „Čtete-li jeho písně od klavírního partu, řekli byste, že on je prvotní a hlasová linka přídatná. Začnete-li s hlasem, máte dojem právě opačný. Oboje totiž vzniklo současně, protože je určeno současnému vnímání." Později jeho názor šíře rozvedl Petr Eben ve studii o Bořkovcově vokální tvorbě ve sborníku Pavel Bořkovec, Praha 1964.

[47] Srov. Eben, P.: Tamtéž, s. 82.

[48] Krysaře zpíval nejdřív Zdeněk Otava s Českou filharmonií na mimořádném koncertu Goethe a hudba, který se konal 15. 5. 1932. Celý cyklus zazněl na koncertu skupiny Mánesa 26. 1. 1933 v interpretaci Zdeňka Otavy za doprovodu Václava Holzknechta a znovu 25. 3. 1936 na večeru Mánesa v orchestrální úpravě. Orchestr FOK tehdy řídil Václav Smetáček, zpíval Zdeněk Otava. *Rozmarné písně* zněly i na Večeru skladeb Pavla Bořkovce 32. 11. 1937 opět v osvědčeném provedení Z. Otavy a V. Holzknechta. Za války podnikl s tímto cyklem koncertní okruh operní a koncertní pěvec František Borovička, jehož doprovázel MUDr. Jan Figar. Cyklus provedli v Nových Benátkách (18. 6. 1941), v Turnově (21. 10. 1942) a v Nymburce (7. 12. 1944). Mezitím písně zazněly i v Praze na večeru Umělecké besedy (16. 5. 1942 v cyklu Jaro naší hudby – večer intimní. V roce 1950 (4. 4.) cyklus vybral pro své vystoupení Václav Jeremiáš s klavírním doprovodem V. Holzknechta.
K poctě Bořkovcových narozenin zařadil brněnský rozhlas tento cyklus dne 12. 6. 1959. Oživení zájmu o *Rozmarné písně* nastalo v šedesátých letech, kdy se pořádaly vzpomínkové večery k výročí skupiny Mánesa. 27. 3. 1963 provedl tento cyklus na koncertu konzervatoře Pavel Červinka s Jiřím Rumlem a následujícího večera (28. 3. 1963), na koncertu AMU to byl Jaroslav Marek a Alfréd Holeček. 23. 10. 1963 zpíval píseň *Krysař* a *Epitaf* Pavel Červinka za doprovodu Petra Ebena na pěvecké soutěži Roberta Schumanna ve Zwickau. Na koncertě AMU k Bořkovcovým sedmdesátinám (18. 4. 1964) znovu zazněly *Rozmarné písně* v podání Zdeňka Otavy a Alfréda Holečka. V listopadu (27. 11.) 1967 zpíval v Klubu skladatelů tento cyklus Jaroslav Marek za klavírního doprovodu Josefa Picka.

[49] Sděleno při osobním rozhovoru A. Burešové v březnu 1970.

[50] O Bořkovcově pohotovosti i kulturním přehledu svědčí i skutečnost, že Nezvalova sbírka Skleněný havelok, v níž jsou básně Šílený ministrant, Jitro ve velkoměstě, Silvestrovská píseň, vyšla poprvé na jaře 1932 v nakladatelství Borového. Týž nakladatel vydal na jaře 1933 i jinou Nezvalovu sbírku, Zpáteční lístek, v níž jsou další ze sedmi zhudebněných Nezvalových básní.

[51] Pasternakovy básně, které jsou v Bořkovcově sbírce, přeložil Josef Hora. Jeho překlady byly vydány ve svazku Lyrika 1935. Básně Kohouti, Noc, Sen jsou z let 1912 až 1916, Děvčátko je z Pasternakovy sbírky Sestra má – život (1922) a ze sbírky Témata a variace (1923) je báseň Jaro.

[52] Program koncertu 26. 1. 1933 byl tento: Jaroslav Ježek: Bagately a Koncertní etuda pro klavír (V. Holzknecht), Písně na slova V. Nezvala, K. Biebla a V. Závady (M. Ledererová a V. Holzknecht); Iša Krejčí: Šest písní na slova J. Nerudy (Z. Otava a autor), Čtyři duchovní písně (Božena Kozlíková a autor), Antigona na text Sofoklův (– koncertně B. Kozlíková, Z. Otava, Jar. Gleich, V. Sobota, S. Ulrich – zpěv, V. Dvořák – viola, autor – klavír); Bohuslav Martinů: 1. sonáta pro housle a klavír (Stanislav Novák a Karel Šolc); Pavel Bořkovec: *Rozmarné písně* (Z. Otava a V. Holzknecht), *Dechový kvintet* (Pražské dechové kvinteto – R. Hertl, V. Smetáček, V. Říha, O. Procházka, K. Bidlo).

[53] Prager Tagblatt 28. 1. 1933.

[54] Další pořadí soudobých autorů bylo následující: A. Roussel (III. symfonie), P. Hindemith (Symfonie Malíř Mathis), O. Respighi (Římské fontány), s výrazně nižším počtem hlasů A. Berg (Symfonické úryvky z Lulu), R. Strauss (Měšťák šlechticem), O. Ostrčil (Suita c moll), E. Larsson (Symfonietta), B. Bartók (2. koncert pro klavír a orchestr).

[55] Tento názor posiluje orchestrální jednovětá *Partita* z roku 1938, která podle F. Bartoše se svým rozvržením podobá spíš italské ouvertuře.

[56] Srov. Kasan, J.: Tvůrčí vývoj. – In: Pavel Bořkovec, sborník, Praha 1964, s. 29.

[57] Pojem **intonace** má v češtině více významů – lingvistických a hudebních. V jazykovědě se jím rozumí tónová modulace řeči, tj. výškové rozdíly mluvy a její zabarvení melodie. Dále se uvádí intonace přednesu, intonace větná, slovní, slabičná, intonační linie verše, atd. (Podrobněji o intonaci v básnickém jazyce píše Jan Mukařovský ve studii O jazyce básnickém v Kapitolách z české poetiky I, Praha 1948, s. 96.)
V hudbě má pojem **intonace** celou řadu významů. Především znamená správné nasazení výšky tónu, jako např. ve zpěvu, správné čtení not a přesná reprodukce. Ve starém gregoriánském chorálu znamenalo toto slovo něco jiného; byl jím označován zpěv při antifonách. Nověji označuje slovo intonace znění určitého nástroje (např. při zvukové úpravě). V dalším smyslu se užívá pojmu intonace v hudební sémiotice. Jaroslav Jiránek (Tajemství hudebního významu, Praha 1979) chápe intonaci ve smyslu významově zatížené jednotky. Podle hudebního kontextu uvažuje o intonaci žánrové, druhové, tektonické a slohové.

[58] Eben, P.: Vokální sloh Pavla Bořkovce, sborník, cit. ob., s. 74.

[59] Srov. Jiránek, J.: Tajemství hudebního významu. Praha 1979.
Intonační povědomí doby je termín, který označuje souhrn intonací, jež mají v určité době na určitém území všeobecně významovou a sdělnou schopnost. V sémantickém pohledu je to utváření sémantémů, jež vstupují do nových významových polí.

[60] Právo lidu 12. 1. 1936.

[61] Srov. Šrom, H.: Padesát poznámek k padesátinám Pavla Bořkovce. – In: Rytmus č. 9, 1944, s. 98–102.

[62] V roce 1935 uspořádal spolek Přítomnost Večer autorů skupiny Mánesa. Srov. – In: Holzknecht, V.: cit. ob., s. 118.

[63] Film se údajně natáčel po roce 1946.

[64] Alexandr Waulin byl členem Hudebního odboru Umělecké besedy, jejíž debaty mnohdy oživoval originálními výroky, které byly podmíněny myšlením, nezávislým na českých (pražských) společenských kruzích. Z existenčních důvodů si přivydělával rozepisováním partitur, zpracováváním klavírních výtahů skladeb. Šťastně přečkal válečná léta. Po Únoru 1948 byl profesorem na pražské konzervatoři. Jeho komorní skladby (hlavně sonáty) byly provedeny na svazových přehlídkách v Praze, v šedesátých letech také v Moskvě a Leningradu.

[65] Jde o osobní výrok skladatele, který zaznamenal ve svých vzpomínkách na otce ing. Aleš Bořkovec.

[66] Z korespondence vyplývá, že na Cholíně byli vítanými hosty mistr J. Suk, V. Talich, R. Firkušný, I. Krejčí, F. Bartoš, V. Holzknecht, J. Ježek, pražský knihovník dr. Plzeňský a řada dalších, kteří tam přijížděli se svými životními partnerkami i dalšími přáteli. Po letech k nim přibyli i Bořkovcovi žáci.

[67] Uloženo v pozůstalosti P. Bořkovce. MČH.

[68] Z Waulinova dopisu datovaného 4. 9. 1943.

[69] Nějakou dobu Bořkovec uvažoval i o opeře na Zamjatinovu antiutopii My. Velmi vážně to myslel i se zhudebněním Vančurova díla Hrdelní pře aneb Přísloví, avšak Vančura s tím nesouhlasil.

[70] Šrom, H.: Operní dílo, sborník, cit. ob., s. 69.

[71] Srov. Večer Pavla Bořkovce. Rytmus č. 2, 1942, s. 26–27.

[72] Např. jen v Praze mohl ve dvacátých a třicátých letech vidět inscenace M. Ravela (Španělská hodinka – 1924, Dítě a kouzla – 1926), A. Schönberga (Očekávání – 1924, Šťastná ruka – 1924), A. Berga (Vojcek – 1926), M. de Fally (Krátký život – 1928), L. Janáč-

ka (Výlety pana Broučka – 1920, Káťa Kabanova – 1921, Liška Bystrouška – 1924, Věc Makropulos – 1926, Z mrtvého domu), P. Hindemitha (Vrah naděje žen – 1923, Svatá Zuzana – 1923, Nusch-Nuschi – 1923, Tam a zpět – 1929, Cardillac – 1927), E. Křenka (Johny spielt auf – 1926), F. Busoniho (Harlekýn – 1928), K. Szymanovského (Král Roger – 1932), I. Stravinského (Slavík – 1935, Mavra – 1937), v rozhlase Martinů a dalších.

[73] Při inscenaci v dnešních podmínkách by se jistě mohla tato slabika pozměnit a vůbec sborově rozložit k větší neurčitosti vokálů.

[74] K získání Václava Talicha pro inscenaci došlo u jeho přátel, manželů Foustkových, když Talichovi Rudolf Firkušný přehrál výňatky z opery a baletu. Vysoké mínění o Bořkovcových scénických dílech dokládá i zmínka paní Foustkové, která píše: „Talich se o Vás tak mile vyslovil, že myslím, že Vás tím potěším. Seděli jsme tuhle večer se Stuckenschmidtem a hovořilo se o Martinů a Talich říkal, že tu máme lepšího, životnějšího a opravdovějšího Martinů, a to že jste Vy!“
(Hans-Heinz Stuckenschmidt, nar. 1. 11. 1921 ve Štrasburku, muzikolog, v letech 1937–1942 působil jako hudební kritik pražských německých listů.)

[75] Rytmus, cit. ob.

[76] Citováno z dopisu Bořkovcovi z 2. 11. 1942.

[77] K oživení krysařovské legendy došlo znovu v sedmdesátých letech. 25. října 1972 provedlo Večerní Brno poprvé hudební komedii Byl jednou jeden, která je volnou parafrází na klasické krysařovské téma. Vzdorná krysařova píseň byla alegorií odporu okupační atmosféry. Hudbu napsal Karel Svoboda, text Ivo Fischer. V režii Václava Špidla hrál a zpíval hlavní roli Waldemar Matuška, v roli Agnes se střídala Olga Blechová s Arankou Lepešovou. V roce 1989 natočil tuto komedii režisér Karel Weinlich v pražském rozhlase; titulní roli tehdy vytvořil Boris Rösner.
Na dramatizaci E. F. Buriana navázala v roce 1988 další divadelní adaptace Jana Kačera a Romana Císaře v inscenaci Vinohradského divadla. Tato inscenace byla opatřena scénickou hudbou Petra Skoumala a zhudebněné texty básní na začátcích dějství tam zpíval Vladimír Merta.
Zatím poslední divadelní adaptací této látky je hra Daniely Fischerové s názvem Báj (provedena 1988), jež je do určité míry polemikou se středověkou legendou o Krysaři. Fischerová ji koncipuje prostřednictvím multidimenzionálních průniků několika časových rovin mýtů a symbolů. Účinnou dramatickou složkou je přitom scénická hudba Vladimíra Merty. Podle Jana Klusáka se u nás dávala ještě loutková hra o Krysaři, kterou upravil Antonín Hirsch (cit. ob., sborník, s. 119).
V symbolizaci krysařovského námětu pokračuje také loutkový film Krysař z roku 1985, jehož literární scénář napsal Kamil Pixa, loutky navrhl a vytvořil Jiří Bárta, střídmou a gesticky adresnou hudbou opatřil Michal Kocáb, citlivě snímali kameramani Vladimír Malík a Ivan Vít. Tato filmová verze se odvíjí beze slov, vychází sice z motivů V. Dyka, avšak je víc zaměřena na děsivý obraz prorůstání zla, jehož zhmotněním jsou krysy. Paralela lidské a krysí hrabivosti nakonec při hře krysaře mění lidi v krysy, které jej musí následovat. Nejistou nadějí je opět dítě, jež nachází rybář Jörgen.

[78] Dílo je věnováno „Mistru Václavu Talichovi“.

[79] Tyto úvahy jsou v korespondenci s M. Wachsmannovou.

[80] Dyk, V.: Krysař. Praha 1915.

[81] Blatný, P.: Scénická díla Pavla Bořkovce. Brno 1958, s. 197 (rukopis).

[82] Šrom, K.: Padesát poznámek k padesátinám Pavla Bořkovce. Rytmus II, č. 9, 1944, s. 98–102.

[83] Symbolistní látkou a asociativností vazeb, poetikou mezi skutečností a snem v předloze i ve způsobu zhudebnění sem lze zařadit scénická díla z 20. i 30. let. Např.: R. Strauss: Žena beze stínu (1919), S. Prokofjev: Šašek (Šut, 1920), F. Poulenc: Laňky (1923), D. Milhaud: Modrý vlak (1924), J. Auric: Mrzouti (1925), P. Hindemith: Tam a zpět (1927), D. Šostakovič: Nos (1928), B. Martinů: Kdo je na světě nejmocnější (1922), Vzpoura (1923), Šach králi (1925), Slzy nože (1928), Tři přání (1929), Julietta (1937), E. F. Burian: Fagot a flétna (1923), I. Stravinskij: Appolon Musagetés (1928), Hra v karty (1936), Persefoné (1934).

[84] Obsazení orchestru: 2 flétny, 2 hoboje, 2 klarinety, 2 fagoty, 4 horny, 2 trubky, 3 pozouny, tuba, 12 housle I, 10 housle II, 8 viol, 6 violoncell, 6 kontrabasů, tympany, velký a malý buben, tam-tam, triangl, tamburina, talíř, xylofon, mandolina, klavír, hlas.

[85] Šrom, K.: Cit. ob., s. 100.

[86] Jiránek, J.: Pavel Bořkovec a Ervín Schulhoff. – In: Muzikologické etudy. Praha 1984, s. 152.

[87] Klusák, J.: cit. ob., s. 119.

[88] Princip formové útvarnosti je spjat s úsilím o rehabilitaci formových zřetelů při tvorbě hudebního díla, jež našlo své nejvýraznější představitele v ruském a francouzském neoklasicismu. Srov. in: Dějiny české hudební kultury II. Praha 1981, s. 254.

[89] Blatný, P.: cit. ob., s. 82.

[90] Janeček, K.: (Harmonie rozborem, Praha 1963, s. 194) uvažuje o dílčí tóninové inklinaci např. 1. a 5. akordu k cis moll, spoj 3. a 4. akordu vztáhnout k E dur – obohacený klamný spoj, 7. a 8. spoj na e moll, 9. a 10. na Fis dur.

[91] Název „motiv brány“ postihuje lépe onen zvláštní moment díla, ono zachycení tvůrčího i lidského nevědomí, prožitku – pozdržení času. Je to sémantém, s nímž se v tvorbě i nadále pracuje.

[92] Dopis P. Bořkovce z 21. 1. 1940.

[93] Nacistická cenzura zasáhla pouze výpravu. Na scéně byla ponechána část Tröstrova návrhu, k jehož prvkům byly dodány dekorace z jiných představení. Ovšem zásadní práce s osvětlením kotouče zůstala.

[94] Uloženo jako samostatný oddíl Krysař v Bořkovcově pozůstalosti v Muzeu české hudby.

[95] Mimo Prahu uvedl tento balet Iša Krejčí v Olomouci 2. 12. 1950 spolu s Filosofskou historií Zbyňka Vostřáka. Choreografem *Krysaře* byl Jožka Sokol, výpravu a kostýmy navrhl František Malý. V roli Krysaře vystoupil František V. Bernatík, starostu oživil Josef Wuzler, jeho dceru Drahomíra Konarská.

K dalšímu mimořádnému uvedení došlo v roce 1955 v Plzni za řízení Alberta Rosena v choreografii Jiřího Němečka s výtvarným řešením Vladimíra Hellera. Zároveň byl tehdy proveden balet Svatební košile od Jana Nováka a Moravská taneční fantazie Klementa Slavického.

Zatím poslední inscenace tohoto díla byla v Ostravě 8. 5. 1966. Vedle *Krysaře* byla na programu Pavoučí hostina Alberta Roussela a Paraboly Bohuslava Martinů. Dirigoval Pavel Vondruška, choreografie byla od Emanuela Gabzdyla, scénické řešení navrhl František Šrámek, kostýmy Jan Skalický. V roli Krysaře se střídali Albert Janíček a Karel Jurčík, starostu tančil Leo Kratochvíl, v úloze dcery alternovaly Elen Culombová a Hana Šarounová.

[96] Bořkovce o tom informoval ředitel opery, Karl Schubert.

[97] Údaje o tomto projektu poskytl autorce této práce dramaturg J. Průša.

[98] Srov. např. Pavel Bořkovec, sborník, cit. ob., s. 151.

[99] Dobovému zneužití ideje chorálu se Bořkovec vyhnul zdůrazněním citace verše „nedej zahynouti nám ni budoucím".

[100] Bořkovec v roce 1938 zažil mobilizaci. Přesto, že pro cukrovku, na niž se léčil, by snadno dosáhl zproštění vojenské povinnosti, neučinil to. Nastoupil s vědomím, že se nemusí vrátit.

[101] Jako rondovou chápe tuto větu J. Kasan a J. Fukač. Srov. in: Pavel Bořkovec, cit. ob., s. 34, 113.

[102] České noneto hrálo ve složení: Karel Hanžl, František Hanták, Jaroslav Brychta, Josef Hobík, Antonín Hotový, Emil Leichner, Vilém Kostečka, Jaroslav Blažek, František Hertl.

[103] Takto I. Krejčí charakterizoval P. Bořkovce v informativním článku v Rytmu 1941, č. 8.

[104] České slovo 3. 5. 1941.

[105] Lidové noviny 3. 5. 1941.

[106] Bořkovcův *Nonet* vstoupil do koncertního repertoáru Českého nonetu. Ještě v roce 1942 byl proveden na třetím večeru Spolku pro komorní hudbu v Katolickém domě v Praze (18. 2.) a na koncertě Českého nonetu v Ostravě. Poté zazněl v téže interpretaci v Městské knihovně v Praze na koncertu 26. 2., který pořádala Unie českých hudebníků z povolání. V roce 1942 se hrál *Nonet* 9. 3. a 4. 11. v Praze, pak 17. 2. 1943 opět v Ústřední knihovně, 24. 5. 1943 na koncertu německého spolku Musikverein für Steiermark. V roce 1944 Český nonet uvedl Bořkovce v cyklu současné české komorní hudby (1. 2.) a na koncertu v Národním divadle (24. 5.). K dalšímu provedení došlo na půdě spolku Přítomnost 23. 2. 1948. Později se dával *Nonet* na koncertu AMU k Bořkovcovým šedesátinám (11. 12. 1954) v interpretaci Českého noneta, a 10. 12. 1969 na Večeru k poctě Pavla Bořkovce, který pořádala pražská konzervatoř. V roce 1969 bylo České noneto na koncertním turné v USA, kde dávalo vedle Beethovenova Septuoru, Spohrova Oktetu, Prokofjevova Kvintetu také nonety českých autorů – P. Bořkovce, J. Jarocha, K. B. Jiráka, I. Krejčího, B. Martinů, J. Nováka. Tiskem byl *Nonet* vydán Hudební maticí Umělecké besedy v roce 1945.
Preludium ze *Dvou klavírních skladeb* poprvé veřejně provedl Václav Holzknecht na koncertu 24. 11. 1942 v Praze. Dílo zaznělo také na koncertu Městské hudební školy Bedřicha Smetany v Plzni 5. 7. 1944 v podání tamější žákyně Olgy Pánkové a 6. 4. 1955 je hrála Věra Čanová na koncertu v Městské knihovně v Praze. Tiskem byl tento klavírní opus vydán spolu se *Sonatinou pro housle a klavír* Hudební maticí Umělecké besedy v roce 1944 k Bořkovcovým padesátinám.

[107] Jan Kasan ji chápe jako rondo (Sborník Pavel Bořkovec, cit. ob., s. 35), J. Volek jako sonátovou formu (Program koncertu České filharmonie, který byl připraven k provedení v roce 1948).

[108] Ve 3. větě se k tématům krátce přidruží i první část lidové písně z Plzeňska „Inu měl jsem hezkou holku jménem Majolenka mít".

[109] Dílo bylo věnováno V. Talichovi, který se při jeho interpretaci sešel po dvouleté přestávce znovu s Českou filharmonií. U sólových partů byli houslisté F. Daniel, L. Kolářský, violista V. Černý, klavírní part hrál J. Krombholc.

[110] Tento názor tlumočil A. Waulin v korespondenci s Bořkovcem.

[111] Dopis A. Waulina, tamtéž.

[112] Touto skladbou se vlastně otevřel nový okruh Bořkovcovy lyriky.

[113] O tematické souvislosti klavírního *Ronda* a tématu 3. věty *Concerta grossa* píše J. Kasan (Sborník, s. 34), o blízkosti druhého tématu z *Ronda*, finále *Concerta grossa* a houslové stylizace v *Palečkovi* se zmiňuje V. Holzknecht (Sborník, s. 57–58).

[114] *Sonatina* zazněla hned v dalším roce 15. 5. 1944 na koncertu novinek v koncertním cyklu Jaro 1944, který pořádala Hudební matice Umělecké besedy. Tehdy ji hrála Jiřina Novotná s Jiřím Pinkasem. Houslová sonatina byla hrána i na dvacátém festivalu Mezinárodní společnosti pro soudobou hudbu v Londýně v červenci 1946. Znovu se díla ujali Milan Škampa a Václav Holzknecht 20. 5. 1949, když ji přednesli v malém sále čerstvě vzniklé hudební fakulty Akademie múzických umění.
Pak nastal přeryv až do roku 1960, kdy ji zařadili na program koncertu v Košicích (18. 11.) Bedřiška Seidlová a Rudolf Macudzinski. K dalšímu oživení zájmu o toto dílo došlo v roce 1963, kdy konzervatoř uspořádala Večer skupiny Mánesa. *Sonatinu* přednesli Jiří Tomášek a Libuše Hamplová. V následujícím roce Bořkovcova jubilea zazněla *Sonatina* na koncertech, pořádaných k jeho poctě. 18. 4. 1964 na komorním večeru Akademie múzických umění ji hráli opět Alexandr Plocek s Alfrédem Holečkem, 23. 9. 1964 na koncertu Svazu československých skladatelů Václav Snítil se Zorkou Zichovou. 23. 4. 1965 se konal v Brně koncert z tvorby Pavla Bořkovce a Iši Krejčího. *Sonatina* tam zněla v interpretaci Václava Snítila a Arnošta Wildeho.

[115] V dubnu 1941 to byl Večer Pavla Bořkovce, pořádaný v řadě koncertního cyklu Sdružení pro soudobou hudbu, v říjnu 1942 byla v Národním divadle premiéra opery *Satyr* a baletu *Krysař*, v květnu 1943 hrála jeho *Concerto grosso* Česká filharmonie s Václavem Talichem v rámci cyklu tří symfonických koncertů na květnových hudebních slavnostech, v listopadu 1943 na komorním koncertu v Obecním domě byla poprvé provedena jeho *Sonatina pro housle a klavír*, která znovu zazněla v květnu 1944 na koncertu novinek v cyklu Jaro 1944, který pořádala Hudební Matice Umělecké besedy.

[116] Patří k nim: 1. cena České akademie věd a umění za operu *Satyr* v roce 1943, 2. výroční cena téže instituce za *Nonet* v roce 1943, 1. cena Melantrichu za *Concerto grosso* v roce 1943, Cena Národního divadla za balet *Krysař* v roce 1944.

[117] Podle Bořkovcovy vlastní písemné poznámky, zachované v jeho pozůstalosti, bylo např. provedení jeho *Klavírního koncertu* v rozhlase zakázáno Němci (datace není uvedena). Také cena za *Concerto grosso* nesměla být zveřejněna ani vyplacena. Podle autorova záznamu se tak později stalo ve formě náhrady za materiál.

[118] Bořkovec ani ostatní členové rodiny nebyli přímo aktivně činní v odbojových skupinách, avšak stýkali se s lidmi, o nichž věděli, že jsou aktivně zapojeni, a pomáhali jim. Například Bořkovec sám byl hlubokým přátelstvím poután s bratry Kloudovými, kteří měli spojení s Londýnem a měli i vysílačku. Po prozrazení byl Vladimír Klouda popraven, otec uvězněn, ostatní bratři utekli. Bořkovec o jejich činnosti věděl.
Výraznější kontakt s odbojem měl Bořkovcův švagr Quido Záruba-Pfefermann, který byl členem zednářské lóže. O schůzce Politického ústředí v Zárubově bytě v roce 1939, která měla později dohru na gestapu, píše L. K. Feierabend ve svých pamětech (Vzpomínky, 2. díl, vyd. New York 1962).
Bořkovcova švagrová – sestra Q. Záruby, Božena Krchová byla v kontaktu s prof. Drachovským. Jeho hodnocení je dvojznačné. V jedné chvíli byl považován Londýnem za hlavu odboje, po válce byl odsouzen za kolaboraci, neboť přijal funkci ve Spolku pro spolupráci s Němci a později v Národní radě české ministra Moravce, které měl jako legální krytí odboje. Paní Krchová, která byla šéfredaktorkou časopisu Žena a domov, poskytovala svůj byt ke schůzkám dalších účastníků odboje, jmenovitě prof. Vackové a dr. Bednaříkové.

[119] Bořkovec, A.: Vzpomínky. Uloženo v rodinném archivu.

[120] Bartoš, F.: Pavel Bořkovec. – In: Svět. Zlín 10.–14. 6. 1944.

[121] Dopis z června 1944, uloženo v archivu skladatelova syna ing. Aleše Bořkovce.

[122] Blahopřání V. Talicha je datováno 12. 6. 1944, Bořkovcova odpověď v dopise z Cholína 17. 7. 1944.

[123] V označení tohoto díla není jistota. Bořkovec nadepsal originály partitury *Komorní symfonietta*. V partituře, kterou rozmnožil Český hudební fond v roce 1958, je na titulní straně nadpis Sinfonietta da camera, nicméně na počátku notového záznamu je nadpis Komorní symfonietta. Do třetice v soupisu díla Pavla Bořkovce, který pořídil J. Kasan v již uvedeném sborníku (Pavel Bořkovec. Osobnost a dílo) v roce 1964, je Symfonietta pro komorní orchestr. V konečném soupisu díla, uvedeném v této práci, respektuji autorský termín, který mimoto odlišuje i pozdější *Symfoniettu pro velký orchestr*.

[124] Takto užívá klavíru často B. Martinů, ale i I. Stravinskij, B. Bartók.

[125] Kulturní politika 17. 1. 1947.

[126] Srov. Havlík, J.: Česká symfonie. Praha 1989, s. 71.

[127] Takto hodnotí *Komorní symfonii* J. Havlík. Tamtéž, s. 71.

[128] Srov. Frydrych, A.: O Palečkovi a jeho tvůrci. – In: Svět v obrazech č. 2, 10. 1. 1959, s. 17.

[129] Podle záznamu v korespondenci Pavla Bořkovce. Nedat.

[130] Chanson La vie est brève (Život je krátký, trochu lásky, trochu snů a pak dobrý den. Život je marný, trochu naděje, trochu nenávisti a potom dobrý večer) byl oblíbenou písní Bořkovcovy matky, která zemřela v září 1945. Zdá se, že právě v tomto místě díla je autorsky transformován osobní prožitek do obecné roviny.

[131] Srov. K. Šrom: Operní dílo. – In: Pavel Bořkovec, cit. ob., s. 72.

[132] *Krysař*. – In: *Rozmarné písně*. Praha 1932.

[133] Klavírního sóla pro charakteristiku postavy Bořkovec užil již v baletu *Krysař*. Z harmonické příbuznosti lze soudit, že Bořkovcovi tyto postavy ztělesňovaly prosbu odmítaného hrdiny.

[134] Bylo však třeba ještě většího časového odstupu, než skladatel dospěl od rozvernosti a jadrnosti těchto sborů k hladké plynulosti vedení každého hlasu i jejich barevného souznění v *Madrigalech o čase*, což je podmíněno i jejich námětem.

[135] Televizní dramaturg J. Průša se v šedesátých letech zabýval myšlenkou inscenovat tyto tance jako samostatný baletní pořad.

[136] Nelze vyloučit, že za nabídkou tehdy stál Václav Dobiáš, který působil od roku 1945 jako vedoucí hudebního oddělení ministerstva informací a osvěty. Bořkovce znal dosti dobře ze společenských schůzek v době okupace, kdy se zejména po koncertech Sdružení pro soudobou hudbu setkávali v Praze v bytě Dobiášových bývalí „Mánesáci" – Bořkovec, Iša Krejčí, František Bartoš, Václav Holzknecht s mladším generačním okruhem, do něhož patřili Emil Hradecký, Karel Šrom, Henryk Bloch, Jan Hanuš. (Blíže o tom in: Štilec, J.: Václav Dobiáš. Praha 1985.) O přátelské atmosféře svědčí i korespondence Václava Dobiáše s Pavlem Bořkovcem, z níž vyplývá, že Dobiáš patřil také k hostům na Cholíně.
Po roce 1948 Dobiáše jako agilního člena KSČ doba prudce vynesla nahoru mezi čelné koryfeje nově modifikovaného hudebního života. Činnost hudebního spolku Přítomnost a Syndikátu českých skladatelů byla prostřednictvím komunistických členů ukončena a místo nich (a dalších korporací) začal fungovat od května 1949 Svaz československých skladatelů s Václavem Dobiášem v čele. Od roku 1950 působil Václav Dobiáš na Akademii múzických umění jako Bořkovcův nadřízený na katedře skladby.

[137] Bořkovcova rodina se za války zadlužila, jelikož dluhy byly kryty akciemi, které v rámci poválečné měny padly. Vznikl tak dluh ve výši čtvrt milionu. Bořkovec tehdy prodal

všechny zděděné obrazy a šperky, jeho bratr zaplatil dluhy na domech ve společném vlastnictví, takže se podařilo dluhy vyrovnat, ale bez jakékoli zbývající hotovosti. Dceři Haně se krátce poté narodilo dítě a další dítě přibylo i v Alešově rodině. Jelikož všechny děti ještě studovaly, podepsal tehdy Bořkovec půjčku 50 000 korun na směnku, která ho podle slov syna „stála hodně nervů a nevyspání".

Jen částečnou úlevou byl minimální honorář na Akademii múzických umění, kde učil bez definitivního dekretu. Trvalé jmenování získal až v roce 1948.

Na Pavla Bořkovce se vztahovala také milionářská daň z roku 1947. Na její zaplacení neměl, akcie byly bezcenné, činžovní domy (dvě poloviny) neprodejné, ve vile po rodičích bydlel jeho bratr. Následovalo mnohaleté psaní žádostí a odvolání. Výše nezaplacené daně připočítáváním úroků stoupla na sto padesát tisíc korun. Řešení se našlo až v době Bořkovcova stáří, kdy byl bratr již vystěhován z vily, proměněné na hudební školu. Milionářská daň byla vyrovnána darováním celého nemovitého majetku státu. I když tato záležitost neovlivnila skutečný rodinný rozpočet, působila na psychiku umělce velmi depresivně.

[138] Vyšehrad 3. 4. 1946 neoznač.

[139] Svobodné Československo 15. 3. 1946 (nk).

[140] Mladá fronta 13. 3. 1946 (Sh).

[141] Zemědělské noviny 20. 3. 1946 (fb – F. Bartoš).

[142] Po zrušení mistrovské školy Státní konzervatoře hudby v Praze byla vytvořena hudební fakulta Akademie múzických umění od školního roku 1946/47. Pro výuku skladby i teorie měly být získány nejlepší osobnosti české hudby. Tehdy se jednalo i s Bohuslavem Martinů.

Z mistrovské školy přešel na nový ústav J. Řídký a A. Hába se svým oddělením pro čtvrttónovou a šestinotónovou hudbu. Reaktivován byl F. Pícha. Pro oblast teorie byl povolán K. Janeček. Pavel Bořkovec působil jako profesor skladby od školního roku 1946/47. V roce 1948 byl dekretem jmenován mimořádným profesorem a teprve v roce 1950 byl ustanoven řádným profesorem skladby.

[143] Přehled absolventů Akademie múzických umění ve třídě profesora Bořkovce (od roku 1946) je součástí příloh této práce.

[144] V prosinci 1946 Pavlu Bořkovcovi tlumočil spisovatel Josef Kopta pozvání na čaj u prezidenta Beneše, jehož si Bořkovec velice vážil. Ze vzpomínek dětí na otcovo líčení návštěvy je zřejmé, že skladatel nepřekonal ostych před hlavou státu a téměř nehlesl.

Tato vzpomínka je součástí písemných rodinných memoárů, které zaznamenal A. Bořkovec.

[145] Text Prohlášení zněl:

„Kultura nemusí být politická, politika však musí býti kulturní. V politickém dění splní kultura své sjednocující poslání jen tehdy, zůstane-li pro politiku svéprávnou autoritou, i když není pochyby, že distribuce kulturních statků musí být včleněna do státního plánu. Tím ostražitěji musíme bdít nad tím, aby zůstala nedotčena tvůrčí svoboda práce duchovní, vědní, umělecké, a svoboda života náboženského, jakož i institucí, které jsou jejich orgánem."

Citováno z Lidových novin 12. 10. 1947.

[146] V dopise s datací 22. 11. 1946 Firkušný píše: *„Koncert měl velký ohlas. Škoda, že to nebylo hráno v Carnegie Halle. Zajímá se i Bernstein, ale to by bylo až v příští sezóně. Chce další věci, které pořád z Prahy nepřišly."*

[147] Tento způsob citace určité myšlenky z úvodu v závěru věty je u Bořkovce častý. V tomto kvartetu se uplatňuje v první i v druhé větě.
[148] Chorální citace, shodná s volnou větou klavírní suity. Blíže o tom in: Hradecký, E.: O technických prostředcích hudební mluvy Pavla Bořkovce. – In: Živá hudba, Praha 1973, s. 92.
[149] Tamtéž, s. 89–134.
[150] Tamtéž, s. 124.
[151] Korespondence s A. Waulinem 14. 6. 1944.
[152] Sborník, cit. dílo, s. 38.
[153] Douša, E.: Orchestrální tvorba P. Bořkovce a jeho přínos k vývoji české hudby. Diplomová práce. Praha, AMU 1977, s. 19.
[154] V této tvůrčí periodě 1948–1954 vznikl ještě *Koncert pro violoncello a orchestr*, *2. sonáta pro housle a klavír*, *2. a 3. symfonie*.
[155] Holzknecht, V.: Orchestrální tvorba. Tamtéž, s. 45–66.
[156] Holzknecht sleduje tuto analogii v *Partitě*, v *I. houslovém koncertu*, v *Biblické písni* v cyklu nezvalovských předloh. Srov. Sborník, cit. ob., s. 45–66. Ovšem takových míst by bylo možné uvést víc, např. v *houslové sonatině*, v *Concertu grossu*.
[157] Bořkovec volí nejrozšířenější variantu písně, tak jak ji zaznamenal K. Plicka ve svém Českém zpěvníku, Praha 1940.
[158] Srov. např. cyklus O vlaštovkách a dívkách. Rukopis, 1959.
[159] Cit. ob., s. 20.
[160] Srov. např. Přilba hlíny (1945), Ruka a plamen (1948), Píseň o Viktorce (1949).
[161] Benešovský patronát takto komentuje ve svých písemných vzpomínkách také ing. Aleš Bořkovec.
[162] Označení „seifertovská písňová intonace" užívá Zdeněk Pešat ve studii Jaroslav Seifert (sborník Jak číst poezii, redaktor Jiří Opelík. Praha, Československý spisovatel 1969, s. 124).
„Počínaje sbírkami Jablko s klína (1933) a Ruce Venušiny (1936) až k poezii poválečné nabývá však v Seifertově tvorbě vrch rytmicky pravidelný, stroficky členěný verš, v němž převládá písňová intonace, která svou výrazností překrývá všechno ostatní. Původním jevem této tendence je jednak oslabení metaforičnosti a návrat k přímým pojmenováním, jednak zájem o všední životní detail... Vše v této poezii jako by procházelo filtrem melodie, jejímž působením ztrácí svou určitost a jednoznačnost, dalo by se říci, že se významově rozmývá a podřizuje se intonací vsugerovanému tónu ‚měkké vroucnosti', o němž již kdysi řekl v jiných souvislostech Zdeněk Nejedlý, že jsme si ho zvykli pokládat za tón český."
[163] Eben, P.: Vokální sloh. – In: Pavel Bořkovec. Osobnost a dílo. Praha 1964, s. 93.
[164] Příspěvek do programové brožury o Bořkovcovi a jeho kvartetu psal Karel Janeček, jak dokládá dopis ze 16. 11. 1948.
[165] Ačkoli Bořkovec jako všichni profesoři na Akademii múzických umění vstoupil do Komunistické strany Československa, pomohlo mu to snad v tom, že díky své nekonfliktní a neagresivní povaze mohl učit až do pozdního věku (1964). Jinak se pod tlakem událostí stále více uzavíral do sebe a hledání duševní rovnováhy jej přivedlo v roce 1953 ke konverzi ke katolické církvi.
[166] Srov. Pavel Bořkovec, sborník, tamtéž, s. 39.
[167] Název České noneto přijal soubor až v roce 1951.
[168] Některé z písní v roce 1950 zněly v podání ženského sboru Kühnova smíšeného sboru v pořadu Čs. rozhlasu, avšak dlouho panovalo mínění, že tyto písně jsou příliš náročné

pro dětské sbory. V roce 1954 provedl týž sbor celý cyklus na večeru k autorovým šedesátinám. Teprve v roce 1968 nazpíval tento cyklus Dětský pěvecký sbor Československého rozhlasu se sbormistrem Bohumilem Kulínským st. Sedmdesátá léta přinesla mnohé další obtížné dětské sbory žijících autorů, kteří měli přímé kontakty se sbormistry předních sborů. Bořkovec zůstal opět stranou zájmu.

[169] Tak tomu bylo i u českých skladatelů, kteří byli Bořkovcovi stylově nejblíže – Bohuslava Martinů a Iši Krejčího. Z cizích autorů je tento postoj výrazný u I. Stravinského, méně u A. Honeggera a P. Hindemitha.

[170] Periodizace díla je specifikována v závěrečné kapitole této práce.

[171] Harmonicky i fakturou toto téma velmi připomíná analogickou atmosféru začátku Requiem.

[172] Holzknecht, V.: cit. ob., s. 62.

[173] Jde o známou akordickou kadenci z finální části Tarase Bulby, která spojuje plagální funkce s „dominantním přibroušením" pomocí vzestupného citlivého tónu k tercii rozvodného akordú. Tohoto postupu užíval i B. Martinů. Srov. in: Dějiny české hudební kultury II, Praha 1981, s. 380.

[174] Srov. překlad recenze v Hudebních rozhledech 1959, s. 70. Šlo o koncert české hudby v interpretaci Moskevské filharmonie s dirigentem Nikolajem Anosovem. Ve fantaziích K. Slavického ocenila táž kritička jeho stylizaci lidové písně, u Koncertu pro orchestr od D. Kardoše je věta o znalosti instrumentace. Nejvíc zapůsobila „čarovná suita" k filmu Císařův slavík od V. Trojana.

[175] Symfonie byla znovu provedena 7. 2. 1960 Českou filharmonií za řízení J. Vogla v Brně, a to s mimořádným ohlasem u kritiky i u obecenstva. Na programu téhož koncertu byla III. symfonie A. Honeggera.

[176] Ladislava Jáska znal Bořkovec ještě z dob jeho studia a podle vlastního vyjádření měl skladatel na mysli jeho umění, když komponoval tuto sonátu.

[177] K dalšímu oživení zájmu o toto dílo došlo až v šedesátých letech 13. 1. 1963 v Domě umělců v interpretaci Bedřišky Seidlové a Vladimíra Mencla, 28. 11. 1965 na 12. přehlídce českého koncertního umění v Domě umělců v podání Milana Vítka a Zdeňka Kožiny.

[178] Korespondence s A. Waulinem 19. 7. 1950.

[179] Dopis je datován 19. 3. 1956.

[180] Eben, P.: Vokální sloh, cit. ob., s. 94.

[181] Vídeň, Volksstimme, 27. 10. 1959.

[182] Seidl, J.: Vytvoření nové opery – přední úkol našich skladatelů. Hudební rozhledy, 1954, s. 823–825.

[183] Členy operní komise byli: E. F. Burian, F. Pujman, Z. Chalabala, J. Zich, J. Doubrava, L. Podéšť, předsedou J. Seidel.

[184] Trojanův Kolotoč (libreto Marie Charousová-Gardavská) měl premiéru 1. obrazu v Československém rozhlase 7. prosince 1941. Scénicky měl být proveden v Národním divadle baletním souborem v plánované sezóně 1943–1944, potom v opeře 5. května v sezóně 1947–1948. Skutečné inscenace se dočkal až v ostravském divadle v roce 1960, televizní snímek byl pořízen v roce 1966.

Sokolova opera pod názvem Marnotratný syn (libreto V. Renč) získala první cenu Velké jubilejní soutěže Československého rozhlasu v roce 1948. Provedena byla v Olomouci v roce 1963.

Hanušova opera Plameny vznikla za války, v roce 1944. Byla rovněž přijata Národním divadlem smluvně k provedení v roce 1945. Byla provedena až zásluhou B. Lišky v plzeňské opeře 8. 12. 1956. Ohlas byl značný. Inscenace zvítězila v tehdejší Divadelní žatvě. V roce 1957 byla provedena ještě v Ústí nad Labem.

[185] Dramaturgem opery Národního divadla byl tehdy Iša Krejčí.

[186] Obě opery se připravovaly paralelně, což také ovlivnilo obsazení. Premiéra Zuzany Vojířové byla 30. 12. 1958.

[187] Korespondence k uvedení *Palečka* je součástí pozůstalosti, uložené v MČH.

[188] Bližší charakteristika libreta je v předchozí kapitole, s. 85–89.

[189] Brožovská, J.: Dvakrát o současné opeře. Kultura č. 3, 1959.

[190] Karásek, B.: Opera o rytíři Palečkovi. Rudé právo 20. 3. 1958. Karásek na rozdíl od Brožovské v tomto pojetí spatřuje klad, který zdůvodňuje „...obětuje jednotě svého vnitřního hudebního světa výrazovou šíři a kontrastovost charakteristiky jednotlivých postav, kterou najdeme v ostřejší kresbě spíš u hrdinů okrajových situací a nálad".

[191] Hovořili jsme s dramaturgem opery Národního divadla Išou Krejčím. Mladá fronta, 15. 1. 1959.

[192] Hudební stránka opery je charakterizována v předchozí kapitole, s. 85–89.

[193] Jednoznačné hodnocení tehdy vyvolalo rozhořčenou reakci Jiřího Bajera v Divadelních novinách 1. 4. 1959, kde píše, že ačkoli neviděl ani jednu z obou oper, cítí potřebu reagovat na diskuze okolo nich. Jeho úvaha je příznačná pro ilustraci přelomu kritérií v polovině padesátých let. Mimo jiné se v ní píše: „...diskusím chybí zamyšlení, čím tyto skladby přispívají dnešku, jak odpovídají problémům, jimiž dnes lidé žijí... Bořkovcova precizní, nanejvýš osobitá opera jako by byla předem určena zasvěceným činitelům hudební původnosti, Pauerova prostým každodenním návštěvníkům operního divadla. Zajímavé je, že *Paleček* byl kritikou za svou muzikantsky intelektuálštější hudbu stavěn výš než Zuzana Vojířová, které je vytýkána přímočarost emocionálního vyjadřování – tedy to, co by mělo být v opeře právě vítáno – a zaostalost výrazových prostředků „od dneška odtažité ražby".

[194] Takto o ní psali Iša Krejčí, Karel Šrom, Václav Holzknecht, Jaroslav Procházka, Jaroslav Hach, Jarmila Brožovská, šifry – bor, Ps v tisku, v soukromých dopisech Jan Klusák, Miloš Sokola, Jan Rychlík, Miloš Šafránek a všechny zahraniční kritiky, z nichž vídeňský kritik (Volksstimme 20. 5. 1959) píše, že se mu jevil *Paleček* jako osobitější a originálnější řešení opery než Mirandolina Bohuslava Martinů.

[195] Velký ohlas vzbudil např. článek Svatopluka Havelky Co je v hudbě nové? (Kultura č. 1, 1959, s. 3), v němž charakterizoval a odsoudil darmstadtskou školu, aby mohl rozšířit vnitřní domácí hranice příjmu. Mezi skladateli, jež naše hudební veřejnost přijala a se zájmem očekává jejich díla, jmenuje V. Sommera, J. Pauera, J. Řezáče, J. Podešvu, G. Křivinku, M. Ištvana, I. Hurníka, I. Jirko, V. Kalabise, J. Jarocha, J. Matěje, J. Bártu, O. Máchu, O. Flosmana, P. Ebena.

[196] In: Holzknecht, V.: Orchestrální tvorba. Cit. ob., s. 65.

[197] Srov. Honegger, A.: 3. symfonie; Martinů, B.: Dvojkoncert.

[198] Srov. Kasan, J.: Tvůrčí vývoj. Pavel Bořkovec. Sborník, s. 42.

[199] V rozhovoru sdělil dr. J. Hruška Bořkovcovu synovi, že při komponování symfonie měl Bořkovec na mysli zcela určitý náboženský obsah, ovšem ne ve smyslu programní hudby. Jednotlivé věty byly inspirovány náměty: Cesta do Emauz, Zmrtvýchvstání, Hříšný Jeruzalém, Agapé.

[200] V anketě odpovídali: O. Jeremiáš, D. Kardoš, J. Seidel, B. Blachut, A. Moyzes, J. Stanislav, J. F. Fischer, G. Popp, J. Cikker, V. Řepková, I. Jirko, E. Hlobil, J. Doubrava, K. Vacek, J. Hanuš, P. Eben, F. Maxián, M. Ištvan, A. Kohout, J. Z. Bartoš, A. Očenáš, K. Reiner, J. Podešva, F. Rauch, O. Svozil (Ostrava), J. Dvořák (České Budějovice),

T. Sak a M. Šmíd (Plzeň), B. Prokoš (Praha), V. Müller (Hradec Králové), S. Karabec (Liberec), M. Mellanová, R. Marková (Košice), R. Matohlava (Kravaře).

[201] Citát je z konspektu dopisu v pozůstalosti, uložené v archivu MČH, Krabice č. 97.

[202] Citováno z pozůstalosti autora, uložené v MČH.

[203] Schéma je přejato z Tektoniky Karla Janečka (Praha 1968), s. 211.

[204] Vlachovo kvarteto zařadilo tento kvartet do svého koncertního repertoáru a v šedesátých letech jej provedlo mnohokrát. Recenzní ohlasy byly na 23. 9. 1964, kdy zazněl V. kvartet v jejich podání na koncertu Svazu skladatelů k poctě Bořkovcových sedmdesátých narozenin, 23. 4. 1965, kdy Vlachovo kvarteto účinkovalo na koncertu z díla Pavla Bořkovce a Iši Krejčího v Brně. *V. smyčcový kvartet* zařadilo Vlachovo kvarteto také na komorní koncert z nových děl československých skladatelů, který pořádal Svaz československých skladatelů 28. 4. 1965. Obdobně tomu bylo i 12. 11. 1969 na koncertu Svazu československých skladatelů k Bořkovcovým sedmdesátým pátým narozeninám.

[205] Mikulášek, O.: První obrázky. Praha 1959.

[206] Zmínku o těchto cyklech Bořkovec uzavřel lakonickým poukazem na píseň *Maminka*, o níž prohlásil: „Víte, to je vlastně má žena, to velké tiché děvče." V textu jde o průnik vzpomínky na dětství a volání maminky „Pozdě, pozdě, podle mých hodinek pozdě! Za ruku!", které se prolne s týmž voláním na dceřiny děti. To krátké pozastavení v čase je ukončeno metaforou v posledních dvou verších „/Kdo zůstal pozadu? / Asi má v botě kamínek/".

[207] V Bořkovcově tvorbě lze sledovat tento okruh skladeb určitého předstupně k rozsáhlejší kompozici vícekrát. Např. před komponováním *Satyra* napsal *Partitu* pro velký orchestr a *Lidová říkadla*, před *II. symfonií* dva koncerty se stoupajícím podílem symfonismu.

[208] Podle sdělení Hany Proškové uvažoval Bořkovec ještě o jiných libretech, např. byl zaujat Stevensonovou povídkou Ďábel v láhvi.

[209] Úvaha F. Bartoše je svým způsobem argumentace natolik zajímavá, že z ní zde uvádím podstatnou část. V dopisu z 24. 9. 1961 píše:

„Tedy smím-li být naprosto upřímným a nic jiného by zde ani nebylo na místě – radil bych Ti naléhavě, abys ještě mnoho o tom uvažoval, zkoumal svědomí, než se skutečně pustíš do tak velké práce... Dovedu pochopit, že k tomu textu máš svůj zcela zvláštní, osobní vztah. Považoval jsem za svou výhodu, že jsem, méně interesován, mohl být objektivnějším ve svém úsudku. Snažil jsem se pochopit smysl, tendenci námětu, dovedu snad ocenit její oprávněnost, ale...

Ale myslím si, že operní libreto, má-li být skladateli opravdu oporou, musí mít, právě tak jako činohra, a v míře ještě větší, pevnou přehlednou stavbu se všemi přináležitostmi dramatické kostry, a to dramatické podtrhuji. Jsem přesvědčen, že operní libreto musí tuto dramatičnost mít v ještě zvýšenější míře, ať už pracuje jakkoli s náznaky, symboly. Že tím musí mít určitý jasný text, který by mnohomluvností nezdržoval spád, jinotaji nekladl posluchači hádanky a autora nenutil k dlouhým, komplikovaným pasážím, které by mu přidávaly spoustu práce, vyčerpávaly jeho invenci na scénu, které by i v činohře zůstaly dramaticky mrtvé a v opeře tím spíš. Obdivoval jsem, či lépe řečeno, nechápal jsem odvahu takového Strausse, který v Rosenkavalieru zhudebňuje spoustu slov, která mnohdy nic neříkají a divil jsem se jeho životnosti, s níž se přes ně přenáší tím svým parlandovým, vpřed se řítícím konversačním způsobem. Přesto – má-li Rosenkavalier přednosti, v těchto scénách nejsou, tady padá pod pult mnoho slov

a mnoho muziky, protože ji posluchač ani nemůže zachytit ve všech jejích nuancích. A na druhé straně se nepřestávám podivovat Janáčkovi, jak barbarsky zacházel s textovou předlohou, jak škrtal vše, co nesměřovalo přímo k jádru věci a jak mu nakonec zbyla právě ta zkratka, zhuštěná kostra, která pak nesla jeho fantasii. Kdysi mi Talich sáhodlouze horoval o tom, jak Janáček tímto způsobem zrasoval předlohu Preissové a jak to svědčí o jeho genialitě dramatické. A mně to ještě víc padá do očí při Kátě nebo Bystroušce, kde už z textu zbývá skoro jen skica, která ale má všechno, co hudebník potřebuje, co mu nepřekáží a co ho soustředí na to hlavní, podstatné.
Mám-li se vrátit k Tvému libretu, říkám Ti upřímně, že v tom postrádám právě tohle nejvíc, že v tom postrádám dost jevištní zkušenosti. Myslím, že bys potřeboval pro svou příští práci libreto jako meč ostré, dobře rozvážené, úsečné, jež by se stručně, úsporně drželo jen dramatické linie, které by už samo o sobě působilo jako dobré jevištní dílo, v tom dobrém slova smyslu. To neznamená ovšem, že by nemohlo mít svou skrytou či zjevnou tendenci, svou ideu. Při tom mi při všem připadá, že všechny ty peripetie, kterými prochází Kejklíř, jsou místy náhlé, nepřipravené a – ne dost logické. Moc bych Tě prosil, aby ses nezlobil, dotýkám-li se snad něčeho, co je Ti zvlášť milé a drahé a o čem jsi se už pevně rozhodl se tím zabývat. Říkám Ti, co si myslím, snad je to nesprávné, omylné, ale rozhodně to nevychází ze zlé vůle, naopak, přál bych Ti ze srdce, abys měl úspěch, a aby se Ti tvá práce co nejlépe zdařila, jak by si to zasloužila. Já už totiž při Palečkovi měl dojem, že v něm spousta krásné, báječné hudby je naroubována na text, který jí dávno není hoden!...“

[210] Podle Bořkovcova vlastního zápisu poslal *Kejklíře* 5. 2. 1965 Zdeňku Zouharovi do Brna. Dr. Zouhar jej však nemá a ani neví nic o osudech tohoto autografu.

[211] Orchestr zde má složení: po dvou flétny, pikola, hoboje, klarinety, fagoty, trubky, pozouny, čtyři lesní rohy, tuba, malý buben, varhany, housle I, II, violy, violoncella, kontrabasy, pěvecký sbor, kvartet sólistů.

[212] *Silentium turbatum*. Praha 1967. Komentář psal Karel Šrom.

[213] Apokryfy existovaly mimo původní hebrejský text Starého zákona. Řecký překlad Starého zákona, zvaný Septuaginta, je obsahuje a stejně tak i latinský překlad Starého zákona zv. Vulgata. Bratři kraličtí je vydali jako samostatný pátý díl své Šestidílky. Koncil tridentský (1546) prohlásil Apokryfy za kanonické, proto jsou zařazeny do římskokatolické bible. Uvedené obrazy jsou z vydání Apokryfů Radou jednoty českobratrské v Praze 1952 v novodobém překladu podle vydání kralického (1588).
Pro významovou víceznačnost a nezvyklost této obraznosti uvádím verše *Silentia turbata*:

Ohlušeni
lomozem svých vlastních slov
ještě jsme se hádali a přeli
když s hukotem objevil se mrak
a padla na nás úzkost, strašlivá úzkost
každý klesaje právě tam, kde byl
uvězněn do vězení bez železSlož
podlehl jakoby spoután
jediným řetězem temnoty

Ať to byl rolník či pastýř
pasoucí osamělé stádo
překvapila nás dlouhá noc
a nikdo nevěděl, kdy skončí
Ozval se divoký dupot
neviditelného běhu
prchajících zvířat
jeleni, daňci i laně
šelmy i krotká zvířata
utíkala teď s námi
v bezhlavé bázni
Drobná polní zvěř
nechala prázdná
doupata v kořenech stromů
A stromy propukly v pláč
a vstaly a kráčely až
ze všech poslední
Ta noc byla dávno
oznámena věrným
aby byli dobré mysli
Znajíce přísahy
Jen my jsme zašli jako stín
a jako zvěř, co prchá mimo
Zmizeli jsme, jak mizí kouř
s památkou na hosta, jenž tu byl jen den
Zatímco věrným
vstávaly z prachu
nové druhy ptáků
jenom pro ně
vyletovaly křepelky
z mořských vln
byli jsme raněni slepotou
před stánkem spravedlivého
když obklíčeni tmou
ztratili jsme cestu
ke dveřím ticha

[214] V roce 1938 užil Martenotových vln místo smyčcových nástrojů Arthur Honegger v baletu Píseň písní. Bezprostředně na koncertě patrně slyšel Bořkovec Martenotovy vlny na jarním festivalu České filharmonie v roce 1946, kde na tento nástroj hrála Genette Martenotová.

[215] Tato Bořkovcova odpověď byla zveřejněna v rozhovoru s Vladimírem Šolínem ve Svobodném slovu 25. 7. 1966.

[216] Cyklus *Zvířata* měl premiéru 18. 2. 1962 v interpretaci Věry Soukupové a Petra Ebena.

[217] Pavel Bořkovec. Osobnost a dílo. Sestavil Jaroslav Kasan s kolektivem autorů. Panton Praha–Bratislava 1964.

[218] Tamtéž. Žáci Pavla Bořkovce o svém učiteli, s. 134–146.

[219] Takto se Č. Gregor vyjádřil na konferenci Janáčkiana 1990, která se konala v Ostravě 5. a 6. června 1990.

[220] Srov. in: Havlík, J.: Česká symfonie 1945–1980. Praha 1989, s. 311.

[221] Citováno z programu premiérového koncertu podle vyjádření autora. Dílo provedla Česká filharmonie se Zdeňkem Košlerem na abonentních koncertech 9. a 10. 1. 1969.

[222] J. Havlík cit. ob. chápe tento postup práce jako anticipaci adičního způsobu výstavby velké plochy přiřazováním nových úseků s novým motivickým materiálem. Domnívám se, že vertikální vztahy jsou v syntéze motivické práce neméně závažné.

[223] Srov. rukopisný komentář k zlomku partitury 3. symfonietty. Uloženo v Muzeu české hudby.

[224] Z lékařů to byl zejména doc. MUDr. Janoušek, v církevním prostředí střešovické farnosti se stýkal s farářem Arnoštem Vovsem, známým slavistou Josefem Vašicou, literárním historikem a překladatelem Albertem Vyskočilem a dále s Vovsovým zástupcem Josefem Čepičkou, jeho důvěru měli kněží Jaroslav Kadlec, Jiří Reinsberg, Jiří Holub.

[225] Písemné vzpomínky ing. Aleše Bořkovce. Rukopis.

[226] Tamtéž, s. 255.

[227] Církevní obřad vedl P. Jiří Holub, za hudebníky se rozloučil Václav Holzknecht.

[228] V evropském měřítku lze tyto kontrasty sledovat od Nástinu nové poetiky (1907) F. Busoniho až k pracím T. W. Adorna, který ve jménu dodekafonie A. Schönberga zavrhl neoklasicistní tvorbu I. Stravinského. Jiným příkladem mohou být ideje hnutí tzv. Nové hudby v šedesátých letech, nebo retrospektivy postmodernismu, zejména v pracích R. Panwitze, J. F. Lyotarda, U. Eca, K. R. Poppera, M. Foucaulta ad.

[229] Bořkovcovi bylo nejbližší chápání historizující německé větve tohoto učení, zejména škola V. Diltheye, zahrnující řadu myslitelů. Z nich několikrát v korespondenci citoval José Ortegu y Gasset (1883–1955).

[230] Neoklasicismus ve smyslu širokého asimilačního proudu, který slučuje tradiční kompoziční a tvárné postupy minulých epoch s novými technikami současnosti. Blíže o tom in: Bek, J.: Hudební neoklasicismus. Praha 1982; Dějiny české hudební kultury, 2. díl, 1981, s. 254–269.

[231] Doba tzv. dekadence a secese na přelomu našeho století je rovněž provázena symbolismem, který počítá s mnohovýznamností uměleckých výtvorů. Tyto směry setrvaly v oceňování hudby jako nejvyššího umění, neboť hudba již svou podstatou je součástí duševních procesů skrze mimoslovní deriváty. Rudolf Pečman (Eseje o Martinů, Brno 1989, s. 48–53) řadí k secesním znakům výtvarného umění pevnost kontury, plošný aspekt, jasné tóny, nanášené ve velkých plochách, symboliku barev, čistotu formy a linie. O secesních znacích Sukovy tvorby pojednává také Pečmanova studie Josef Suk a hudební secese, Brno 1980.

[232] Bořkovec měl široký kulturní rozhled, daný rodinným prostředím bohaté pražské patricijské rodiny, gymnaziálním studiem a již zmíněným studiem filozofie a literatury na Karlově univerzitě. Po celý život si udržoval všeobecný přehled a stále se seznamoval s díly svých současníků doma i v zahraničí, jak to mimoděk dokládá jeho korespondence. Ještě v pozdním věku – v roce 1965 – se v Praze sešel s O. Messiaenem, jehož díla si velmi vážil.

[233] První periodizaci Bořkovcova díla načrtl Karel Janeček (sborník Pavel Bořkovec, osobnost a dílo, Praha 1964; Janeček, K.: Umělecká osobnost Pavla Bořkovce, s. 9–16), který vytyčil tři fáze: období tradiční, období přerodu, období vyrovnanosti. V začínajícím tradičním Bořkovcovi podle jeho charakteristiky doznívá pozdní novo-

romantismus. Jeho období přerodu chápe jako utváření předpokladů pro další vývoj, tedy jako *školu kázně*, nejprve *zvukové*. Třetí fáze představuje další ukáznění, *formové*. Všechny tři fáze mají společný původ.

Janečkovu periodizaci s hraničními mezníky 1920–1928/29; 1930–1939; 1940–1964, respektují také Jaroslav Kasan a Václav Holzknecht ve studiích v uvedeném sborníku. V zásadě ji dodržují také akademické dějiny (Dějiny české hudební kultury, 2. díl, Praha 1981, s. 260), v nichž se Bořkovcovo dílo člení na *rané období* (1894–1927), *období stylových výbojů* (1928–1939), *období syntézy* (1939–1972).

Periodizace v *této monografii* se shoduje se základním dělením podle Karla Janečka, vzhledem k dalším dílům po roce 1964 je zde malá odchylka v hraničních meznících, které podle mého soudu přesněji odrážejí vnitřní stylovou krystalizaci: 1920–1927, 1928/29–1938, 1939 až 1947, čtvrtá fáze 1948/49–1969 se dělí na dvě desetiletí – 1948/49–1959, 1960–1968/69 (–1972).

Vnitřní vývoj skladatele se pozoruhodným způsobem shoduje rovněž s periodizací obecného vývoje, jak ji uvádí Jaromír Havlík v knize Česká symfonie 1945–1980 (Praha 1989). Za hraniční mezníky tam vytyčil léta 1947–1949, 1959–1969.

[234] Srov. Dějiny české hudební kultury. Cit. ob., s. 260.

[235] Srov. P. Hindemitha, A. Honeggera i generačně staršího I. Stravinského.

[236] Srov. Mukařovský, J.: Obecné zásady a vývoj novočeského verše. – In: Výbor z literárně teoretických statí Jana Mukařovského. Uspořádal M. Procházka. Praha 1971. Bořkovcův model je blíže popsán v této práci, např. na s. 46–48.

[237] Srov. Hradecký, E.: O technických prostředcích hudební mluvy Pavla Bořkovce. – In: Živá hudba. Praha 1973, s. 91–131.

[238] Harmonické analýzy E. Hradecký dokumentoval na *klavírní suitě* z roku 1929.

[239] V tomto smyslu dál charakterizuje Bořkovcova ostinata jako „zálibné pokochání zvukovým ornamentem plným smyslového kouzla". Zdá se však, že ostinata mají v kontextu Bořkovcovy tvorby širší uplatnění. Srov. Jiránek, J.: Pavel Bořkovec a Ervín Schulhoff. – In: Muzikologické etudy. Praha 1981, s. 152.

[240] Srov. J. Haydn, W. A. Mozart, L. van Beethoven.

[241] Srov. např. Štědroň, M.: Několik poznámek k Janáčkově tektonice. In: Acta muzei moraviae. Brno 1967, s. 271–285.

V této studii M. Štědroň dokládá techniku montáže v kompozicích L. Janáčka, jež vzniká důsledným fázováním melodiky a akordiky a atomizací motivu. V makrotektonice sledoval vztahy zdánlivě nehybných motivických jader, v mikrotektonice rozpad a varianty základních jader.

O technice montáže u Pavla Bořkovce píše také Jan Klusák ve své studii o *Krysařovi*. Cit. ob., sborník, s. 122–123.

[242] Blíže o tom v průběhu práce, zejména v charakteristikách *I. klavírního koncertu*, *Nonetu*, *Concerta grossa*, *Sonatiny pro housle a klavír*, *Komorní symfonietty*, *IV. smyčcového kvartetu*, *II. klavírního koncertu*, *II.* a *III. symfonie*, *V. smyčcového kvartetu*, *Synfonietty in uno movimento*.

[243] Na tento aspekt Bořkovcova díla upozornil Jiří Fukač, když napsal, že ve využití archaické tradice (bachovské preludium, odpoutané od tonálního základu, hlubší přehodnocení vztahu tradice a nových kompozičních vymožeností) je blíž hindemithovskému pólu historismu, a že Bořkovec se originálně odlišil od archaizace cestou vnějšího koloritu, jaká je zřejmá u Stravinského a Prokofjeva.

Srov. Fukač, J.: Nad komorním dílem. Cit. ob., s. 102.

[244] Srov. Janeček, K.: Umělecká osobnost Pavla Bořkovce. – In: Pavel Bořkovec. Osobnost a dílo. Praha 1964, s. 9–16.

[245] Srov. Štědroň, M.: cit. ob., s. 285.

[246] Dojemnou součástí korespondence jsou dopisy po roce 1945, v nichž Bořkovec naléhal na Martinů, aby se vrátil domů.

[247] Srov. in: Dějiny české hudební kultury. 2. díl. Praha 1981, s. 319.

[248] Srov. s. 31–32 této práce.

[249] Ještě markantnější to bylo s uváděním *Palečka*. Zatímco Pauerova Zuzana Vojířová byla v letech 1958–1964 provedena 49x a poté nastoupila v několika postupných úpravách cestu po českých operních scénách, Bořkovcův *Paleček* byl přes všeobecné nadšení a návštěvnost stažen již v roce 1960 po 16 reprízách. Přitom Mirandolina B. Martinů byla v následujících letech 1959–1963 uvedena čtyřicetkrát. Většina oper autorů 20. století se dávala po tři sezóny.

CHRONOLOGICKÝ PŘEHLED DÍLA PAVLA BOŘKOVCE

1920–1927

STMÍVÁNÍ – symfonická báseň – 1920, poprvé 10. 3. 1921, Šakova filharmonie, V. V. Šak, Praha, Smetanova síň.

„KDO MÁ POČERNÚ GALANKU", „JA KEĎ SA JANOŠKO" – harmonizace lidových písní pro smíšený sbor – 1921 Ja keď sa Janoško – vyd. ve sbírce Slovenských spevov M. Ruppeldta v Bratislavě. 1. sešit, 1926.

JEN JEDENKRÁT – 1921 – melodram – klavír a recitace – na básně P. Bezruče, poprvé v rozhlase 7. 9. 1927 – B. Půlpánová, K. Šolc, vyd. v edici Česká hudba v Kutné Hoře 1928.

KVARTET PRO KLAVÍR, HOUSLE, VIOLU A VIOLONCELLO – 1922 – (Allegro moderato, Introduzione, Thema con var. e Fuga), poprvé 23. 3. 1924 Praha, H. Schererová, L. Bertlová, J. Dvořák, B. Heran, dílo vyznamenáno Spolkem pro komorní hudbu v Praze 1924.

UKOLÉBAVKA PRO HOUSLE A KLAVÍR – 1923 – vyd. v edici Česká hudba v Kutné Hoře 1930.

DVA TANCE PRO KLAVÍR – 1923 (Tango, Menuet), vyd. v edici Česká hudba v Kutné Hoře 1933.

I. SMYČCOVÝ KVARTET – 1924–25 jednovětý, poprvé 4. 2. 1927, Ondříčkovo kvarteto ve Spolku pro moderní hudbu, vyd. Státní hudební vydavatelství, Praha 1962 – kapesní partitura. Vyznamenáno Spolkem pro komorní hudbu v Praze 1930.

„ZE STARÉ ČÍNSKÉ POEZIE" – tři mužské sbory na texty B. Mathesia – 1925 (Nářek gardy, Na hrob válečníkův – poprvé 18. 11. 1932 Křížkovský, dir. M. Vymetal, Tři kumpáni – poprvé 21. 1. 1936 na večeru Mánesa – Typografia, dir. V. B. Aim) – poprvé souborně 1. 4. 1963, Pěvecké sdružení pražských učitelů, dir. Jan Kasal. Vyd. Hudební Matice Umělecké Besedy (dále HMUB) Praha 1927.

I. SYMFONIE DES DUR – 1926–1927 (Moderato, Allegro vivace, Andante commodo, Allegro con brio), poprvé 18. 3. 1928 na abonentním koncertu České filharmonie, dir. Fr. Stupka, Praha.

1928–1938

II. SMYČCOVÝ KVARTET – 1928–1929 (Fuga, Moderato, Allegro, Aria, Largo, Presto), poprvé 11. 1930, Zikovo kvarteto ve Spolku pro moderní hudbu. Vyd. HMUB 1932 Praha. Vyznamenán Čes. akademií věd a umění 1931.

„START“ – symfonické allegro – 1929 – poprvé 26. 3. 1930, Česká filharmonie, dir. H. W. Steinberg, Smetanova síň, Praha. Vyznamenáno Českou akademií věd a umění 1931.

STADION – cyklus písní na texty K. Wierzyňského pro střední hlas a komorní ansámbl v překladu J. Fialy. – (Dech, 100 m, Start žen) – 1929 – poprvé 2. 10. 1930 N. Gajerová, dechový soubor, dir. K. Ančerl ve Spolku pro moderní hudbu.

MALÁ SUITA PRO KLAVÍR (Preludium, Corale, Capriccio, Toccata) 1929, poprvé 20. 12. 1930 V. Holzknecht ve Spolku pro moderní hudbu, vyd. HMUB 1931.

SONÁTA PRO SÓLOVOU VIOLU (Moderato, Largo, Allegro vivace) 1931, poprvé 18. 5. 1932 Lad. Černý ve Spolku pro moderní hudbu, vyd. HMUB 1933. Vyznamenáno Českou akademií věd a umění 1932.

I. KONCERT PRO KLAVÍR A ORCHESTR (Moderato, Allegro, Andante, Allo vivace) 1931, poprvé 16. 4. 1932 na koncertě českých novinek – V. Holzknecht, Česká folharmonie, dir. J. Scheidler. Vyd. HMUB v úpravě pro 2 klavíry 1937. Vyznamenáno Českou akademií věd a umění 1932.

ROZMARNÉ PÍSNĚ PRO BARYTON A KLAVÍR (malý orchestr) na básně J. W. Goetha a F. Villona v překladu Ot. Fischera – (Krysař, Epitaf, O bláznovství v lásce) – 1931–1932, poprvé 26. 1. 1933 na koncertu skupiny Mánes, Zd. Otava, V. Holzknecht. V klavírní verzi vyd. HMUB Praha 1938.

SEDM PÍSNÍ NA BÁSNĚ V. NEZVALA PRO SOPRÁN A KLAVÍR (Biblická píseň, Šílený ministrant, Jitro ve velkoměstě, Čtyřverší, Pozdní poznání, Už je noc, Silvestrovská píseň) – 1931, poprvé první dvě 16. 12. 1932 na večeru V. Nezvala v Mánesu – Jelena Holečková a V. Holzknecht, 1936 instrumentováno 6 písní pro komorní orchestr. V úpravě pro klavír vydáno v HMUB 1934.

DECHOVÝ KVINTET (Allegro, Largo, Presto) – 1932, poprvé 26. 1. 1933 na koncertě Mánesa, Pražské dechové kvinteto, vyd. kapesní partitura v HMUB 1936, hlasy rozmnoženy v ČHF, 1961.

PĚT PÍSNÍ PRO SOPRÁN A KLAVÍR NA SLOVA B. PASTERNAKA v překladu J. Hory (Sen, Jaro, Noc, Děvčátko, Kohouti) – 1935 – poprvé 21. 1. 1936 na koncertu Mánesa, Aša Slavická a dr. O. Vondrovic.

KONCERT PRO HOUSLE A ORCHESTR (Allegro con brio, Largo, Allo vivo) 1931, poprvé 11. 3. 1934, St. Novák a Česká filharmonie, dir. K. B. Jirák. Poctěno cenou České akademie věd a umění 1934.

I. SONÁTA PRO HOUSLE A KLAVÍR (Grave, Allegro vivace – Adagio, Allegro con brio) – 1934, poprvé 14. 2. 1935 na koncertu Mánesa, St. Novák, K. Šolc.

PARTITA PRO KLAVÍR (Allegro con brio, Largo, Vivace, Adagio–Allegro) 1935, poprvé 6. 12. 1937, R. Firkušný ve Spolku pro komorní hudbu. Largo vydáno ve sbírce „Klavír 1937" v HMUB 1937.

PARTITA PRO VELKÝ ORCHESTR – 1936, poprvé 10. 3. 1937, Česká filharmonie, dir. V. Talich. Vyznamenáno Smetanovou cenou hl. města Prahy 1937.

LIDOVÁ ŘÍKADLA PRO MALÝ SMÍŠENÝ SBOR A KLAVÍR na texty ze sbírky K. J. Erbena „Prostonárodní české písně a říkadla" (Král, Smrtonoška, Blažený, Ovčák, Héla) – 1936, poprvé na večeru Mánesa, pěvecký sbor, dir. M. Kabeláč, klavír B. Rixová.

ROZHOVOR, píseň na verše J. Seiferta pro soprán a klavír – 1937, vyd. jako májová příloha čas. Eva, Melantrich 1937.

SATYR, opera o pěti obrazech na námět hry J. W. Goetha v překladu Ot. Fischera – 1937–1938, poprvé 8. 10. 1942 v Národním divadle, dir. J. Krombholc, režie V. Kašlík, výprava F. Tröster, choreografie J. Jenčík. Poctěno 1. cenou České akademie věd a umění 1943.

1939–1947

KRYSAŘ, baletní pantomima o dvou obrazech na vlastní scénář podle starosaské legendy – 1939, poprvé koncertně 15. 1. 1941 na abonentním koncertu České filharmonie, dir. V. Talich, poprvé jevištně 8. 10. 1942 v Národním divadle, dir. V. Talich, režie V. Kašlík, výprava F. Tröster, choreografie J. Jenčík. Klavírní výtah vydán v HMUB 1942, velká partitura vyd. SNKLHU 1954. Poctěno cenou Národního divadla 1944.

III. SMYČCOVÝ KVARTET (Lento, Allegro moderato, Poco Adagio, Alla breve) – 1940 – nedefinitivní.

NONET (Largo, Poco allegro, Lento, Allegro) – 1940, poprvé na koncertu ze skladeb P. B. 28. 4. 1941, České noneto, vyd. kapesní partitura v HMUB 1945. Poctěno 2. cenou České akademie věd a umění 1942.

DVĚ KLAVÍRNÍ SKLADBY (Preludium, Rondo) 1941, poprvé na koncertu skladeb P. B. 28. IV. 1941 (Rondo) a 24. 11. 1942 (Preludium), obojí provedení V. Holzknecht, vyd. HMUB 1944.

CONCERTO GROSSO pro dvoje housle, violoncello a orchestr s obligátním klavírem (Largo, Poco allegro – Quasi adagio, Allegro) 1941, poprvé 8. 5. 1943 v Národním divadle, Česká filharmonie, dir. V. Talich. Velká partitura vydána v Melantrichu 1947. Poctěno 1. cenou Melantricha 1943.

SONATINA PRO HOUSLE A KLAVÍR (Poco allegro, Sostenuto, Allegro) 1942, poprvé 9. 11. 1943, A. Plocek, A. Holeček ve Smetanově síni v Praze, vyd. HMUB 1944.

KOMORNÍ SYMFONIETTA (sonata – Poco allegro, Recitativo e aria – Agitato, Rondo – Allegro) 1945, poprvé 10. 1. 1947, Česká filharmonie, dir. V. Talich, vyd. Panton 1961 kapesní partitura, velká partitura rozmnožena v ČHF 1958.

PALEČEK, opera o pěti obrazech na libreto Fr. Kubky, 1945 až 1947, poprvé 17. 12. 1958 Smetanovo divadlo, dir. J. Vogel, režie H. Thein, výprava K. Svoboda. Klavírní výtah rozmnožen Dilia 1957. Poctěno 1. cenou velké hudební soutěže Čs. rozhlasu 1948.

IV. SMYČCOVÝ KVARTET (Poco allegro, Andante, Allegro giusto) 1947, poprvé 11. 4. 1948 Stuyvesantovo kvarteto v New Yorku, poprvé provedlo v ČSSR 18. 10. 1948 Ondříčkovo kvarteto, kapesní partituru vyd. Melantrich 1949, hlasy Orbis 1950.

1948–1959

II. KONCERT PRO KLAVÍR A ORCHESTR (Agitato, Poco lento, Vivace) 1948–1949, poprvé 8. 3. 1951 Fr. Maxian, Česká filharmonie, dir. Witold Rowicki, studijní partituru vyd. Státní hudební vydavatelství 1963.

ŠEST PÍSNÍ PRO DĚTSKÝ SBOR na básně J. Seiferta ze sbírky „Šel malíř chudě do světa“ (Píseň o jahodě, Starý mlýn, Mateřídouška, Jarní, Ukolébavka, Vlajka republiky), 1949, poprvé 11. 12. 1954 na večeru věnovaném autorovým šedesátinám, komorní ženský sbor Čes. pěveckého sboru, dir. J. Kühn, vyd. Orbis 1951.

KONCERT PRO VIOLONCELLO A ORCHESTR (Allegro moderato, Larghetto, Alla breve), 1951, poprvé 9. 12. 1954 Fr. Smetana, Česká filharmonie, dir. K. Ančerl, partitura rozmnožena ČHF.

SEDM DUCHOVNÍCH PÍSNÍ – 1953, rukopis.

II. SYMFONIE (Allegro moderato, Scherzo – Vivace, Adagio – Poco piu animato, Finale – Alla breve), 1955, poprvé 13. 12. 1956, Česká filharmonie, dir. K. Ančerl. Velká partitura vyd. SNKLHU 1958.

II. SONÁTA PRO HOUSLE A KLAVÍR (Poco allegro, Adagio, Allegro giusto, Grave – Agitato assai), 1956, poprvé 18. 3. 1958 L. Jásek, A. Holeček na II. přehlídce komorní tvorby pražských skladatelů, vyd. SNKLHU 1959. Poctěno státní cenou Klementa Gottwalda 1959.

MADRIGALY O ČASE pro smíšený sbor na básně Hany Proškové (Začátek, Hudba, Ptáci, Vteřiny, Pošetilost), 1958, poprvé 18. 4. 1959 Noví pěvci madrigalů, dir. M. Venhoda.

III. SYMFONIE (Allegro, moderato, Allegro giusto, Molto adagio, Allegro vivace), 1959, poprvé 7. 10. 1960, Česká filharmonie, dir. K. Ančerl, partituru vyd. Panton 1963. Poctěno cenou II. stupně v umělecké soutěži k 15. výročí osvobození.

1960–1969–1972

V. SMYČCOVÝ KVARTET (Poco allegro, Molto adagio, Vivo, Agitato assai), 1961, poprvé v Čs. rozhlase 1. 4. 1963 Vlachovo kvarteto, poprvé koncertně 7. 12. 1963 Vlachovo kvarteto.

„ZVÍŘATA“ – lyrické obrazy na básně Hany Proškové pro mezzosoprán a klavír (Kůň, Rackové, Můra, Ježek, Vrány, Netopýr, Vlaštovka), 1961, poprvé 18. 2. 1962 na přehlídce nové tvorby, Věra Soukupová, Petr Eben.

SNY – cyklus písní pro nižší hlas na básně Hany Proškové (Maminka, Ubohý, Cesta, Dětská, Srdce, Poučka, Stromy), 1962, poprvé koncertně 5. 3. 1964 Věra Soukupová, Česká filharmonie, dir. M. Turnovský.

KEJKLÍŘ, klavírní skica pro čtyři ruce. Rukopis 1961.

TE DEUM pro smíšený sbor, sóla, varhany, orchestr, 1962, poprvé Čs. rozhlas, dir. A. Klíma, varhany J. Vojtek, sóla M. Vránová, M. Boublíková, J. Jindrák, M. Frydlewicz.

SILENTIUM TURBATUM, symfonická věta pro orchestr, alt sólo a elektronickou kytaru na verše H. Proškové, dokončeno 1965, poprvé 28. 5. 1965, Věra Soukupová, Česká filharmonie, dir. V. Neumann, vyd. Supraphon Praha 1967.

INTERMEZZO PRO HORNU (violoncello) a klavír, 1965, poprvé 7. 12. 1966 Josef Brázda, Jan Marcol, vyd. Panton Praha 1969.

SINFONIETTA IN UNO MOVIMENTO, 1963–1964, 1967–1968, poprvé 9. a 10. ledna 1969 Česká filharmonie, dir. Z. Košler, vyd. Panton Praha 1982.

SYMFONIETTA č. 3 – fragment.

SEZNAM GRAMOFONOVÝCH NAHRÁVEK DÍLA PAVLA BOŘKOVCE

I. SMYČCOVÝ KVARTET – Supraphon SUA 10 354 – Vlachovo kvarteto

KRYSAŘ, balet, pantomima – Supraphon H 15 0085–7

IV. KVARTET – Supraphon – Vlachovo kvarteto

ŠEST PÍSNÍ PRO DĚTSKÝ SBOR na básně J. Seiferta – Supraphon 04098, 2803 M

II. KONCERT PRO KLAVÍR A ORCHESTR – Supraphon DV 5810 – Ant. Jemelík, Česká filharmonie, dir. K. Ančerl

II. SYMFONIE PRO VELKÝ ORCHESTR – Supraphon – DM 5477 – Česká filharmonie, dir. K. Ančerl

II. SONÁTA PRO HOUSLE A KLAVÍR – Supraphon DV 5698 – L. Jásek, A. Holeček

MADRIGALY O ČASE – Supraphon 1963 – Noví pěvci madrigalů, M. Venhoda

II. SYMFONIETTA – Panton 11 0300 ST H – Česká filharmonie, dir. Zdeněk Košler

NONET – Panton ST 110317 H – České noneto (Petr Vaněk – housle, Milan Heřmánek – viola, Rudolf Lojda – violoncello, Václav Fuka – kontrabas, Jiří Válek – flétna, Karel Lang – hoboj, Václav Kyzivát – klarinet, Jaroslav Řezáč – fagot, Arnošt Charvát – lesní roh)

PAVEL BOŘKOVEC. PORTRÉT SKLADATELE – Supraphon ST 1 11 1263 G I. Koncert č. 1 pro klavír a orchestr (3. věta, Jan Panenka, Česká filharmonie, Zd. Košler), Madrigaly o čase (Noví pěvci madrigalů a komorní hudby, M. Venhoda), Lidová říkadla (č. 1, č. 3 – Pěvecký sbor Čs. rozhlasu, Jiří Pokorný – klavír, řídí M. Malý), Symfonie č. 2 (2. věta, Symfonický orchestr Čs. rozhlasu, Jiří Hrnčíř), Nonet (České noneto), Smyčcový kvartet č. 5 (3. a 4. věta, Vlachovo kvarteto)

PAVEL BOŘKOVEC. ORCHESTRAL WORKS. Panton CD 81 1366-2 011. Start, Symfonické allegro pro velký orchestr, III. symfonie, II. symfonietta (Synfonietta in uno movimento). Česká filharmonie, dir. Zdeněk Košler

DÍLA PAVLA BOŘKOVCE NAHRANÁ V ČESKOSLOVENSKÉM ROZHLASE

PRAHA

I. SMYČCOVÝ KVARTET – Pražské kvarteto, snímek z koncertu v Domě umělců z 3. 3. 1955, č. mgtf. pásu ZF 30536

I. SYMFONIE, BOK – 33, 73035, 2,80', Scherzo, Symfonický orchestr Československého rozhlasu Praha. A. Klíma. 23.–24. 9. 1966 (rež. Vágner)

II. SMYČCOVÝ KVARTET – Ondříčkovo kvarteto, natočeno 23. 1. 1957, MF 43 412

START, BOK – 9, St 6024, 7,40', Symfonický orchestr hlavního města Prahy FOK, Josef Hrnčíř, natočeno 22.–23. 9. 1975 (rež. Juchelka)

SONÁTA PRO SÓLOVOU VIOLU, BOK – 4, St 204 02, 13,4', Josef Kaďousek, 29.–31. 1. 1974 (Tausinger)

I. KONCERT PRO KLAVÍR A ORCHESTR – a) R. Firkušný, ČF, dir. J. Krombholc, snímek z koncertu v Domě umělců z roku 1946 – DK 343; b) Jan Panenka, ČF, dir. K. Ančerl, snímek z koncertu v Domě umělců, 24. 3. 1955, č. 41 185–6 (rež. Jonák), DK 19. 3. 1955 (rež. Šárová)

I. KONCERT PRO KLAVÍR A ORCHESTR, Y 202–629, ST 5464, 19,20', Jiří Pokorný, Symfonický orchestr Československého rozhlasu Praha, A. Klíma, z veřejného koncertu 22. 4. 1974 I. KONCERT PRO KLAVÍR A ORCHESTR (rež. Jaroch), BOK – 38, ST 1762, 20,90', Jan Panenka, Česká filharmonie, Zdeněk Košler, 9. 1. 1960 (rež. Vrána)

I. KLAVÍRNÍ KONCERT PRO KLAVÍR A ORCHESTR, BOK – 17, kopie 411 185, 19,50', Jan Panenka, Česká filharmonie, K. Ančerl, 24–25. 3. 1955 (rež. Vrána)

ROZMARNÉ PÍSNĚ, BOK – 28, 724 94, 7,40', Zdeněk Otava, A. Holeček, 31. 5. 1964 (rež. Vágner)

DECHOVÝ KVINTET – Pražské dechové kvinteto v roce 1954, č. 40 134 Dech. 5, BOK – 30, 70 665, 14,90'. Dechové kvinteto Českých filharmonistů, 31. 5. 1964 – PS (rež. Vágner)

DECHOVÝ KVINTET, BOK – 45, VS 452 006, 14,95', nahráno 12., 13. 10. 1988 (rež. Matějů), České dechové kvinteto (Josef Jelínek – flétna, Aleš Němec – klarinet, Tomáš Secký – lesní roh, Pavel Zedník – fagot, Jaroslav Konečný – hoboj)

DECHOVÝ KVINTET, BOK – 1, St 20313, 15,25'. Dechové kvinteto Českých filharmoniků (František Čech – flétna, Jiří Mikula – hoboj, Karel Dlouhý – klarinet, Jiří Formáček – fagot, Rudolf Beránek – lesní roh), natočeno 5. 9. 1973 (rež. Tausinger)

PARTITA, BOK – 13, VS 269 520, 13,70', Symfonický orchestr Československého rozhlasu Praha, St. Macura, dirigent. 28.–29. 8. 1980 (rež. Málek)

PARTITA, BOK – 26, DM 21526, 10,70', Symfonický orchestr Československého rozhlasu Praha, A. Klíma, natočeno 25. 2. 1964 (Šatra)

LIDOVÁ ŘÍKADLA, BOK – 43, VS 267 105, 12,45', Eva Bromová, Blanka Tůmová, Karel Černý, Vilém Veselý, Pěvecký sbor Československého rozhlasu Praha. Jiří Pokorný – klavír, řídí Milan Malý, natočeno 14.–15. 2. 1964 (A. Gemrot)

SATYR, BOK 21–1, DM 21560, 2,80', Předehra, Symfonický orchestr Československého rozhlasu Praha, Jiří Stárek, natočeno 12.–18. 6. 1964 (rež. Vrána) 1. obraz – Jaroslav Horáček, Rudolf Jedlička, Pěvecký sbor Československého rozhlasu Praha, Jiří Stárek, natočeno 12.–16. 6. 1964 (rež. Vrána)

KRYSAŘ, hudba z baletu – ČF, dir. K. Ančerl, snímek z koncertu v Domě umělců, 8. 4. 1954, č. 30 217–8, BOK – 14, VS 271668, 30,50', Jaroslav Šaroun – klavír, Symfonický orchestr Čs. rozhlasu Praha. Stanislav Macura, 1.–3., 4. 9. 1981, EK. BOK – 31, DM 21511, 27,60', Miloš Jiránek – klavír, Symfonický orchestr Čs. rozhlasu Praha, A. Klíma, natočeno 11.–17. 9. 1964 (rež. Vrána)

NONET – České noneto, natočeno 26. 6. 1953, MF 41 111. Nonet BOK – 40, St 1682, 16,20'. České noneto (Petr Vaněk – housle, Milan Heřmánek – viola, Rudolf Lojda – violoncello, Václav Fuka – kontrabas, Jiří Válek – flétna, Karel Lang – hoboj, Václav Kyzivát – klarinet, Jaroslav Řezáč – fagot, Arnošt Charvát – lesní roh) natočeno 14. 11. 1969 (rež. Panuš)

DVĚ KLAVÍRNÍ SKLADBY, BOK – 44, VS 267 124, 8,35', Aleš Bílek, 20. 3. 1984, FK

INTERMEZZO PRO LESNÍ ROH A KLAVÍR, BOK – 34, St 269, 8,90', J. Brázda, V. Mencl, 25. 10. 1967 (rež. Vrána)

CONCERTO GROSSO PRO DVOJE HOUSLE, VIOLONCELLO A ORCHESTR – Jiří Ptáčník, Jar. Rajl, Boh. Heran, V. Řepková, Symf. orchestr pražského rozhlasu, dir. K. Ančerl, natočeno 6. 4. 1950, č. 41 179–80, Sg BOK – 5, ST 30215, 27,10', natočeno 6.–9. 11. 1973 (rež. Jaroch). Symfonický orchestr Čs. rozhlasu Praha, Josef Hrnčíř, Bohuslav Purger a Jiří Bezděkovský – housle, Josef Pražák – violoncello, Josef Hála – klavír.

Concerto grosso, Y 201–211, DF 181 89, 26,25', natočeno PJ 1968 (15. 5.), (rež. Šatra). Česká filharmonie, Dean Dixon, Bruno Bělčík a Jan Holzel – housle, Karel Novotný – violoncello, Adolf Holeček – klavír.

SONATINA PRO HOUSLE A KLAVÍR – S. Šrom, J. Panenka, natočeno 12. 5. 1943, K 5546

BOK – 8, ST 325 83, 14,00', Zdeněk Brož – housle, Jan Vrána – klavír, převzato ze Supraphonu 5. 4. 1975 (Šárová)

Sonatina pro housle a klavír, BOK – 12, MS – 65, 13,40', V. Snítil, J. Hála, natočeno 14. 3. 1979.

Sonatina pro housle a klavír, BOK – 41, 512450, 11,90', Antonín Novák, J. Hála, 15. 3. 1971 (rež. Jaroch)

SYMFONIETTA PRO KOMORNÍ ORCHESTR – Pražský komorní orchestr, dir. V. Jiráček, natočeno 12. 5. 1954, č. 30 252–3

KOMORNÍ SYMFONIETTA, BOK – 10, MS 5108, 21,45', Symfonický orchestr Československého rozhlasu Praha, A. Klíma, přetočeno z Bratislavy 6. 4. 1977 (rež. Šárová)

PALEČEK – opera na libreto Fr. Kubky – sólisté a pěv. sbor Československého rozhlasu (sborm. Jan Kasal), Symfonický orchestr Československého rozhlasu, dir. V. Jiráček, natočeno 22.–30. 10. 1958 a 26. 2. 1959, č. 44 335–9. BOK – 20, kopie MF, 109,75'. Pěvecký sbor Československého rozhlasu a sólisté, sbormistr Jan Kasal, Paleček – Jan Soumar, Janek – Ant. Votava, Morosus – Jaroslav Veverka, Aleš – Viktor Kočí, Alena – Dagmar Rosíková, sudí – Vladimír Jedenáctík, Zdena – Alena Miková, Vilém – Jindřich Jindrák, Madlenka – Ivana Mixová, Posel – Roman Horák, student – Vl. Jedenáctík.

IV. SMYČCOVÝ KVARTET – Vlachovo kvarteto, natočeno 4. 10. 1957, ZF 31 252, Y 201–386, St 5773, 17,70'. J. Vlach, V. Snítil, Jar. Koďousek, Viktor Moučka, PJ 18. 5. 1972 (Panuš)

ŠEST PÍSNÍ, BOK – 6, St – 90 55, 13,50', Pavel Kühn, ženský sbor Kühnova smíšeného sboru, natočeno 28. 1. 1975 (Vrána)

ŠEST PÍSNÍ, Y 201–954, VS 268 266, 12,20', ženský sbor Kühnova smíšeného sboru, Pavel Kühn, PJ 3. 6. 1982 (rež. Tausinger)

II. KONCERT PRO KLAVÍR A ORCHESTR – a) Fr. Maxian, Symf. orchestr Čs. rozhlasu, dir. V. Jiráček, natočeno 16. 12. 1952, č. 41 168–9

b) Ant. Jemelík, Česká filharmonie, dir. A. Klíma, snímek z koncertu v Domě umělců 10. 11. 1960, MF 43 641, BOK – 22, kopie MF 436 41 / 19.00'

KONCERT PRO VIOLONCELLO A ORCHESTR – Fr. Smetana, Symfonický orchestr pražského rozhlasu, dir. V. Jiráček, natočeno 19. 10. 1955, MF 41884–6

II. SYMFONIE – Česká filharmonie, dir. K. Ančerl, snímek Gram. závodů, ZF 31 332, BOK – 36, St 1336, 30,60', Symfonický orchestr Čs. rozhlasu Praha, J. Hrnčíř, natočeno 7.–11. 10. 1968 (rež. Šaltra)

II. symfonie – BOK – 3. vys. čís. 132 72, 31,00'

II. SONÁTA PRO HOUSLE A KLAVÍR – L. Jásek, A. Holeček, snímek z koncertu v Domě umělců 18. 3. 1958, č. 44 081–2, BOK – 27

DM 215 28, 20,70', Josef Hála, PJ 1964 – 31. 5. 1964, (rež. Vágner)

MADRIGALY O ČASE – Noví pěvci madrigalů, dir. M. Venhoda, natočeno 11. a 12. 7. 1960, MF 44 811, Y 201–711, DS 215 90, 8,95', PJ 1978, 23. 5. (6 ks)

Madrigaly o čase, BOK – 20, kopie MF 44 811, 8,90', řídí M. Venhoda (rež. Šaltra)

III. SYMFONIE – Česká filharmonie, dir. K. Ančerl, snímek z Domu umělců 7. 10. 1960, MF 44 846, BOK – 21, 35,00' (rež. Juchelka)

ZVÍŘATA – lyrické obrazy pro mezzosoprán a klavír – V. Soukupová, P. Eben, natočeno 20. 2., 10. 4., 13. 6. 1962, č. 399, BOK – 23, 15,6' (rež. Vrána)

SNY, BOK – 25, DM 21527, 17,20', Věra Soukupová, Česká filharmonie, M. Turnovský, 5. 3. 1964 (rež. Panuš)

TE DEUM, BOK – 39, St 27 16, 9,20', Marie Mrázová, Milada Boublíková, Jindřich Jindrák, Mir. Frydlewicz a Pěvecký sbor Čs. rozhlasu Praha, sbormistr M. Malý, varhany – Jaroslav Vojtek, Symfonický orchestr Čs. rozhlasu Praha, A. Klíma, 17.–19. 4. 1969 (rež. Fr. Vrána)

SILENTIUM TURBATUM, BOK – 32, 685 67, 17,50', Věra Soukupová, Jiří Jirmal – kytara, Česká filharmonie, V. Neumann, 28. 5. 1965 (rež. Šaltra)

SINFONIETTA IN UNO MOVIMENTO, BOK – 15, VS 266 746, 13,75', Symfonický orchestr Čs. rozhlasu Praha, Vít Micka, 29.–30. 11. 1984 (rež. Rychlý)

SINFONIETTA IN UNO MOVIMENTO, Y 201 – 291, St 43 17, 12,10', Česká filharmonie, V. Neumann, natočeno 13. 5. 1970, PJ (rež. Vrána)

SINFONIETTA IN UNO MOVIMENTO, BOK – 37, St 1465, 14,00', Česká filharmonie, Zdeněk Košler, natočeno 9. 1. 1969 (rež. Vrána)

BRNO

START, T 283, 7,90'

I. SONÁTA PRO HOUSLE A KLAVÍR – S. Šrom, V. Řepková, natočeno 24. 2. 1956 – K 5646, ST 1072, 18,70', Antonín Moravec, O. Vondrovic, natočeno 8. 6. 1972

I. SONÁTA PRO HOUSLE A KLAVÍR, T 3, 18,80', Antonín Moravec a Milan Máša

DVĚ KLAVÍRNÍ SKLADBY, Brno, St 8506, 7,80', Otakar Vondrovic, natočeno 26. 10. 1978

DVĚ KLAVÍRNÍ SKLADBY, Brno, T 4160, 4,70', Cyril Klimeš, natočeno 26. 10. 1957 (Preludium, Rondo)

VLAJKA REPUBLIKY. Jedna z Šesti písní. Ústí nad Labem. Blok 998 č. 1, 2,30'. Pionýrský sbor „Litvínovské vlaštovičky", Viktor Kristián, 17. 5. 1961

II. KONCERT PRO KLAVÍR A ORCHESTR, Plzeň, St 301 747, 22,70', Jindřich Duras – klavír, Plzeňský rozhlasový orchestr, natočeno 14. 1. 1986

II. SYMFONIE – Státní filharmonie Brno, dir. J. Vogel, snímek z veřejného koncertu 5. 2. 1960

BRATISLAVA

I. SYMFONIE, HH 342 39, 2,45', Scherzo, Symfonický orchestr Čs. rozhlasu Praha, A. Klíma, nahráno 16. 11. 1968

PARTITA, HH 341 62, 10,40', Symfonický orchestr Čs. rozhlasu Praha, A. Klíma, 16. 10. 1968

LIDOVÁ ŘÍKADLA, HH 439 41, 8,52', Pěvecký sbor Čs. rozhlasu Praha, Jiří Pokorný – klavír, M. Malý, Král, Smrtonoška, Blažený, 21. 1. 1972 z Prahy

KRYSAŘ, Miloš Jirásek – klavír, Symfonický orchestr Čs. rozhlasu Praha, 16. 10. 1968

KOMORNÍ SYMFONIETTA, Bratislava, H4 346 47, 21,40', Symfonický orchestr Čs. rozhlasu Praha, A. Klíma, natočeno 9. 10. 1968

KOMORNÍ SYMFONIETTA, Bratislava, HM 133 64, 21,4', Pražský komorní orchestr, Václav Jiráček, 8. 8. 1961 z Prahy

II. SONÁTA PRO HOUSLE A KLAVÍR, HH 116 05, 19,06', Mikuláš Jelínek – housle, Eva Fischerová – klavír

MADRIGALY O ČASE, HH 344 53, 8,51'. 5 ks. M. Venhoda, přehráno 16. 10. 1968

V. SMYČCOVÝ KVARTET, HH 347 27, 20,47', Vlachovo kvarteto, nahráno 16. 10. 1968

SNY, HH 347 91, 17,40', Věra Soukupová, M. Turnovský, Česká filharmonie, 16. 10. 1968, přejato z Prahy

ABSOLVENTI AMU
VE TŘÍDĚ *prof.* P. BOŘKOVCE

(od roku 1946)

Řádní:	*Mimořádní:*	*Soukromí žáci:*
Radim Drejsl	Václav Jiráček	Jiří Bárta
Oldřich Flosman	Rudolf Komorous	Pavel Blatný
Jiří Pauer	Jan Novák	Jan Ducháň
Vladimír Sommer		Aleš Hájek
Jaromír Hruška		Václav Jedlička
Alexej Fried		Bohumil Jícha
Jan Tausinger		Ivan Jirko
Miroslav Raichl		Jan Minařík
Petr Eben		Jan Pich
Miloš Holeček		Miloš Pohl
Štěpán Koníček		Petr Pokorný
Josef Vodák		Zdeněk Trnka
Jan Bedřich		Vít Tugendlieb
Jan Truhlář		
Jan Klusák		
Josef Pech		
Petr Mandel		
Milan Iglo		
Luboš Sluka		
Milan Jíra		
Jiří Grepl		

Rod Pavla Bořkovce

(hlavní linie rodu od XVII. století)

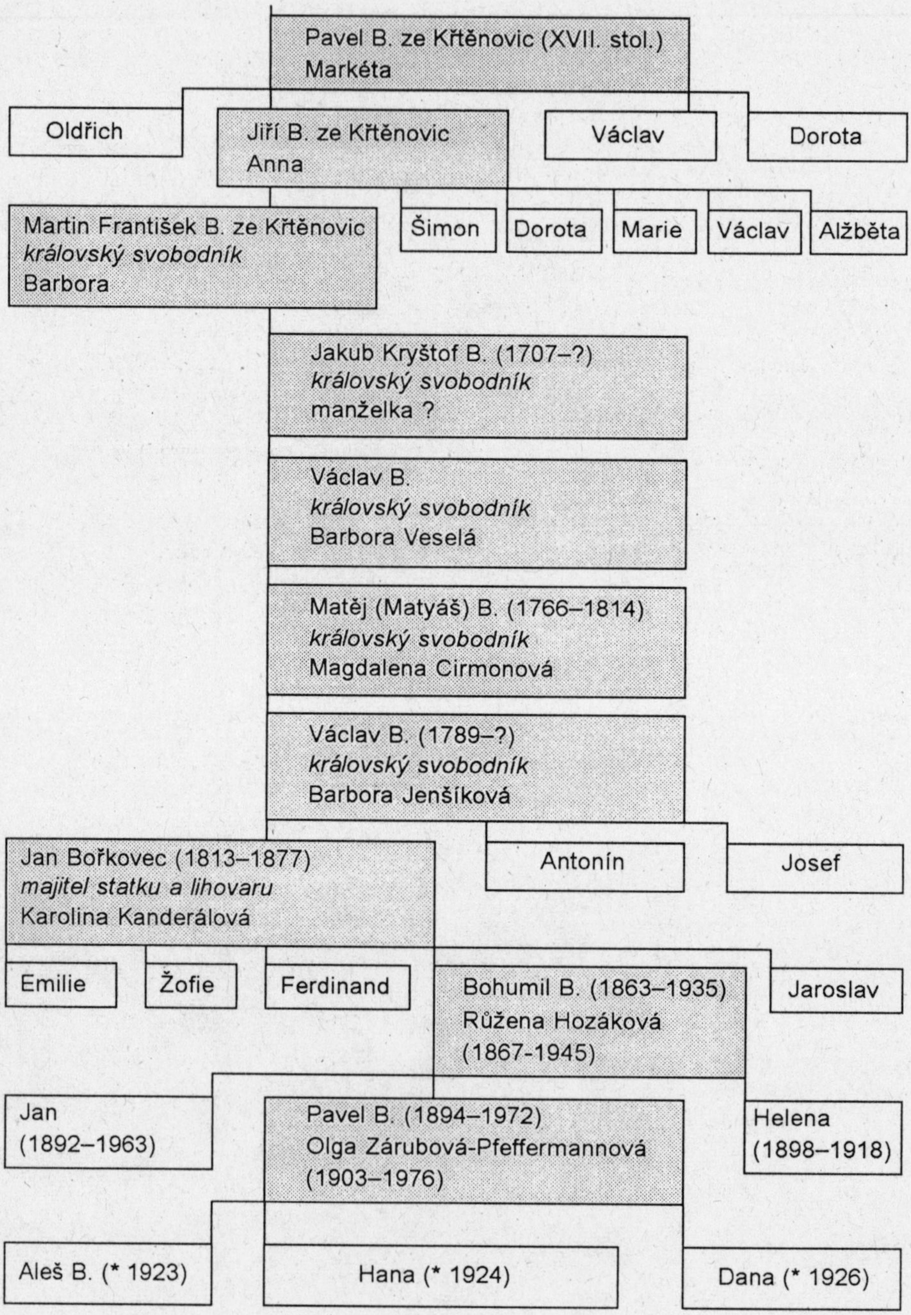

Rod matky Pavla Bořkovce

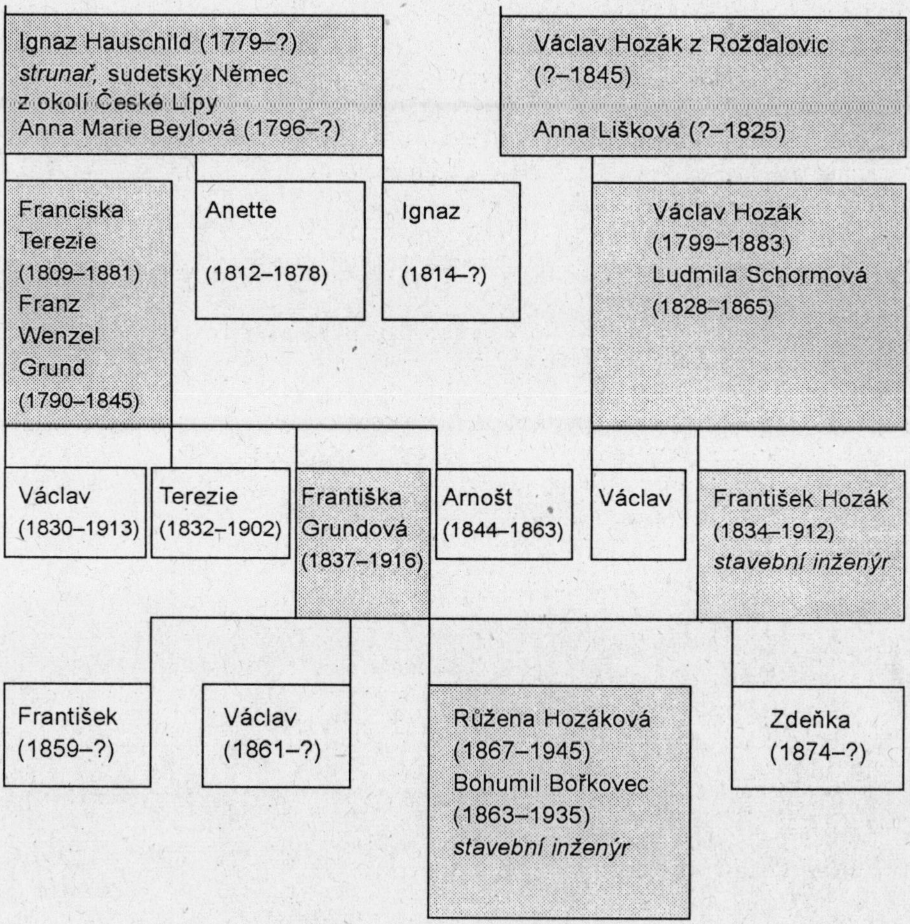

FOTODOKUMENTACE

VÝBĚROVÝ SOUPIS LITERATURY O PAVLU BOŘKOVCOVI

BLATNÝ, P.: Scénická tvorba Pavla Bořkovce (Diplomová práce.) Brno 1958.

BUREŠOVÁ, A.: Vokální tvorba Pavla Bořkovce. (Disertační práce.) Olomouc 1973.

Dějiny české hudební kultury I, II. Praha 1972, 1981.

DOUŠA, E.: Orchestrální tvorba Pavla Bořkovce a jeho přínos k vývoji české hudby. (Diplomová práce.) Praha 1977.

HAVLÍK, J.: Česká symfonie 1945–1980. Praha 1989.

HOLZKNECHT, V.: Pavel Bořkovec. Listy pro umění a kritiku č. 5, 1937, s. 386–388.

HOLZKNECHT, V.: Druhá symfonie Pavla Bořkovce. Hudební rozhledy č. 2, 1959, s. 26–28.

HOLZKNECHT, V.: Profil Pavla Bořkovce. Hudební rozhledy 1964, s. 451–453.

HOLZKNECHT, V.: Hudební skupina Mánesa. Praha 1968.

HRADECKÝ, E.: O technických prostředcích hudební mluvy Pavla Bořkovce. – In: Živá hudba. Praha 1973, s. 89–133.

JIRÁNEK, J.: Pavel Bořkovec a Ervín Schulhoff. – In: Muzikologické etudy. Praha 1981, s. 150–156.

KASAN, J. a kol.: Pavel Bořkovec. Osobnost a dílo. Praha–Bratislava 1964.

ŠROM, K.: Padesát poznámek k padesátinám Pavla Bořkovce. Rytmus č. 9, 1944, s. 98–102.

WAULIN, A.: O posledních dílech Pavla Bořkovce. Rytmus č. 8, 1942–1943, s. 106–108.

VÝBĚROVÝ SEZNAM LITERATURY

ADORNO, T. W.: Hudba na provázku. Hudební věda, 1969, s. 92–101.

BEK, J.: Hudební klasicismus. Praha 1982.

BEK, J.: Mezinárodní styky české hudby 1918–1938. Hudební věda, 1967, č. 4, s. 397–419; 1968, č. 5, s. 3–48.

BEK, J.: Česká hudba ve slovanské spolupráci. Hudební věda, 1973, č. 9, s. 291–303; 1974, 4. 10., s. 3–20.

BROŽOVSKÁ, J.: Deset let české opery. Divadlo, 1955, č. 6, s. 361.

ČERNÝ, M. K.: Ke kritikám „Pražského manifestu". Od Adorna ke sborníku Musik und Politik. Hudební věda, 1973, s. 234.

Československá vlastivěda IX. Umění, sv. 3, hudba. Praha 1971.

Dějiny české hudební kultury. I, II. Praha 1972, 1981.

Dvanáct esejů o jazyce. Sborník, red. K. Hausenblas. Praha 1970.

FONÁGY, I.: Forma a funkce básnického jazyka. Praha 1972.

FUKAČ, J. – POLEDŇÁK, I.: Ke stratifikaci sféry nonartificiální hudby. Opus musicum, 14, 1982, s. 8–14.

HAVLÍK, J.: Česká symfonie 1945–1981. Praha 1989.

HELFERT, V.: Česká moderní hudba. Olomouc 1936.

HELFERT, V.: Vybrané studie. Red. F. Hrabal. Praha 1970.

HOLZKNECHT, V.: Jaroslav Ježek a Osvobozené divadlo. Praha 1957.

HOLZKNECHT, V.: Iša Krejčí. Praha 1976.

HRADECKÝ, E.: Paul Hindemith. Svár teorie s praxí. Praha 1974.

JANEČEK, K.: Základy moderní harmonie. Praha 1965.

JANEČEK, K.: Tvorba a tvůrci. Praha 1968.

JANEČEK, K.: Melodika. Nauka o stavbě skladeb. Praha 1968.

JIRÁNEK, J. – KARÁSEK, B.: Tradice a současnost v české hudbě. Praha 1964.

JIRÁNEK, J.: Tajemství hudebního významu. Praha 1979.

JIRÁNEK, J.: K problému operního libreta a jeho analýzy. Hudební věda, 1980, č. 3, s. 221–238.

JIRÁNEK, J.: Poetismus a česká hudba. – In: Muzikologické etudy. Praha 1981, s. 145–150.

JŮZL, M.: Otakar Hostinský. Praha 1980.

KOHOUTEK, C.: Projektová hudební kompozice. Praha 1969.

KOHOUTEK, C.: Hudební styly z hlediska skladatele. Praha 1976.

KOTEK, J.: K historii stavovských organizací českých hudebníků 20. století. Hudební věda, 1966, č. 3, s. 133–150.

KUNA, M.: Václav Talich. Praha 1980.

KUNA, M. – BLÁHA, M.: Čas a hudba. Praha 1982.

LADMANOVÁ, M.: František Bartoš. Praha 1980.

LÉBL, V.: Cesty moderní opery. Praha 1961.

LÉBL, V.: Mezi minulostí a současností. – In: Hudba v českých dějinách. Praha 1983, s. 423–432.

LUDVOVÁ, J.: Německý hudební život v Praze. Uměnovědné studie IV, Praha 1983.
MIHULE, J.: Bohuslav Martinů. Praha 1974.
NEJEDLÝ, Z.: O realismu pravém a nepravém. Var, 1948.
NEZVAL, V.: Dílo. Praha 1974.
Nové cesty hudby. Praha 1964, 1970.
OSOLSOBĚ, I.: Analýza hudební a analýza interakční. Opus musicum, 1989, s. 42–45.
PEČMAN, R.: Josef Suk a hudební secese. Brno 1980.
PEČMAN, R.: Eseje o Martinů. Brno 1990.
RISINGER, K.: Hierarchie hudebních celků. Praha 1969.
RISINGER, K.: Nauka o harmonii dvacátého století. Praha 1978.
RISINGER, K.: Nauka o kontrapunktu dvacátého století. Praha 1984.
Řeči do prázdna. Uspořádal B. Markalous. Praha 1929.
SCHWAB, H. W.: Sangbarkeit, Popularität und Kunstlied. Regensburg 1965.
Skladatelé o hudební poetice. Uspořádal I. Vojtěch. Praha 1960.
SMETANA, R.: Hudební vývoj a jeho členění. Teze k periodizaci dějin hudby. Hudební věda, 1972, č. 9, s. 195–214.
SMOLKA, J.: Ladislav Vycpálek. Praha 1960.
SMOLKA, J.: Česká hudba našeho století. Praha 1961.
SMOLKA, J.: Česká kantáta a oratorium. Praha 1970.
SMOLKA, J.: Fuga v české hudbě. Praha 1987.
STRAVINSKIJ, I.: Rozhovory s Robertem Craftem. Praha 1967.
SYCHRA, A.: Hudba očima vědy. Praha 1965.
ŠAFRÁNEK, M.: Bohuslav Martinů. Život a dílo. Praha 1961.
ŠEDA, J.: Leoš Janáček. Praha 1961.
ŠEDA, J.: Česká hudba 1945–1980. Hudební věda, 1981, č. 3, s. 195–236.
ŠTILEC, J.: Václav Dobiáš. Praha 1985.
TROJAN, J.: Moravská lidová píseň. Praha 1980.
Umění a skutečnost. Pražský mezioborový tým. Praha 1976.
Vědecký odkaz Otakara Zicha. Red. R. Pečman. Brno 1981.
VIČAR, J.: Václav Trojan. Praha 1989.
VOJTĚCH, I.: Komentáře. Praha 1988.
VOLEK, J.: Základy obecné teorie umění. Praha 1967.
VOLEK, J.: Otázky taxonomie umění. Estetika, 1970, č. 3, s. 194–211; č. 4, s. 293–307; 1971, č. 1, s. 19–46; č. 2, s. 146–165.
VOLEK, J.: Struktura a osobnosti hudby. Praha 1988.
VOLEK, J.: Inovace v hudbě a vrstva zprostředkovatelů. Praha, ČHF 1983. – Rukopis.
VYSLOUŽIL, J.: Alois Hába. Praha 1964.
VYSLOUŽIL, J.: Hudobníci dvaciateho storočia. Bratislava 1988.
VYSLOUŽIL, J.: Muzikologické rozpravy. Praha 1986.
ZACHAŘOVÁ, S.: Nejedlého polemika o Karla Knittla. – In: Z bojů o českou hudební kulturu. Praha 1979.
ZICH, O.: České lidové tance s proměnlivým taktem. Praha 1916.
ZICH, O.: Estetika dramatického umění. Praha 1987.
ZOUHAR, Z.: Bohuslav Martinů. Brno 1957.

ZUSAMMENFASSUNG

Pavel Bořkovec (10. 6. 1894–22. 7. 1972) war fast vier Jahrzehnte einer der hervorragendsten Repräsentanten der tschechischen Musik. Er hat die Kompositionslehre bei Josef Bohuslav Foerster und Jaroslav Křička studiert. Im Jahre 1927 hat er Josef Suk's – Meisterschule auf dem Prager Konservatorium absolviert.

Obwohl seine Frühkompositionen mit der spätromantischen Orientierung einen lebhaften Widerhall bei den Zuhörern sowie bei der Kritik fanden, wandte er sich in den späteren Zwanzigern der zeitgenössischen Avantgarde zu. Er wurde zum Hauptmitglied der Musikgruppe im Rahmen des Mánes–Vereins (1932–1939), die eine sehr eigenartige Reaktion auf den europäischen Neuklassizismus (besonders die Pariser Le Six, Stravinski und Hindemith) war, sowie auf die tschechische Avantgarde, die durch den Künstlerverein Devětsil und den Poetismus repräsentiert wurde.

In den Nachkriegsjahren (1946––1964) wirkte er als Professor an der Prager Musikhochschule (AMU). Er hat hier viele bedeutende tschechische Musiker für ihre professionelle Laufbahn vorbereitet.

Diese Monographie bietet die erste Gesammtdarlegung seines Lebens und Werkes. Die vorgelegten Analysen verfolgen die schöpferische Gestaltung des musikalischen Materials im Zusammenhang mit ihren inneren Motivationen. In Anbetracht dessen, dass sie eine Auswahl von originellen Notizen und privater Korrespondenz des Autors, Zeitschriftkommentaren und amtlichen Dokumenten sowie Erinnerungen der Familienglieder, Freunde und Schüller ausnützt, wird sie zum plastischen Abbild des zeitgenössischen Denkens.

Für das musikalische Werk von Pavel Bořkovec ist die Verbindung der Musiksprache mit der festen klassischen Form bezeichnend.

In seinem Werk können wir vier relativ unabhängige Einzelperioden abgrenzen.

A – Die Anfangsperiode umfasst die Erstlingswerke des Musikers und gipfelt mit der I. Symphonie (1927). Es ist die Phase, in der der Autor traditionelle Ausdrucksmittel des Spätromantismus exponiert und diese mit der instrumentalen Melodik nach dem Typus seines Lehrers Josef Suk, und mit einem grösseren Anteil der prägnanten Rhytmik mischt.

B – Die Stileroberungsperiode, zeitlich von der Suite für Klavier (1928–29) bis zur Oper Satyr (1937–38), ist durch die Zuneigung der neoklassizistischen Prinzipien charakterisiert, aus denen der Autor Material für seine unverwechselbare Musiksprache die Elemente des Linearismus, Motorismus, der Akkordik verschmilzt (wie z. B. das symphonische Allegro Start, 1929; Partita, 1936 u.a.). Der Stil von Bořkovec kann im Vergleich zu seinen Zeitgenossen als einer der am reinsten und konsequentesten ausgearbeiteten betrachtet werden.

C – Die dritte Periode enthält Werke vom meisterhaften Ballet Der Rattenfänger (1939) bis zum IV. Streichquartett. Hier wird die konzis aufgebaute Gestalt gleichmässig mit der expressiven Lyrik verbunden. Zu dieser Zeit gewinnt seine

Meisterschaft der Formen ihre Vollendung.

D – Die vierte Periode kann man als synthetisierende bezeichnen. Zeitlich umfasst sie zwei Jahrzehnte und wir können die Werke von dem II. Klavierkonzert (1948–1949) bis zur III. Symphonie (1959) für die Reifezeit halten. Zu den Charakterzügen dieser Periode gehört eine neue Lyrik, die der volkstümlichen Melodik – Tradition nahe steht, die perfekt in die moderne Ausdrucksprache eingebaut ist. Den charakteristischen Zug dieser Periode bilden noch das Nonet (1940) und Concerto grosso (1941) im neubarocken Stil, und die 1945–47 beendete und bis heute nicht abgeschätzte Oper Ritter Paleček. In den letzten Jahrzehnten entstanden solche Werke wie Silentium turbatum (1965) und Sinfonietta in uno movimento (1963–64), die man als Bestätigung menschlicher Werte charakterisieren kann. Immer ausdrucksvoller zeigt sich hier der philosophische Ausgleich der Gefühlsintensität mit der Ordnung der Gestalt.

Seine Technik ist eine bemerkenswerte Gestaltung des Materials, die an der Grenze zwischen Montage und der klassischen Tektonik steht. Die Exposition der Themen in den Einleitungspartien der Werke wirkt anfänglich etwas unübersichtlich und gelegentlich, als Inventionsloslössung. Aber die nachfolgende Abwicklung der Elemente zeigt ihre verborgene emotionelle Wirksamkeit und einprägsame Logik. Unmittelbare Impulse der Fragmente, erhebliche dramatische Spannung und rhytmische Phrasen mit der angespannten Kantilene sind zugleich mit dem exakten thematischen Bau des Werkes verknüpft. Dieser Bau enthüllt überzeugende tiefgreifende Zusammenhänge.

Charakteristische Züge haben die Blöcke bei dem Aufbau von Grundformtypen. Der Autor bevorzugt die Schemen von Einleitung, Evolutionsdurchführung und der Coda in den Sonatenformen und ihren Kombinationen. Mit den Motiven arbeitet Bořkovec wie mit Ideen, die den bestimmten Instrumenten in bestimmten Situationen zugeteilt werden. Die Klangkomponente der Melodik ist zu einem gewissen Grade primär, so dass auch die melodischen Teilübereinstimmungen in anderen Kontexten ganz anders wirken. Der Rhytmus erfasst den Aufbau des ganzen Werkes. Er kann komplizierte Figuren schaffen, Polyrhytmik, sowie auch rhytmisierte Zonen. Die Harmonie bildet akkordische Kernzellen, so dass durch ihre Variationen und Kombinationen der Eindruck einer gewissen Grundtonart entsteht. Eine besondere Rolle in dem Autorstil von Bořkovec haben ostinate scharf geprägte Motive, die im Vergleich zu Janáček's Stil eine prinzipiell klassizistische Form haben, und im Verlauf des Werkes als Aufhellung der thematischen Struktur funktionieren.

Durch ihre Stilverwandschaft und Lebensfreundschaft wurde Bořkovec mit Bohuslav Martinů verbunden. Im Vergleich zu dem Riesenumfang des Werkes und der unbezwinglichen Spontaneität von Bohuslav Martinů ist für Bořkovec die Konzentration auf ein Thema bezeichnend, das er in wirkungsvollsten und vollkommensten Form erfassen wollte.

Pavel Bořkovec konnte nicht zu den allgemein populären Komponisten gehören. Er war aber bei der Musikergemeinde hochgeschätzt. Dank seiner Gedankentiefe, Originalität und Perfektion hat seine Arbeit ein europäisches Niveau erreicht, das sich bei der Aufführung seiner Werke im Ausland jederzeit erweisen konnte.

SUMMARY

Pavel Bořkovec (10. 6. 1894 – 22. 7. 1972) was one of the most articulate representatives of Czech music for four decades. He studied musical composition with J. B. Foerster and Jaroslav Křička. He finished his advanced studies with Josef Suk at the Prague Conservatoire in 1927.

Although his earlier compositions, stylistically close to the late romantics, found favour with both listeners and critics, his style changed to the contemporary avantgarde at the end of the 1920's. He became a prominent member of the music section of the Mánes Club from 1932–1939. The Mánes Club was a reaction to the trends of European neo–classicism (particularly to the "Paris Six", Stravinsky and Hindemith) as well as to the Czech artistic avantgarde of the 1920's and 30's (the poetry club "Devětsil" and "poetismus"), which was mostly associated with the left–orientated literates, artists, designers, dramatists and musicians.

During the post–war years, Bořkovec taught at the Prague Academy of Arts (1946–1964) and trained many important Czech composers of the era.

This biography is the first comprehensive and detailed study of the life and works of Pavel Bořkovec. It probes analytically to the core of his musical creativity. It is also a document of the spirit of the time, containing many of his own writings, correspondence, newspaper articles and official documents, as well as memories by his family, friends and students.

Characteristic to Pavel Bořkovec's work is the joining together of modern musical language and the principles of classical music form. His musical career can be divided into four relatively separate periods:

The **"Starting Period"** includes the composer's first works and culminates with his *"Symphony No.1"* (1927). During this period he expressed himself in late Romantic style with a growing emphasis on strong rhythm and powerful melodic lines reminiscent of Suk's compositions.

The **"Period of New Styles"**, dating from his "*Piano Suite*" (1928–29) to the opera "*The Satyr*" (1937–38), is distinguished by his interest in neoclassicism, a rich source for his original musical language, further seasoned by linear shape, movement and unique harmonies (e. g., the symphonic allegro "*Start*" 1929 and *"Partita"* 1936). This style of Pavel Bořkovec's is one of the purest and most perfecty realised.

The third, the **"Period of Maturing Style"**, starts with his remarkable 1939 ballet *"Krysař"* ["The Ratkiller"], and ends with his *"String Quartet No.4"* (1947). His compositions during this time blend concise form construction with strong lyricism.

The **"Synthesis Period"** is the fourth. Within these two decades the works between *"Piano Concerto No. 2"*

(1948–49) and *Symphony No. 3"* (1959) can be labelled as mature with traits of folk song tradition perfectly rendered into modern lyricism. During World War II he used this style of composition for *"Nonet"* (1940), the neo–baroque *"Concerto Grosso"* (1941) and for his unjustly unsuccessful opera *"Paleček"*, finished between 1945–1947. In the last decade he composed works that confirmed his musical beliefs (*"Silentium turbatum"*, 1965 and *"Sinfonietta in uno movimento"*, 1963–64). The strongest feature of this period is its philosophical composure: the balancing of form agairst intensity of feeling.

Bořkovec's technique matured into a compositional style which lies on the borders of montage and classical tectonics. The exposition of the themes at the beginning of the works gives an impression of confusion and an improvisatory setting, but their development reveals their hidden emotional strengths and logic. Fragmentary bursts, full of great dramatic tension, and stubborn rhythmical phrases with strong melodic shaping are linked by a precisely constructed and well thought–out form.

Importance is given to sectional work. The composer prefers to introduce themes, codas and developments in sonata forms and their combinations. He works with motifs, allocating them to specific instruments. The aural part of the melodic shape is given special priority. The same melody in different instrumentations will have another meaning in an altered context. Rhythm plays a very important part, resulting in complicated sound pictures, both in the rhythmic and polyrhythmic areas. Harmony builds chord structures that are compiled from a mixture of unrepeated notes in such a way as to give the impression of a certain basic key. A special role is given to strong ostinato motifs. In contrast to Janáček's style, they are composed in a strictly classicist form where they clearly define the thematic outlines of the composition.

Through the similarity of styles and personal friendship there was a strong link between Pavel Bořkovec and Bohuslav Martinů. However, where Martinů's work is majestically broad and full of untamed spontaneity, Bořkovec concentrates on one theme that he wishes to express in the most perfect and impressive form.

Pavel Bořkovec cannot be said to belong to the composers of mass popularity. Nevertheless he was highly appreciated by the musicians community. With his great depth of ideas and originality, together with the perfection of his work, he developed a European following wherever his works were performed.

JMENNÝ REJSŘÍK

Š

T

V

W

Z

Ž

OBSAH

PAVEL BOŘKOVEC

ALENA BUREŠOVÁ

Vydáno k 100. výročí narození Pavla Bořkovce
Obálku navrhla Jiřina Vaclová
Na frontispisu použita kresba Jiřího Trnky
z obálky klavírního výtahu baletní pantomimy Krysař
Typografická úprava Michal Rusek
Vydalo nakladatelství VOTOBIA
Olomouc 1994

ISBN 80-85885-36-0

Knihy z nakladatelství VOTOBIA:

Maurice Nadeau: Dějiny surrealismu

Základní kniha mapující kulturní proud, který zásadně ovlivnil umění 20. století. Text, který se dvakrát (po roce 1948 a po roce 1968) nepodařilo v bývalém Československu vydat. Doporučeno jako studijní příručka dějin umění a literatury. Součástí knihy je fotografická a obrazová dokumentace. Obrazovou přílohu, která původně nebyla součástí knihy, vybrala pro české vydání *Alena Nádvorníková.*

K.Liessmann, G.Zenaty: O myšlení

Vynikající učebnice filosofie, která svou netradiční formou jistě osloví jak studenty, tak učitele i veřejnost všech generací. Ústředním motivem knihy je filosofie jako úsilí o otevřené myšlení bez nároku na úplnost či definitivnost. Hlavním záměrem je posílení svobody čtenáře, aniž by se autoři snažili cokoliv diktovat. Jedná se o úvod do primární filosofické literatury, motivační pomůcku a formulaci problému myšlení.

K.Wuchterl, A. Hübner: Wittgenstein

Rakouský filosof *Ludwig Wittgenstein* je představitelem logického pozitivismu a zakladatelem jazykově analytické filosofie. Zájem o filosofii ve vztahu k matematice se u Wittgensteina projevil během studií v Berlíně a Manchestru. Přednášel v Cambridgi a napsal dvě stěžejní díla: *Tractatus logico-philosophicus* a *Filosofická zkoumání.*

Gerhard Wehr: Martin Buber

„Duch není v Já, nýbrž mezi Já a Ty. Není jako krev, jež v tobě obíhá, nýbrž jako vzduch, v němž můžeš dýchat."
Tímto Buberovým výrokem bychom mohli charakterizovat i způsob, jakým *G. Wehr* přistupuje k tématu života a díla jednoho z velkých židovsko-německých filosofů: chce rozmlouvat, a v rozhovoru najít to, co může vzniknout mezi dvěma lidmi.

Peter P. Rohde: Kierkegaard

Dánský filosof *Kierkegaard* je významným představitelem existencialismu. Po studiích teologie působil v Kodani a napsal celou řadu filosofických spisů: *Buď anebo, Stadia na cestě života, Filosofické úlomky, Pojem úzkosti* a další. V těchto pojednáních objektivizuje své problémy a snaží se o sebepoznání.